KB262114

한국어 대우법

한국어 대우법

김 태 엽

도서출판 역락

머리말

한국어는 언어 예절을 중시하는 언어이다. 그래서 한국어에는 대우법이 발달해 있다. 한국어에 대우법이 실현된 역사가 언제부터인지는 정확하게 알 수 없으나, 문헌 자료에 의하면 고대 한국어에 이미 대우법이 존재한 것으로 판단된다. 한국어에서 대우법이라는 문법 범주가 고대 한국어에서도 실현된 사실은 우리 겨레의 의식 세계에 타인을 존중하고 자신을 낮추는 마음이 일찍부터 존재하고 있었기 때문일 것이다.

한국어는 화자가 타인에 대해 나타내는 언어 예절이 있고, 타인 앞에서 화자 자신을 나타내는 언어 예절이 있다. 타인에 대한 언어 예절은 타인대우법으로 실현되고, 화자 자신에 대한 언어 예절은 자기대우법으로 실현된다. 이와 같이 한국어의 대우법은 크게 타인대우법과 자기대우법으로 나뉜다. 타인대우법은 화자가 다른 사람에 대해 대우하는 대우법이고, 자기대우법은 화자가 다른 사람 앞에서 자신을 대우하는 대우법이다. 타인대우법은 화자가 대우하는 대상에 따라 청자대우법, 주체대우법, 객체대우법 등으로 다시 나뉘고, 자기대우법은 화자가 자신에 대해 대우하는 화자대우법이 있다. 이러한 타인대우법과 자기대우법은 한국어에서 하나의 언어 규범으로 존재하고 있다.

한국어의 대우법 ┌ 타인대우법 : 청자대우법/ 주체대우법/ 객체대우법
　　　　　　　　└ 자기대우법 : 화자대우법

지금까지 한국어의 대우법은 많은 연구자들에 의해 타인대우법에 국한하여 주로 논의되어 왔다. 하지만 현대 한국어에 실현되는 대우법은 타인

에 대한 대우법과 함께 화자가 타인 앞에서 자신에 대해 대우하는 자기대우법이 존재한다. 그래서 우리는 이 책에서 한국어의 대우법을 타인대우법과 자기대우법으로 나누어 다룬다.

한국어 대우법의 실현 방법은 어휘적 방법과 문법적 방법으로 크게 나뉘는데, 타인대우법과 자기대우법이 모두 이 두 가지 방법에 의해 실현된다. 그런데 현대 한국어에서 대우법의 실현 요소로 자주 사용되는 '저, 여식, 가아, 졸고, 폐사, ……' 따위의 어휘 요소들은 모두 화자가 타인 앞에서 화자 자신을 낮추어 대우할 때 선택되고, '-삽/사오-, -잡/자오-, -옵/으오-' 따위의 문법 요소들도 모두 화자 자신을 낮추어 대우할 때 서술어에 결합한다. 이러한 어휘 요소와 문법 요소에 의해 실현되는 대우법을 앞선 논의들에서는 대부분 타인대우법으로 설명하려고 하였다. 그러나 위에서 열거한 많은 어휘 요소들과 문법 요소들에 의해 실현되는 대우법은 타인대우법으로는 합리적으로 설명할 수 없고 자기대우법으로 설명해야 한다.

한국어 대우법 중에서 타인대우법에 속하는 청자대우법, 주체대우법, 객체대우법 등은 모두 화자가 문장의 주체나 객체 그리고 청자를 높여서 대우하느냐 높이지 않고 대우하느냐에 따라 안높임(평대)을 중심으로 높임(존대)과 대립 체계를 이룬다. 그리고 화자가 자신을 대우하는 자기대우법에 해당하는 화자대우법은 화자 자신을 낮추어 대우하느냐 낮추지 않고 대우하느냐에 따라 안낮춤(평대)을 중심으로 낮춤(하대)과 대립 체계를 이룬다. 따라서 한국어 대우법의 체계는 타인대우법과 자기대우법으로 이루어진다. 그리고 타인대우법의 체계는 안높임과 높임의 대립을 이루고, 자기대우법의 체계는 안낮춤과 낮춤의 대립을 이룬다.

      ┌ 타인대우법 : 안높임/ 높임의 대립
      └ 자기대우법 : 안낮춤/ 낮춤의 대립

한국어 대우법 중에서 특히 청자대우법에 대하여 많은 연구자들에 의해 서로 다른 견해가 다양하게 전개되어 왔을 뿐 아니라, 아직도 서로 다른 견해가 끊임없이 제시되고 있다. 그리고 한국어 대우법에서 자기대우법을 설정하지 않은 채 오직 화자가 다른 사람에 대해 대우하는 타인대우법에 국한하여 논의해 왔기 때문에, 자기대우법을 실현하는 요소를 타인대우법으로 설명하려고 함으로써 온전한 청자대우법의 체계를 세우기 어려웠다.

따라서 이 책에서 우리는 첫째, 지금까지 한국어 대우법의 체계가 많은 연구자들에 의해 타인대우법에 한정하여 논의되어 온 종래의 관점과 달리 한국어 대우법의 체계를 타인대우법과 자기대우법으로 나누어 새로운 체계로 세우고자 한다. 둘째, 대부분의 앞선 논의에서 청자대우법의 체계를 높임과 낮춤의 양분적인 대립으로 기술해 왔으나, 타인대우법에 속하는 청자대우법, 주체대우법, 객체대우법 등은 공통적으로 안높임을 기준으로 높임이 대립하는 체계로 기술한다. 셋째, 한국어 대우법의 논의에서 주목하지 않았던 자기대우법에 해당하는 화자대우법은 안낮춤을 기준으로 낮춤이 대립하는 체계로 기술한다.

2007. 10.　김태엽

차례

제1장 한국어 대우법의 특징 ……………………………………………… 13

　1. 한국어의 예절 ……………………………………………………… 13
　2. 한국어와 대우법 …………………………………………………… 15
　3. 한국어 대우법의 특징 ……………………………………………… 32
　　(1) 체계상의 특징 ………………………………………………… 32
　　(2) 표현상의 특징 ………………………………………………… 42
　4. 마무리 ……………………………………………………………… 57

제2장 한국어 대우법의 체계 ……………………………………………… 61

　1. 대우법의 기본 체계 ………………………………………………… 61
　2. 타인대우법 ………………………………………………………… 66
　　(1) 청자대우법 …………………………………………………… 66
　　　① 청자대우법의 실현 요소 …………………………………… 67
　　　② 청자대우법과 종결어미 …………………………………… 77
　　　③ 청자대우법과 어휘 요소 …………………………………… 90
　　　④ 두 등급을 실현하는 종결어미 …………………………… 110
　　　⑤ 불합리한 격식체와 비격식체의 구별 …………………… 129

　⑥ 종결어미의 형태 구조 ··148
　⑦ 앞선 업적을 살펴봄 ··162
　⑧ 한국어 청자대우법의 체계 ··171
　⑨ 청자대우법 실현의 기능부담량 ··································199
(2) 주체대우법 ···202
　① 주체와 주체대우법 ··202
　② 주체대우법의 실현 방법 ···207
　③ 주체대우법의 체계 ··213
　④ 주체대우법 실현의 기능부담량 ·································218
(3) 객체대우법 ···220
　① 객체와 객체대우법 ··220
　② 객체대우법의 실현 방법 ···223
　③ 객체대우법의 체계 ··225
　④ 객체대우법 실현의 기능부담량 ·································228
3. 자기대우법 ··230
(1) 화자대우법의 설정 ···232
(2) 화자대우법의 실현 방법 ··246
(3) 화자대우법의 체계 ···252
(4) 화자대우법 실현의 기능부담량 ······································258

제 3 장 한국어 대우법의 호응관계 ·· 263

1. 호응관계 ··· 263
2. 타인대우법의 호응관계 ··· 267
   (1) 청자대우법 ·· 267
   (2) 주체대우법 ·· 272
   (3) 객체대우법 ·· 273
3. 자기대우법의 호응관계 ··· 275
   (1) 화자대우법 ·· 275
4. 독립어와 대우법 ··· 279
   (1) 부름말과 대우법 ··· 279
   (2) 느낌말과 대우법 ··· 282
   (3) 보임말과 대우법 ··· 285
   (4) 마무리 ··· 291

참고문헌 ■ 295
찾아보기 ■ 304

제1장

한국어 대우법의 특징

1. 한국어의 예절

인간은 언어적 동물이다. 이 말은 곧 인간이 체계적인 언어를 가진 유일한 동물이라는 뜻으로 해석할 수 있다. 그래서 인간에게 붙여진 여러 학명 중에 언어적 특징이 반영된 호모 로쿠엔스가 포함되어 있다.

특별한 경우가 아닌 한 한국 사람들은 누구나 한국어를 사용하면서 자신의 삶을 꾸려간다. 아침에 일어나서부터 밤에 잠자리에 들 때까지 만나는 사람들과 수많은 말을 주고받으면서도, 우리가 사용하는 한국어에 대해 별다른 관심을 기울이지 않고 살아간다. 그러나 우리들은 언제나 한국어로써 생각하고 표현한다. 혼자서 자신의 느낌이나 관념들을 한국어로써 표현하기도 하지만, 가정생활이나 사회생활을 하면서 누군가를 상대하여 자신의 생각이나 사상을 전달하기도 하고 또 타인이 드러내는 온갖 표현들을 받아들이기도 한다. 그러므로 우리의 삶을 위해 전개되는 담화는 말을 하는 화자와 그 말을 들어주는 청자가 공존하는 상관적인 장면에서 주로 이루어진다.

누구나 말을 할 때는 그 말을 듣는 사람을 생각하면서 발화한다. 그 사람이 누구냐를 생각하면서 말을 하고, 그 사람의 마음을 헤아려가면서 말을 하고, 또 그 사람의 입장을 고려하면서 말을 한다. 화자가 생각하는 이런 생각들은 모두 화자가 청자와 원만한 인간관계를 유지하기 위한 담화의 태도이다. 화자가 갖는 이런 태도는 한국 사회에서 하나의 언어 예절로 보편화되어 있다. 그래서 한국 사람이면 누구나 언어 예절을 비교적 중시한다. 한국 사람들의 언어 예절을 잘 관찰해 보면, 크게 두 가지 측면으로 구분된다. 그 하나는 타인에 대한 언어 예절이고, 나머지 하나는 다른 사람 앞에서 화자 자신에 대한 언어 예절이다. 한국 사람들은 타인에 대해 정중하게 표현하는 언어 예절을 가지고 있는 반면, 타인 앞에서 자신에 대하여 겸손하게 표현하는 언어 예절을 가지고 있다. 즉 화자가 타인에 대해서는 높여서 표현하는 경우가 많고 화자 자신에 대해서는 낮추어 표현하는 것이 한국어의 예절이다.

이런 한국어의 예절은 아래 (1)과 같이 요약된다.

(1) 타인에 대해 높여서 표현하고 자신에 대해 낮추어 표현한다.

실제로 한국인의 언어생활에서 화자가 자신을 스스로 높여서 표현하는 경우는 거의 없으며, 타인을 낮추어 표현하는 경우도 없다. 일반적으로 화자는 타인에 대해서는 높여서 표현하는 것이 보편적인 상식이고, 자신은 낮추어 표현하는 것이 일반적인 언어 의식이다.

한국인이 가지고 있는 이러한 언어 예절이 한국어에 반영되어 있는 문법 범주가 바로 대우법이다.

한국어의 언어 예절을 나타낸 (1)은 일반적으로 화자가 타인에 대해서는 높여서 표현하고 화자 자신에 대해서는 낮추어 표현한다고 하였지만, 화자가 모든 타인에 대해 언제나 높여서 표현하고 자신에 대해 반드시 낮추어 표현한다는 뜻은 아니다. 화자가 높여서 대우할 만한 타인에 대해서는 높여서 표현하고, 타인이라 하더라도 높여서 대우하지 않을 만한 사람에 대해서는 높여서 표현하지 않는다. 그리고 화자가 타인 앞에서 언제나 화자 자신을 낮추어 표현하는 것이 아니고, 화자 자신을 낮출 만한 자리에서는 낮추어 표현하고 그렇지 않는 자리에서는 낮추어 표현하지 않는다.

이렇듯 한국어의 예절에서 타인에 대한 존중 의식이 한국어의 문법에 어떤 형식으로든 반영되었을 것이며, 이에 따라 한국어에서 대우법이라는 문법 범주가 정착되었을 것이다.

2. 한국어와 대우법

한국어에 나타나는 여러 특징 중에서, 한국 사람의 언어 예절과 관련된 문법적 특징은 대우법이 발달해 있는 점이다. 이 대우법이 한국어에만 나타나는 문법 현상이 아닌 것은 사실이지만, 한국어의 대우법은 이미 고대 한국어에서도 존재하였다는 점에서 한국어의 특징적인 문법 현상이라 할 수 있을 것이다. 한국어에서 일반적으로 화자가 타인에 대해 높여서 표현하고 자신에 대해 낮추어 표현하는 것이 한국어의 보편적인 언어 예절이라고 한다면, 한국어의 문법에 이러한 언어 예절이 그대로 반영되어 나타나는 것은 당연하다. 따라서 한국어의 대우법은 화자가 타인에 대해 대우하는 대우법의 실현 요소와 화자가 자신에 대해 대우하는 대우법의 실현 요소가 각각 다르게 존재한다. 아래 (2)의 문장을 보자.

    (2) ㄱ. 비가 오-겠-다.
          ㄴ. 비가 오-겠-느냐?

(2)의 두 문장에서 '비가 오-'는 문장의 명제 내용이고, 활용어미 '-겠-'과 '-다', '-느냐' 등은 모두 화자의 심리적 태도가 반영된 문법 형태이다. 즉 선어말어미 '-겠-'은 문장의 명제 내용에 대한 화자의 심리적 태도를 나타낸 문법 형태이고, 종결어미 '-다'와 '-느냐'는 문장의 명제 내용을 청자에게 전달하면서 화자의 심리적 태도를 나타낸 문법 형태이다. 종결어미 '-다'와 '-느냐'는 청자에 대한 화자의 심리적 태도에 따라 결정되는데, 화자가 문장의 명제 내용을 청자에게 아무런 요구 없이 전달하려고 할 때는 '-다'가 선택되고 명제 내용을 청자에게 물을 때는 '-느냐'가 선택된다. 하지만 (2)의 두 문장을 발화하는 화자가 청자에 대해 가지는 언어 예절에서는 종결어미 '-다'와 '-느냐' 사이의 차이가 없다. 즉 (2ㄱ)과 (2ㄴ)의 서술어에 결합한 종결어미 '-다'와 '-느냐'에 의해 실현되는 청자대우법의 등급이 동일하다는 것이다. 따라서 (2ㄱ)의 문장 서술어에 결합한 종결어미 '-다'와 (2ㄴ)의 문장 서술어에 결합한 종결어미 '-느냐'는 청자에 대해 화자의 대우 관념이 동일하다.

하지만 아래 (3)의 문장에는 청자에 대한 화자의 대우 관념이 다르게 나타난다.

> (3) ㄱ. 비가 오겠-느냐?
> ㄴ. 비가 오겠-는가?
> ㄷ. 비가 오겠-소?
> ㄹ. 비가 오겠-습니까?

(3)의 각 문장 서술어에 결합한 종결어미 '-느냐', '-는가', '-소', '-습니까' 등의 문법 형태가 서로 다른데, 이것은 청자에 대한 화자의 대우 관념의 정도가 다르기 때문이다. 즉 (3ㄱ)의 문장은 청자에 대해 화자가 가지는 높임의 대우 관념이 반영되지 않은 종결어미 '-느냐'가 서술어에 결합하였고, (3ㄴ)의 문장은 청자에 대한 화자의 조금 높임 관념이

반영된 종결어미 '-는가'가 서술어에 결합하였고, (3ㄷ)의 문장은 청자에 대한 화자의 조금 더 높임 관념이 반영된 종결어미 '-소'가 서술어에 결합하였고, (3ㄹ)의 문장은 청자에 대한 화자의 아주 높임 관념이 반영된 종결어미 '-습니까'가 서술어에 결합하였다.

(3)의 각 문장에서 청자에 대한 화자의 대우 관념의 표현은 일반적으로 그 청자가 누구냐에 따라 그리고 장면에 따라 달라지는데, 이러한 언어 현상은 곧 화자가 발화하는 문장을 듣는 청자에 대한 언어 예절을 보여준다. 즉 (3)의 4개 문장은 모두 동일한 명제 내용을 가지지만, 청자에 대한 화자의 대우 관념의 정도에 따라 각각 문장의 서술어에 결합하는 종결어미의 형태가 달리 선택된다. 이와 같이 한국어의 언어 예절이 반영되어 나타나는 문법 현상이 대우법인데, (3)의 경우와 같이 문장의 청자에 대해서도 대우법이 실현되지만, 문장의 주체와 객체 그리고 화자 자신에 대해서도 대우법이 실현된다.

아래의 (4)와 (5)에서 문장의 주체와 객체에 대해 대우법이 실현되는 경우를 본다.

> (4) ㄱ. 영수가 어제 왔다.
> 　　 ㄴ. 할아버지께서 어제 오셨다.
>
> (5) ㄱ. 이걸 영수에게 줘라.
> 　　 ㄴ. 이걸 할아버지께 드려라.

(4ㄱ)의 문장에서 '영수'는 화자가 높여서 대우할 문장의 주체가 아니므로 안높임의 주격조사 '-가'가 주어에 결합하고 주체 높임의 선어말어미 '-으시-'가 서술어에 결합하지 않았다. 하지만 (4ㄴ)의 문장에서 '할아버지'는 화자가 높여서 대우할 문장의 주체이므로 높임의 주격조사 '-께서'가 주어에 결합하고 주체 높임의 선어말어미 '-으시-'가 서술어에

결합하였다. 그리고 (5ㄱ)의 문장에서 '영수'는 화자가 높여서 대우할 문장의 객체가 아니므로 안높임의 부사격조사 '-에게'가 부사어에 결합하고 또 안높임동사 '주다'가 서술어로 선택되었다. 하지만 (5ㄴ)의 문장에서 '할아버지'는 화자가 높여서 대우할 문장의 객체이므로 높임의 부사격조사 '-께'가 부사어에 결합하고 높임동사 '드리다'가 서술어로 선택되었다. (4)와 (5)의 각 문장에서 화자가 높여서 대우할 문장의 주체와 객체에 대해서는 문법적 방법이나 어휘적 방법으로 화자의 높임 관념을 표현하고, 화자가 높여서 대우하지 않을 문장의 주체와 객체에 대해서는 문법적 방법이나 어휘적 방법으로 화자의 안높임 관념을 표현하였다.

한국 사람들이 말을 할 때 타인을 존중하는 언어 예절이 문법에 반영되어 나타나는 현상을 (2)~(5)의 여러 문장을 통해 살펴보았다. 한국어에는 이와 같이 화자의 타인에 대한 대우 표현이 나타나기도 하지만, 타인 앞에서 화자 자신에 대한 대우 표현도 나타난다.

> (6) ㄱ. 나도 거기 가겠습니다.
>   ㄴ. 저도 거기 가겠습니다.
>   ㄷ. 저도 거기 가겠사옵니다.
>
> (7) ㄱ. 그걸 나에게 주세요.
>   ㄴ. 그걸 저에게 주세요.

(6)의 3개 문장은 모두 명제 내용이 동일하지만, 이 명제 내용을 청자에게 표현하는 대우 방법에는 차이가 있다. (6ㄱ)에서 문장의 주체는 화자로서 1인칭대명사 '나'가 선택되었고, (6ㄴ)과 (6ㄷ)에서는 문장의 주체가 역시 화자로서 1인칭대명사 '저'가 선택되었다. 그리고 (6ㄷ)의 문장에는 문장의 주체로 선택된 1인칭대명사 '저'와 호응관계에 있는 화자 낮춤의 선어말어미 '-사오-'가 서술어에 결합하였다.[1] (6ㄱ)에서 문장 주체로 1인

칭대명사 '나'를 선택한 화자는 자신을 낮추어 대우하지 않은 반면, (6ㄴ)에서는 문장 주체로 1인칭대명사 '저'를 선택함으로써 화자 자신을 낮추어 대우하였다. 그리고 (6ㄷ)의 문장에는 서술어에 화자 낮춤의 선어말어미 '-사오-'를 결합함으로써 문장의 주체인 '저'와 호응 관계를 가지면서 화자 자신을 낮추어 대우하고 있다. (6ㄱ)의 문장을 발화한 화자는 자신을 낮추어 표현하는 의향을 갖지 않으나, (6ㄴ)과 (6ㄷ)의 문장을 발화한 화자는 자신을 낮추어 표현하는 의향을 가지고 있다. 그런데 대우법의 실현 요소에 따라 그 대우법을 실현하는 기능부담량이 일정하지 않다. (6ㄷ)의 문장에는 주어로 기능하는 1인칭대명사 '저'가 선택되고 또 화자 낮춤의 선어말어미 '-사오-'가 서술어에 결합하였다. 하지만 (6ㄴ)의 문장에서는 선어말어미 '-사오-'가 서술어에 결합하지 않았는데도 (6ㄷ)의 문장과 마찬가지로 화자 자신을 낮추어 대우하고 있다. 이것은 선어말어미 '-사오-'보다 1인칭대명사 '저'가 화자 낮춤의 대우법을 실현하는 기능부담량이 더 크기 때문에, (6ㄴ)이 (6ㄷ)과 동일하게 낮춤의 화자대우법을 실현한다. 또 (7)의 두 문장은 명제 내용이 동일하지만, 명제 내용을 청자에게 표현하는 화자의 대우 표현에는 차이가 있다. (7ㄱ)에서 문장의 객체는 화자로서 1인칭대명사 '나'가 선택된 반면, (7ㄴ)에서 문장의 객체는 화자로서 1인칭대명사 '저'가 선택되었다. (7ㄱ)과 (7ㄴ)에서 부사어로 기능하는 1인칭대명사 '나'와 '저'의 선택에 의해 화자 자신에 대한 대우 표현이 달라진다. 즉 (7ㄱ)의 문장은 부사어로 기능하는 화자 자신을 낮추어 표현하지 않았으나, (7ㄴ)의 문장은 부사어로 기능하는 화자 자신을 낮추어 표현하였다. 화자 자신에 대한 이러한 대우 표현의 차이는 문장의 부

---

1) 한국어 문법에서 지금까지 주체 높임의 선어말어미, 객체 높임의 선어말어미, 청자 높임의 선어말어미 등의 존재에 대해서는 많이 논의되었으나, 화자 낮춤의 선어말어미에 대해서는 논의된 적이 거의 없다. 그러나 지금까지 청자에 대해 각별하게 공손한 뜻을 나타내는 문법 형태로 처리해 온 '-옵/으오-', '-잡/자오-', '-삽/사오-' 등에 대해 김태엽(2005)에서는 화자 자신을 낮추어 표현하는 화자 낮춤의 선어말어미로 규정하였다.

사어로 선택된 1인칭대명사 '나'와 '저'의 선택에 의해 결정된다. 따라서 화자가 문장에서 자신을 낮추지 않고 표현하느냐 낮추어 표현하느냐의 차이는, 화자가 문장의 청자, 주체, 객체를 높이지 않고 표현하느냐 높여서 표현하느냐의 차이와 마찬가지로 한국어의 언어 예절이 반영된 한국어 대우법의 표현 차이인 것이다.

(3ㄱ)의 문장은 화자가 청자를 높여서 대우하지 않았으나, (3ㄴ)~(3ㄹ)의 문장은 화자가 청자를 차등적으로 높여서 대우하였다. (4ㄱ)과 (5ㄱ)은 각각 화자가 문장의 주체와 객체를 높여서 대우하지 않은 문장이지만, (4ㄴ)과 (5ㄴ)은 각각 문장의 주체와 객체를 높여서 대우한 문장이다. 그리고 (6)과 (7)의 문장은 각각 문장의 주체와 객체가 화자 자신이다. (6ㄱ)과 (7ㄱ)의 문장에는 화자 자신을 나타내는 1인칭대명사로 '나'가 선택되었고, (6ㄴ)과 (7ㄴ)의 문장에는 화자 자신을 나타내는 1인칭대명사로 '저'가 선택되었다. (6)과 (7)의 각 문장에서 주어나 부사어로 1인칭대명사 '나'가 선택된 문장은 화자 자신에 대해 낮추지 않은 대우 표현이고, '저'가 선택된 문장은 화자 자신을 낮추어 대우한 표현이다.

앞에서 우리가 살펴본 (2)~(7)의 문장들은 모두 현대 한국어에서 사용되는 보기이다. 그런데 고대 한국어와 중세 한국어 그리고 근대 한국어에 사용된 타인대우법에 대해서는 이미 많은 앞선 연구에서 자세하게 다루어졌다. 하지만 자기대우법에 대해서는 주목하지 않았다. 사실 지나간 시대의 한국어에서 자기대우법이 타인대우법과 같이 정밀하게 실현된 문헌 자료가 많이 나타나지 않는다.

현대 한국어에서 자기대우법이 실현되는 보기를 위의 (6)과 (7)의 몇 개 문장을 통해 살펴보았는데, 자기대우법의 실현 방법은 타인대우법의 실현 방법과 마찬가지로 어휘적 방법과 문법적 방법이 존재한다. 즉 (6)과 (7)의 문장에서 화자 자신을 낮추어 대우하는 1인칭대명사 '저'와 화자 낮춤의 선어말어미 '-사오-'에 의해 화자대우법이 실현되었다. 낮춤의 화자

대우법이 실현되는 경우로 어휘적 방법으로는 1인칭대명사의 낮춤형 '저'
가 선택되고, 문법적 방법으로는 화자 낮춤의 선어말어미 '-사오-'가
서술어에 결합하였다. 현대 한국어에서 보편적으로 사용되는 낮춤의 화자
대우법 실현에 관여하는 어휘 요소인 1인칭대명사 '저'에 대한 역사적 실
체는 대강 파악되는 반면, 문법 요소인 선어말어미 '-사오-'는 역사적
으로 그 실체가 분명하게 파악되고 있다.

먼저 대명사 '저'가 나타나는 문헌 자료를 살펴본다.

> (8) ㄱ. 우리 비록 佛法 寶藏올 니르나 <u>저</u>논 뜯 願 업수미 쏘 이 간다이다
> <법화경언해 2 : 248>
> ㄴ. 일후미 邪見이오 修學이라 일훔 몯 ᄒ리니 <u>저</u> 욀 ᄯ라미 아니라
> <목우자수심결언해 10>

(8ㄱ)과 (8ㄴ)에 나타나는 '저'는 대명사이지만, 이것은 모두 현대 한국어
에 사용되는 '저'와 같이 1인칭대명사로 볼 수 있는지에 대해서는 확신하기
어렵다. 하지만 대명사 '저'의 형태는 중세 한국어에서 '저', '자기' 등의 뜻
으로 사용된 것으로 보인다(우리말큰사전, 1992 : 5325). 한편 1인칭대명사 '저'
는 17세기 국어가 반영된 <현풍 곽씨 언간>에서 '곽수가 장모에게'(1612)
보낸 편지에 나타난다.[2] 이 편지글에서 '저'가 가끔 사용되고 있기는 하지만
주로 '나'가 많이 사용되고 있다. 따라서 중세 한국어에서는 '저'가 3인칭대
명사로도 사용되었으며, 근대 한국어에서는 1인칭대명사 '나'와 '저'가 모두
사용되었지만, 그 쓰임이 현대 한국어의 경우와는 달랐던 것으로 판단된다.
다음 (9)의 근대 한국어가 반영된 편지글에서 이런 사실을 엿볼 수 있다.

> (9) ㄱ. <u>제</u> 언문 ᄀ르쳐 보내읍쇼셔 <곽씨 언간, 곽수가 장모에게>
> ㄴ. <u>나</u>도 모심기읍고 타작 ᄒᄋ온 휘면 <곽씨 언간, 곽수가 장모에게>

---

2) 곽씨 언간의 자료와 분석은 백두현(1997 : 7)을 참조.

(9ㄱ)에서는 주어로 1인칭대명사 '저'가 선택되고 (9ㄴ)에서는 주어로 '나'가 선택되었는데, (3)의 두 경우 주어로 기능하는 1인칭대명사 '저'와 '나'가 모두 서술어에 결합한 화자 낮춤의 선어말어미 '-옵-'과 호응하면서 화자 자신을 낮추어 대우하고 있다. 이러한 문헌 자료로 보아 근대 한국어에서 화자 자신을 낮추어 대우하는 선어말어미 '-숩-'류의 형태는 모두 1인칭대명사 '나', '저'와 두루 호응한 것으로 생각된다. 따라서 17세기 초기의 한국어에서는 1인칭대명사 '저'가 '나'의 낮춤형으로 분명하게 사용되지 않은 것으로 해석된다.

다음에는 현대 한국어에서 화자 낮춤의 선어말어미 '-사오-'의 소급형으로 판단되는 선어말어미 '-숩-'류가 나타나는 문헌 자료를 살펴본다.

> (10) ㄱ. 예서 죽<u>스와</u>도 먹<u>스오</u>리이다 〈첩해신어 2 : 7〉
> ㄴ. 문안ㅎ<u>옵</u>고요스이는엇디ㅎ신고온후의는
> 긔별몰라ㅎ<u>옵</u>뇌이다, 예는다됴히겨시이다 〈김씨 편지〉

(10)은 근대 한국어의 문헌 자료에서 옮긴 것인데, (10ㄱ)과 (10ㄴ)에서 밑줄 친 부분의 '-스오-'와 '-옵-'은 화자 자신을 낮추어 나타내는 기능을 수행하는 선어말어미의 형태이다. (10ㄱ)과 (10ㄴ)에 나타나는 화자 낮춤의 선어말어미 '-스오-'와 '-옵-'은 모두 중세 한국어에서 문장의 객체를 높여서 대우하던 선어말어미 '-숩-'류에 바탕을 두고 있다.

앞선 논자들은 대부분 중세 한국어에서 객체를 높여서 대우하던 선어말어미 '-숩-'류의 형태가 근대 한국어에서는 청자를 높여서 대우하는 기능으로 변화한 것으로 설명해 왔다.[3] 그러나 (10)의 문헌 자료에서 보

---

3) 이런 설명은 현대 한국어의 경우에도 마찬가지이다. 고영근·남기심(1995 : 335)에서 '-(으)옵/으오-', '-삽/사옵/사오-', '-잡/자옵/자오-' 등에 대해 "말 듣는 이에 대해 각별히 공손한 뜻을 나타내는 방법"이라고 설명하고 있는데, 이 설명 내용은 곧 화자 자신을 낮추어 표현하는 방법인 것이다.

는 바와 같이 밑줄 친 부분의 문법 형태는 화자 자신을 낮추어 대우하는 기능을 수행한다. 화자 자신을 낮추어 대우하는 기능이 결국 청자를 높여서 대우하는 것으로 해석할 수 있기는 하지만, 청자를 높여서 대우하는 기능이 결과적으로 화자를 낮추어 대우하는 것으로 해석할 수는 없다. 왜냐하면 화자 자신을 낮추어 대우하는 기능은 화자를 [+낮춤] 자질로 나타내는 방법이고, 청자를 높여서 대우하는 기능은 청자를 [+높임] 자질로 나타내는 방법이다. 비록 화자 자신을 낮추어 대우하는 것이 청자를 높여서 대우하는 결과로 나타난다고 하더라도, 대우하는 대상과 대우법의 실현 방법에서 분명하게 차이가 있을 뿐 아니라 대우법의 체계를 기술하는 경우에도 청자대우법과 화자대우법은 분리해야 한다.

한국어의 대우법은 크게 타인대우법과 자기대우법으로 나뉜다. 타인대우법은 다시 대우하는 대상에 따라 주체대우법, 객체대우법, 청자대우법 등으로 나뉘고, 자기대우법은 대우하는 대상이 화자이기 때문에 화자대우법이라 부른다. 만약 화자대우법이 결과적으로 청자를 높여서 대우하는 결과가 된다고 하여 이것을 청자대우법이라고 부른다면, 타인대우법에 해당하는 주체대우법, 객체대우법, 청자대우법 등을 모두 화자를 낮추어 나타내는 대우법이라는 용어로 사용해야 할 것이다. 실제로 문장의 주체, 객체, 청자를 높여서 대우하는 것은 화자를 낮추어 대우하는 결과를 가져오는 것이 사실이만, 한국어 대우법의 하위 범주를 기술할 때는 화자가 대우하는 대상에 따라 그 하위 범주의 명칭을 붙이는 것이 일반적이다. 따라서 (10)의 밑줄 친 부분의 '-스오-'와 '-옵-'은 화자를 낮추어 대우하는 문법 형태이며, 이 문법 형태를 앞선 논자들의 언급대로 화자의 공손한 표현이라고 할 것이 아니라 적극적인 문법 기능으로 보아서 화자 낮춤의 선어말어미라고 불러야 할 것이다(김태엽, 2005).

화자 자신을 낮추어 대우하는 화자대우법이 실현된 문헌 자료는 18세기 한국어와 19세기 후기의 한국어에도 나타난다.

(11) ㄱ. 나는소임으로완습거니와 〈중간첩해신어 4 : 2〉

　　　ㄴ. 食事도몯ㅎ고안ㅎㅣ누어잇스오매 〈개수첩해신어 2 : 5〉

(12) ㄱ. 쏘 후회만 혼들 무슴 효험이 잇스오리잇가 〈신정심상소학 2 : 31〉

　　　ㄴ. 감히 일언ㅎ옵내다 〈독립신문 3〉

　　　ㄷ. 차외에 동남간에 남소문이 잇습ᄂ이다 〈신정심상소학 1 : 3〉

　　　ㄹ. 비가 져 나무입쳐럼 물에 들어간다 ㅎ시오더이다

〈신정심상소학 2 : 23〉

　　(11)은 18세기 한국어의 문헌 자료에 나타나는 보기이고 (12)는 19세기 후기의 한국어 문헌 자료에 나타나는 보기인데, (11)과 (12)의 문헌 자료에서 밑줄 친 부분의 '-습-', '-스오-', '-옵-', '-옵-' 등은 모두 화자 자신을 낮추어 대우하는 선어말어미의 형태이다.

　　그리고 화자가 자신을 낮추어 대우하는 화자대우법은 일제강점기에도 자연스럽게 실현되는데, 그 당시 발표된 문학작품에 화자 낮춤의 선어말어미가 나타나는 보기가 아래 (13)이다.

(13) ㄱ. 저도 사람이라 선생님의 태산같은 은혜의 만분지 일이라도 보
　　　　 답하고저 왔사옵니다. 〈김동리, 두꺼비, 1939〉

　　　ㄴ. 다음에 또 상서하겠사오며 누추한 저의 방이오나……

〈김동리, 두꺼비, 1939〉

　　(13)은 일제강점기에 발표한 김동리의 소설에서 옮긴 일부분인데, 밑줄 친 '-사오-', '-으오-' 등이 모두 화자 자신을 낮추어 대우하는 기능을 수행하는 선어말어미이다.

　　(11)~(13)의 문헌 자료에 나타나는 화자 낮춤의 선어말어미들을 보면, 한국어에서 화자가 자신을 낮추어 대우하는 문법 형태가 존재하기 시작한 때가 꽤 오래된 것으로 보인다. 중세 한국어에서 문장의 객체를 높여서 대우하던 선어말어미 '-습-'류의 형태가 근대 한국어로 넘어오면서

그 기능이 크게 두 가지로 갈라진다. 하나는 종결어미의 형태 구성에 관여하면서 청자 높임 기능으로 바뀌고, 다른 하나는 화자 낮춤의 기능으로 바뀐다.[4)]

중세 한국어의 문헌 자료에 나타나는 객체 높임의 선어말어미 '-습-', '-줍-', '-숩-', '-슣(ㅅ방)-', '-즇(ㅈ방)-', '-숳(ㅅ방)-' 등은 분포하는 환경에 따라 다양하게 선택되었는데, 그 당시의 한국어에서 '-습-'은 객체를 높여서 대우하는 기능을 수행하였다.

> (14) ㄱ. 벼슬 노폰 臣下ㅣ 님그믈 돕ᅀᆞᄫᅡ 〈석보상절 9 : 34〉
>   ㄴ. 世尊하 내 如來ᄭᅴ 묻ᄌᆞᄫᆞ며 〈석보상절 13 : 45〉

객체 높임의 선어말어미 '-습-'은 (14ㄱ)과 같이 목적어로 기능하는 객체를 높여서 대우할 때도 선택되고 (14ㄴ)과 같이 부사어로 기능하는 객체를 높여서 대우할 때도 선택된다. 그리고 아래 (15)에서는 선어말어미 '-습-'이 관형화 구성에 관여하여 피수식어를 높여서 대우하기도 하고, 높임동사에 의해 객체를 높여서 대우하기도 한다.

> (15) ㄱ. 佛影은 그 窟에 ᄉᄆᆞᆺ 보ᅀᆞᆫ 부텻 그르메라 〈월인석보 7 : 55〉
>   ㄴ. 다시 듣ᄌᆞᆫ 法 得호ᄆᆞᆯ 깃그리라 〈법화경언해 6 : 127〉
>   ㄷ. 道士ᄂᆞᆫ 道理 비호ᄂᆞᆫ 사ᄅᆞ미니 菩薩ᄋᆞᆯ 솔ᄫᅵ니라 〈월인석보 1 : 7〉
>   ㄹ. 朝ᄂᆞᆫ 아ᄎᆞ미 님금 뵈ᅀᆞᄫᆞᆯ 씨오 〈월인석보 2 : 69〉

(14)와 (15)의 보기에서 중세 한국어의 객체대우법은 선어말어미 '-습-'과 높임의 부사격조사 '-ᄭᅴ' 그리고 높임동사 등에 의해 실현되었음이 드러난다.

그리고 17세기의 한국어를 반영하는 〈인조대왕행장〉에는 '-습-'이

---

4) 이러한 기능에 대한 논의는 김태엽(2007)을 참조.

객체를 높여서 대우하기도 하고(16ㄱ), 주체를 높여서 대우하기도 하며(16ㄴ), 청자를 높여서 대우하기도 한다(16ㄷ).5) 객체 높임의 선어말어미의 이형태가 다양할 뿐 아니라 객체의 영역도 넓어서 목적어와 부사어 등에 걸쳐 있는 객체라는 개념을 정의하기가 매우 어렵게 되었다. 이런 까닭으로 17세기 한국어 이후에는 점차 '-습-'의 기능이 불분명하게 되어, 주체를 높이는 데도 나타나고 청자를 높이는 데도 나타나게 되었다(권재일, 1998 : 64).

> (16)　ㄱ. 제궁이 대가롤 좃즈와[좃-즈오-아]
> 　　　ㄴ. 혼궁의 가오셔 곡님ᄒ려 ᄒ오시거늘[ᄒ-오-시-거늘]
> 　　　ㄷ. 대비 명ᄒ야 드오쇼셔[들-오-쇼셔] ᄒ고

　한편 17세기의 한국어에서 객체가 높임의 대상인데도 (17)과 같이 선어말어미 '-습-'이 선택되지 않는 경우도 있다.

> (17)　ㄱ. 葬을 行ᄒ올 제ᄂ 다시 반ᄃ시 신主롤 <u>내디</u> 아니ᄒ올 거시어니와
> 　　　　　　　　　　　　　　　　　　　　　　　　　　　　〈가례언해 10 : 47〉
> 　　　ㄴ. 새볘 어올메 반ᄃ시 ᄉ당의 가 <u>뵈고</u> 출입에
> 　　　　　　　　　　　　　　　　　　　〈동국신속삼강행실도-효자 6 : 21〉

　(16)의 문헌 자료의 보기는 17세기 한국어에서 '-습-'이 객체 높임의 기능뿐 아니라 주체 높임과 청자 높임의 기능을 수행하기도 하며, (17)의 문헌 자료의 보기는 객체가 높임의 대상임에도 불구하고 17세기 국어에서 '-습-'이 선택되지 않은 경우이다. 이런 현상은 중세 한국어에서 객체 높임의 기능을 수행하던 '-습-'이 17세기 한국어에서는 그 기능이 다양해지면서 차츰 원래의 기능을 잃어가고 있음을 보여준다. 이러한 현상에 대해 앞선 연구자들은 대부분 '-습-'이 17세기 한국어 이후부터

---

5) 권재일(1998), 김유범(1998) 등을 참조. 그리고 이현규(1985)에서는 16세기 말의 국어에 이런 변화가 나타나는 보기를 제시하였다.

청자 높임의 기능으로 바뀐 것으로 설명해 왔지만, 한편으로는 이 문법 형태가 화자 낮춤의 기능을 수행하는 선어말어미로 바뀌어 현대 한국어의 '-사오-', '-자오-', '-으오-' 등으로 사용되고 있다.

사실 17세기 한국어의 문헌 자료에 나타나는 '-습-'이 차츰 청자 높임의 기능으로 바뀌게 되었다고 설명한 앞선 논자들이 제시하는 문헌 자료의 보기는 아래 (18)과 같이 주로 종결어미와 함께 사용되는 경우가 많다.

(18) ㄱ. 말ᄊᆷ 겻티 도로혀 붓그럽ᄉ와이다 〈첩해신어 6 : 10〉
  ㄴ. 자ᄂᆡ도 單子를 써 보내ᄋᆞ소 〈첩해신어 1 : 26〉
  ㄷ. 하 젓소이 너기ᄋᆞ와 다 먹ᄉᆞᆫ이다 〈첩해신어 2 : 7〉
  ㄹ. 머금즉이 쟝만ᄒᆞ엿ᄉ 오니 깃거ᄒᆞᄋᆞᆫ이다 〈첩해신어 2 : 8〉
  ㅁ. 아직 편히 안줍소 〈첩해신어 4 : 6〉

17세기 한국어의 문헌 자료 보기인 (18)의 밑줄 친 부분의 '-습-'은 대개 종결어미의 형태와 융합하여 청자 높임의 기능을 수행하게 된다. 아래의 (19)와 같은 20세기 초기의 한국어 자료에서도 (18)의 밑줄 친 부분과 거의 비슷한 종결어미의 형태가 사용되었다(권재일, 2005).

(19) ㄱ. 해ᄂᆞᆫ 아참에 돗고 달과 별은 밤에 밝ᄉᆞᆫ이다 〈초등소학 : 1906〉
  ㄴ. 生徒ᄂᆞᆫ 모인가 쟝ᄎᆞᆺ 조흔 꼿도 피며 조흔 열매도 열니ᄋᆞᆫ이다
     〈신정심상소학 : 1896〉
  ㄷ. 朝鮮은 氣候가 ᄯᅡᆺᄯᅡᆺᄒᆞ고 土地도 조흐니 각식곡식이 만히나고
     ᄯᅩ 광물이 만히 나ᄋᆞᆫ이다 〈신찬초등소학 : 1909〉
  ㄹ. 그 中에서 긴 것 둘의 꼿테ᄂᆞᆫ 눈이 잇고 져른 것 둘의 아리에
     ᄂᆞᆫ 입이 잇습니다 〈신정심상소학 : 1896〉
  ㅁ. 왼몸이 灰色이로ᄃᆡ 비에 미와 갓치 斑斑ᄒᆞᆫ 點이 잇습니다
     〈신정심상소학 : 1896〉

(19)는 20세기 초기에 교과서로 사용되던 자료에서 옮긴 일부분인데,

17세기 한국어의 문헌 자료에서 옮긴 (18)의 경우와 큰 차이가 없다. (18)과 (19)의 문헌 자료에서 밑줄 친 부분이 현대 한국어에서 청자를 높여서 대우하는 종결어미 '-습니다'의 이전 형태라는 데는 의문의 여지가 없다. 따라서 15세기 한국어에서 객체 높임의 기능을 수행하던 선어말어미 '-습-'이 17세기 한국어 이후 청자를 높여서 대우하는 종결어미의 형태 구성에 관여하게 된 것이다.

그러면 중세 한국어의 '-습-'이 화자 낮춤의 기능으로 바뀌어 사용된 경우를 살펴본다. 현대 한국어에 두루 사용되고 있는 선어말어미 '-사오/사옵/삽-', '-자오/자옵/잡-', '-으오/옵-' 등은 모두 화자 낮춤의 기능을 수행하는 문법 형태이다.

15세기 한국어를 대상으로 논의한 안병희(1961 : 126)에서는 15세기 한국어의 '-습-'에 대해 "존귀한 청자를 상대로 그 청자와 관계있는 화자 자신의 동작 표현 시에 '-습-'은 어느 경우보다 많이 나타난다."라고 설명하였다. 이러한 안병희(1961)의 설명은 15세기 한국어에서 '-습-'이 높임 표현을 해야 할 청자에 대해 화자 자신의 행위를 나타낼 때 겸양의 표현으로 사용된다는 뜻으로 이해할 수 있다. 화자 자신의 행위를 나타낼 때 겸양의 표현으로 '-습-'이 사용된다는 것은, 곧 '-습-'이 화자가 자신에 대한 낮춤의 대우 표현을 뜻한다. 그렇다면 이 문법 형태가 15세기 한국어에서부터 이미 화자 낮춤의 문법 기능을 수행한 것으로 볼 수 있을 것이다.

<우리말큰사전>(1992)과 <표준국어대사전>(1999)에 나오는 '겸양'에 대한 뜻을 풀이한 내용을 보면 '화자가 자신을 낮춤으로써 상대방을 높이는 말'로 요약된다. 그런데 17~18세기 한국어의 문헌 자료인 <첩해신어>(1676)와 <개수첩해신어>(1748)에 나타나는 '-습-'의 여러 변이형들이 비종결어미로 사용되고 있는 경우가 많다.

> (20) ㄱ. 서ᄅ 보**옵**디 몯ᄒ오니 〈첩해신어 3 : 1〉
> ㄴ. 나는 소임으로 왇**습**거니와 〈개수첩해신어 2 : 4〉
> ㄷ. 우리는 御陰에 無事히 왇**습**거니와 〈개수첩해신어 4 : 6〉
> ㄹ. 그리ᄒ오려니와 깁히 녀허 잇**스오**니 〈개수첩해신어 4 : 8〉
> ㅁ. 내말을 기리시니 길부**옵**거니와 〈개수첩해신어 6 : 5〉

(20)의 보기에 나타나는 '-습-'은 모두 어말어미와 분리될 수 있는 선어말어미로 처리할 수 있다. 이들 선어말어미 '-습-'은 화자 겸양, 곧 화자 낮춤의 기능을 수행하는 것으로 판단된다. 17~18세기 한국어의 문헌 자료로 제시된 (20)에서 '-옵-', '-으오-', '-습-', '-스오-', '-읍-' 등의 다양한 변이형으로 나타나는데, 이들 문법 형태는 주로 1인칭주어와 호응하는 양상을 보여준다. (20ㄴ)과 (20ㄷ)에서는 1인칭주어인 '나'와 '우리'가 표면적으로 선택되고 있으며, 다른 문장에서는 주어로 기능하는 1인칭대명사가 생략되어 문장에서 표면적으로 드러나지 않는다. 따라서 문헌 자료의 보기로 나타낸 (20)의 각 문장에 선택된 '-습-'의 변이형들은 1인칭주어와 호응하면서 화자 자신을 낮추어 대우하는 선어말어미라고 할 수 있다.

현대 한국어의 관점에서 보면 (20)의 각 문장에 선택된 '-습-'의 변이형들이 화자를 낮추어 대우하는 문법 형태라면 1인칭대명사의 낮춤형 '저', '저희'와 호응해야 할 것인데, (20ㄴ)과 (20ㄷ)의 문장에서 각각 '나', '우리'와 호응하고 있다. 이것은 앞에서 언급하였듯이, 중세 한국어와 근대 한국어에서는 현대 한국어와는 달리 화자 낮춤의 선어말어미 '-습-' 류의 형태들이 반드시 '저'와 호응하지 않았음을 보여준다.

하지만 현대 한국어에서는 '-습-'의 후대 변이형 '-사오/사옵/삽-', '-자오/자옵/잡-', '-으오/옵-' 등이 보편적으로 1인칭대명사 '저' 또는 '저희'와 호응한다. '저'와 주로 호응하는 선어말어미 '-사오/사옵/삽-', '-자오/자옵/잡-', '-으오/옵-' 등의 문법 형태에 대한 국어사전의 풀이를 살펴보면 다음 (21)과 같다(표준국어대사전, 1999 참조).

(21)

ㄱ	－자오	자기를 낮추면서 상대편에게 공손하게 대하는 뜻을 나타내는 어미
		(보기) 듣자오니, 듣자오면, 듣자와, ……
	－자옵－	자기를 낮추면서 상대편에게 공손하게 대하는 뜻을 나타내는 어미
		(보기) 받자옵건대, 소식 듣자옵고, 분부 받자옵나이다, ……
	－잡－	자기를 낮추면서 상대편에게 공손하게 대하는 뜻을 나타내는 어미
		(보기) 스승의 뜻을 좇잡나이다, 폐하의 명을 받잡고, ……
ㄴ	－사오－	자신의 진술을 겸양하여 나타내는 어미
		(보기) 당신을 믿사오니 힘내세요.
	－사옵－	자신의 진술을 겸양하여 나타내는 어미
		(보기) 당신을 믿사옵고 따르옵니다.
	－삽－	자신의 진술을 겸양하여 나타내는 어미
		(보기) 밥을 먹삽고, 저희가 그 사람을 믿었삽더니, ……
ㄷ	－으오－	서술이나 의문에 공손함을 더하여 주는 어미
		(보기) 읽으오니, 잡으오리다, 같으오면, ……
	－옵－	서술이나 의문에 공손함을 더하여 주는 어미
		(보기) 가옵고, 가옵더니, 가옵시면, ……

(21)에 제시된 선어말어미는 모두 중세 한국어 '－습－'의 후대 변이형 인데도 사전의 풀이 내용에는 조금씩 차이가 있다. 이 사전의 풀이 내용을 모두 종합해 보면, 이들 변이형의 문법 형태는 화자가 자신을 낮추어 대우함으로써 청자에게 공손하게 대하는 기능을 수행하는 선어말어미로 요약된다.

현대 한국어에서 선어말어미 '－사오－'가 '저'와 호응하는 양상을 살펴본다.

(22) ㄱ. 제가 듣<u>사오</u>니 김 선생님께서 요즈음 편찮으시다고 하옵니다.
　　ㄴ. *내가 듣<u>사오</u>니 김 선생님께서 요즈음 편찮으시다고 하옵니다.
　　ㄷ. 내가 들으니 김 선생님께서 요즈음 편찮으시다고 합니다.

(22)의 여러 문장 중에서 (22ㄱ)은 매우 자연스럽게 받아들여지는 문장인 반면, (22ㄱ)의 '저' 대신 '나'로 바뀐 (22ㄴ)은 자연스럽게 받아들여지지 않는 문장이다. (22ㄱ)은 '저'가 주어로 선택되어 정상적인 문장이 되었지만 (22ㄴ)은 '나'가 주어로 선택되어 정상적인 문장이 되지 못하였다. (22ㄱ)의 문장에서 주어로 선택된 '저'도 화자 자신을 낮추어 대우하는 1인칭대명사이고 서술어에 결합한 '-사오-'와 '-으오-'도 화자 자신을 낮추어 대우하는 선어말어미이기 때문에 두 요소가 자연스럽게 호응한다. 하지만 (22ㄴ)의 문장에서 주어로 선택된 '나'는 화자 자신을 낮추어 나타내지 않는 1인칭대명사이고 서술어에 결합한 '-사오-'와 '-으오-'는 화자 자신을 낮추어 나타내기 때문에 서로 자연스럽게 호응하지 못하여 정상적인 문장으로 받아들여지지 않는다. 이러한 사실은 (22ㄷ)의 문장과 같이 1인칭대명사 '나'가 주어로 선택되고 서술어에 화자 자신을 낮추어 나타내는 선어말어미 '-사오-'와 '-으오-'가 결합하지 않은 경우에 정상적인 문장으로 받아들여지는 점에서 확인된다.

따라서 중세 한국어의 '-습-'류의 형태가 근대 한국어에 와서 그 기능이 바뀌게 되는데, 하나는 종결어미의 형태로 바뀌어 청자 높임의 기능을 수행하고 다른 하나는 화자 낮춤의 기능을 수행하는 선어말어미로 바뀌게 된다. 현대 한국어에서 화자 낮춤의 선어말어미 '-사오-'류의 형태는 중세 한국어 '-습-'의 기능 변화에 의한 것인데, 현대 한국어에서 선어말어미 '-사오-'류의 형태는 화자 낮춤의 기능을 수행하면서 주로 1인칭대명사의 낮춤형 '저'와 호응하여 낮춤의 화자대우법을 실현한다.

3. 한국어 대우법의 특징

(1) 체계상의 특징

한국어에는 한국의 역사, 문화, 관습, 사고방식 등이 보이지 않게 녹아 있기 마련이다. 따라서 한국어의 대우법에도 한국 사람들의 문화가 반영되어 있을 것이다. 한국은 긴 역사 동안 단일 민족으로 살아왔고 또 하나의 언어를 사용해 왔기 때문에, 한국 사람이 사용해 온 고유한 한국어에는 그 나름의 언어 규범이 정착되어 있다. 이러한 언어 규범의 하나가 한국어의 대우법이라고 말할 수 있으며, 대우법이라는 언어 규범은 곧 한국어가 가지고 있는 언어문화의 하나이다.

한국어의 대우법은 몇 가지 체계적인 특징을 가진다.

첫째, 한국어 대우법은 타인대우법과 자기대우법으로 구분된다.

한국어를 사용하는 사람들은 타인에 대해 높여서 대우하고 화자 자신에 대해서는 낮추어 대우한다. 타인에 대한 대우법은 높여서 대우할 대상이 문장의 주체인지, 문장의 객체인지, 문장의 청자인지에 따라 그 하위 범주로 나뉘고, 자신에 대한 대우법은 대우할 대상이 화자 자신이므로 한 개의 범주를 가진다.

그러나 한국어 대우법을 논의해 온 수많은 논자들은 지금까지 타인에 대한 대우법만 논의의 대상으로 생각해 왔으며, 화자 자신에 대한 대우법의 존재에 대해서는 특별한 관심을 기울이지 않았다. 그 결과 지금까지 한국어의 대우법은 화자가 타인에 대해 대우하는 방법에 한정하여 대우법을 체계화하려고 하였을 뿐, 화자가 타인 앞에서 화자 자신을 대우하는 자기대우법에 대한 논의는 대우법의 하위 범주에 포함시키지 않았다. 그래서 현대 한국어의 경우 화자가 타인 앞에서 자신이나 자신과 관련된 사람 및 대상을 낮추어 표현하는 '저, 가아, 폐사 ……' 등의 어휘 요소나

'-사오-', '-자오-' 등의 문법 요소에 대해 겸양표현 또는 공손표현이라고 언급해 왔다.[6] 이들 어휘 요소와 문법 요소들을 타인에 대한 대우법의 실현 요소로 다루게 되면 온전한 대우법의 체계를 세울 수 없게 된다. 따라서 우리는 이들 어휘 요소와 문법 요소들을 타인대우법의 실현에 관여하는 요소로 처리하지 않고 자기대우법, 즉 화자대우법의 실현 요소로 처리함으로써 합리적인 대우법의 체계를 세울 수 있다.

아래 (1)의 문장을 살펴본다.

    (1) ㄱ. 나도 가겠습니다.
        ㄴ. 저도 가겠습니다.
        ㄷ. 저도 가겠사옵니다.

(1ㄱ)의 문장은 화자 자신을 1인칭대명사 '나'로 나타내었고, (1ㄴ)의 문장은 화자 자신을 1인칭대명사 '저'로 나타내었으며, (1ㄷ)의 문장은 화자 자신을 1인칭대명사 '저'로 나타내면서 문장의 서술어에 화자 낮춤의 선어말어미 '-사오-'를 결합하였다.

대부분의 앞선 논자들은 (1)의 문장에 선택된 1인칭대명사 '저'와 화자 낮춤의 선어말어미 '-사오-'에 대해 화자의 공손한 표현 또는 겸양의 표현이라고 말하고, 이 어휘 요소와 문법 요소에 대해 화자가 청자를 높여서 대우하는 청자대우법의 실현 요소로 설명하고자 했다. 그러나 널리 잘 알려진 대로 청자대우법은 주로 문장의 종결어미에 의해 실현되는데, (1)의 3개 문장에 결합한 종결어미의 형태는 동일하다. 그렇다면 (1)의 3개 문장에 의해 실현되는 청자대우법의 등급은 '아주 높임'으로 청자에 대한 대우가 모두 같다고 해야 할 것이다. 따라서 (1)의 각 문장에 선택된 1인

---

6) 한국어의 대우법에 대한 초기의 논의가 일본 학자에 의해 이루어졌다. 그래서 한국어 대우법의 체계를 세우는 경우 일본어의 대우법에서 사용된 용어, 이를테면 '겸양'과 같은 용어에 대한 명확한 개념의 규정 없이 그대로 사용하는 태도는 이제 버려야 할 것이다.

칭대명사 '나', '저' 그리고 선어말어미 '-사오-' 등은 모두 청자대우법의 실현에 관여하는 요소가 아니라는 사실이다. 다시 말하면 (1ㄴ)과 (1ㄷ)의 문장에 선택된 어휘 요소 '저' 그리고 문법 요소 '-사오-' 등은 청자대우법의 실현에 관여하는 요소가 아니고, 화자가 자신을 대우하는 화자대우법의 실현에 관여하는 요소들이다.

그런데 (1ㄴ)과 (1ㄷ)의 문장과 같이 화자가 자신을 낮추어 표현하면 결국 청자를 높여서 대우하는 결과로 나타난다는 것이 앞선 논자들의 주장이다. 만약 이와 같은 주장의 논리를 높임의 주체대우법이나 높임의 객체대우법이 실현된 문장에 그대로 적용한다면, 문장의 주체나 객체를 높여서 대우하는 표현은 결국 화자를 낮추어 대우하는 결과가 되고 말 것이다. 따라서 (1)의 3개 문장에서 서술어에 결합한 종결어미 '-습니다'의 선택이 동일하므로 청자대우법의 등급은 모두 아주 높임 등급이다. 그리고 (1ㄴ)과 (1ㄷ)의 문장에서 주어로 기능하는 말에 화자 자신을 나타내는 '저'를 선택하고 서술어에 선어말어미 '-사오-'가 결합함으로써 낮춤의 화자대우법을 실현하는 것이다.

주체대우법과 객체대우법이 실현되는 경우를 (2)와 (3)에서 살펴본다.

> (2) ㄱ. 할아버지께서 어제 떠나셨다.
>   ㄴ. 할아버지께 이걸 갖다 드려라.

> (3) ㄱ. 영수가 어제 떠났다.
>   ㄴ. 영수에게 이걸 갖다 줘라.

(2ㄱ)과 (2ㄴ)의 문장에서 각각 높임의 주체대우법과 높임의 객체대우법이 실현되었는데, 각각 문장의 주체와 객체를 높여서 대우한다고 하여 화자 자신을 낮추어 대우하는 결과로 설명할 수 없다. 왜냐하면 (2ㄱ)과 (2ㄴ)의 문장을 각각 (3ㄱ)과 (3ㄴ)의 문장으로 나타낸다고 하여 화자 자신을

낮추지 않은 것으로 설명할 수 없기 때문이다. (2)의 문장으로 표현하든 (3)의 문장으로 표현하든 화자 자신에 대한 대우에는 아무 변화가 없다. 이런 현상과 마찬가지로 (1)의 3개 문장이 청자에 대한 대우의 정도에 차이가 있는 것이 아니며, 다만 화자가 자신에 대한 대우의 정도에 차이가 있을 뿐이다. 결국 위의 (1)에서 (1ㄱ)의 문장은 화자 자신을 낮추어 대우하지 않은 반면, (1ㄴ)과 (1ㄷ)의 문장은 화자 자신을 낮추어 대우한 것이다. 따라서 (1)의 3개 문장에 선택된 1인칭대명사 '나'와 '저' 그리고 선어말어미 '-사오-' 등은 청자대우법의 실현에 관여하는 요소가 아니고, 화자 자신을 대우하는 화자대우법의 실현에 관여하는 요소로 처리하는 것이 한국어의 대우법 체계를 합리적으로 기술할 수 있다.

　둘째, 타인대우법은 안높임/높임의 대립 체계를 이루고, 자기대우법은 안낮춤/낮춤의 대립 체계를 이룬다.

　사실 한국어의 대우법에 관심을 가진 대부분의 논자들은 타인대우법을 높임과 낮춤의 대립 체계로 기술해 왔다. 앞선 논자들은 주체대우법과 객체대우법에 대해서는 각각의 대우법이 실현되었느냐 실현되지 않았느냐에 관심이 있었다. 그리고 청자대우법에 대해서는 높임의 대우법이 실현되었느냐 낮춤의 대우법이 실현되었느냐 그리고 높임의 대우법은 몇 등급으로 구분되느냐에 주로 관심이 집중되어 왔다. 그들은 한국어 대우법의 하위 범주를 나눌 때 대우의 대상이라는 일관된 기준에 따라 기술해 왔지만, 대우법의 각 하위 범주에 대한 체계를 기술할 때는 일관성을 가지지 못하였다. 즉 대우법 중에서 청자대우법은 높임과 낮춤의 대립 체계로 기술하고, 주체대우법과 객체대우법은 높임과 낮춤의 대립 체계로 기술하지 않았다는 것이다.

　그래서 우리는 여기에서 지금까지의 논의들과는 달리 화자가 타인을 대상으로 대우하는 타인대우법은 모두 안높임과 높임의 대립 체계로 일관되게 기술한다. 즉 타인대우법에 속하는 청자대우법, 주체대우법, 객체대우법 등의 체계를 기술하면서 모두 문장의 청자, 주체, 객체 등을 높이지 않고 대우하는 안높임의 대우법과 높여서 대우하는 높임의 대우법으로 구분한다.

아래 (4)의 문장을 살펴본다.

    (4) ㄱ. 영희가 학교에 갔다.
        ㄴ. 넌 이걸 영희에게 줘라.
        ㄷ. 비가 많이 온다.

(4)의 3개 문장은 각각 안높임의 청자대우법, 안높임의 주체대우법, 안높임의 객체대우법이 실현되었다. 즉 (4ㄱ)의 문장은 안높임의 주체대우법이 실현되고 (4ㄴ)의 문장은 안높임의 객체대우법이 실현되었으며 (4ㄱ)~(4ㄷ)의 문장은 모두 안높임의 청자대우법이 실현된 것으로 기술해야 한다. 타인대우법에 속하는 대우법은 모두 이런 방법으로 기술함으로써 체계의 일관성을 유지할 수 있을 것이다.

위의 (4)와 구별되는 (5)를 살펴본다.

    (5) ㄱ. 할머니께서 학교에 오셨다.
        ㄴ. 이걸 할머니께 갖다 드려라.
        ㄷ. 비가 많이 옵니다.

하지만 (5)의 3개 문장은 각각 높임의 주체대우법, 높임의 객체대우법, 높임의 청자대우법이 실현되었다. 즉 (5ㄱ)의 문장은 높임의 주격조사 '-께서'가 주어에 결합하고 주체 높임의 선어말어미 '-으시-'가 서술어에 결합하여 높임의 주체대우법이 실현되었고, (5ㄴ)의 문장은 높임의 부사격조사 '-께'가 부사어에 결합하고 높임 동사 '드리다'가 서술어로 선택되어 높임의 객체대우법이 실현되었다. 그리고 (5ㄷ)의 문장은 높임의 종결

어미 '-습니다'가 서술어에 결합하여 높임의 청자대우법이 실현되고, (5ㄱ)~
(5ㄴ)은 안높임의 청자대우법이 실현되었다. (4)의 각 문장은 안높임의 주
체대우법, 안높임의 객체대우법, 안높임의 청자대우법이 실현된 반면, (5)
의 각 문장은 높임의 주체대우법, 높임의 객체대우법, 높임의 청자대우법
이 실현되었다. 타인대우법 중에서 주체대우법과 객체대우법은 안높임과
높임의 실현이 양분적인 데 반해, 청자대우법은 높임의 대우법이 실현된
경우라 하더라도 청자에 대한 높임의 대우 정도에 따라 다시 그 등급의
차이가 여러 등급으로 구분된다.

　아래 (6)은 높임의 청자대우법이 실현된 문장이다.

　　　(6) ㄱ. 비가 많이 옵니다.
　　　　　ㄴ. 비가 많이 오오.
　　　　　ㄷ. 비가 많이 오네.
　　　　　ㄹ. 비가 많이 온다.

　(6ㄱ)~(6ㄷ)의 문장은 청자에 대한 높임의 청자대우법이 실현된 문장이
고, (6ㄹ)의 문장은 청자에 대한 안높임의 청자대우법이 실현된 문장이다.
그런데 (6ㄱ)~(6ㄷ)의 3개 문장은 청자에 대한 높임의 대우 정도에 따라
청자대우법의 등급이 차등화된다. 즉 (6ㄱ)의 문장은 아주 높임의 청자대
우법이 실현되고, (6ㄴ)의 문장은 조금 더 높임의 청자대우법이 실현되고,
(6ㄷ)의 문장은 조금 높임의 청자대우법이 실현되었다. 따라서 타인대우법
에 속하는 청자대우법, 주체대우법, 객체대우법 등은 안높임과 높임의 대
립 체계로 기술될 수 있으며, 높임의 청자대우법은 청자에 대한 높임의
대우 정도에 따라 다시 몇 개의 등급으로 구분된다.

　다음에는 자기대우법의 체계에 대해 살펴본다.

　자기대우법은 화자가 타인 앞에서 자신을 대우하는 방법으로 화자대우
법이 여기에 속하는데, 아래 (7)은 화자대우법의 실현 양상이 잘 드러난다

(남기심·고영근, 1995 참조).

> (7) ㄱ. 제가 듣사오니 김 선생님께서 요즈음 바쁘시다고 하옵니다.
>   ㄴ. 내가 들으니 김 선생님께서 요즈음 바쁘시다고 합니다.

(7ㄴ)의 문장은 화자 자신을 나타내는 1인칭대명사 '나'가 주어로 선택되어 화자 자신에 대해 안낮춤의 대우법이 실현되었다. 그러나 (7ㄱ)의 문장은 화자 자신을 나타내는 1인칭대명사 '저'가 주어로 선택되고 화자 낮춤의 선어말어미 '-으오-'가 서술어에 결합하여 화자가 자신에 대해 낮춤의 대우법이 실현되었다. 따라서 (7ㄴ)은 안낮춤의 화자대우법이 실현된 문장이고, (7ㄱ)은 낮춤의 화자대우법이 실현된 문장이다.

이상에서 살펴본 대로 타인대우법에 속하는 청자대우법, 주체대우법, 객체대우법 등은 안높임과 높임의 대립 체계로 기술될 수 있고, 자기대우법에 속하는 화자대우법은 안낮춤과 낮춤의 대립 체계로 기술될 수 있다.

셋째, 한국어 대우법의 실현은 무표적인 경우와 유표적인 경우로 구별된다.

한국어의 대우법은 타인대우법과 자기대우법으로 크게 나뉘는데, 이 두 범주의 대우법이 모두 기본적으로 무표적인 대우법과 유표적인 대우법으로 구별된다. 화자가 타인에 대해 높여서 대우하고 자신에 대해서는 낮추어 대우하는 것이 한국어의 언어 예절인데, 타인을 높여서 대우하든 자신을 낮추어 대우하든 모두 유표적인 대우법이다. 그런데 높임의 타인대우법과 낮춤의 자기대우법은 의미적으로 모두 유표적인 대우법의 실현이라 할 수 있고, 안높임의 타인대우법과 안낮춤의 자기대우법은 의미적으로 무표적인 대우법의 실현이라 할 수 있다.[7]

먼저 타인대우법이 실현된 문장을 살펴본다.

---

7) 의미적인 유표성과 무표성에 대해서는 임지룡(1992)을 참조

(8) ㄱ. 영수가 학교에 갔다.
    ㄴ. 아버지께서 회사에 가셨다.

(9) ㄱ. 영수가 철수에게 인사했다.
    ㄴ. 영수가 할아버지께 인사 드렸다.

(10) ㄱ. 날씨가 매우 추웠다.
     ㄴ. 날씨가 매우 추웠습니다.

(8ㄱ)의 문장은 안높임의 주체대우법이 실현되고 (8ㄴ)의 문장은 높임의 주체대우법이 실현되었다. (9ㄱ)의 문장은 안높임의 객체대우법이 실현되고 (9ㄴ)의 문장은 높임의 객체대우법이 실현되었다. 그리고 (10ㄱ)의 문장은 안높임의 청자대우법이 실현되고 (10ㄴ)의 문장은 높임의 청자대우법이 실현되었다. (8ㄱ), (9ㄱ), (10ㄱ) 등의 문장은 각각 안높임의 주체대우법, 안높임의 객체대우법, 안높임의 청자대우법이 실현되었는데, 이들 문장은 화자가 문장의 주체, 객체, 청자에 대해 높임의 대우 관념이 반영되지 않았으므로, 의미적으로 무표적인 타인대우법이 실현된 것으로 볼 수 있다. 그러나 (8ㄴ), (9ㄴ), (10ㄴ) 등의 문장은 각각 높임의 주체대우법, 높임의 객체대우법, 높임의 청자대우법이 실현되었는데, 이들 문장은 모두 화자가 문장의 주체, 객체, 청자에 대해 높임의 대우 관념이 반영되었으므로, 의미적으로 유표적인 타인대우법이 실현된 것으로 볼 수 있다.

아래 (11)에서 자기대우법을 살펴본다.

(11) ㄱ. 나도 여기를 떠나겠습니다.
     ㄴ. 저도 여기를 떠나겠습니다.
     ㄷ. 저도 여기를 떠나겠사옵니다.

(11ㄱ)의 문장은 화자 자신을 나타내는 1인칭대명사 '나'가 주어로 선택

되어 안낮춤의 화자대우법이 실현되었다. 하지만 (11ㄴ)의 문장은 화자 자신을 나타내는 1인칭대명사 '저'가 주어로 선택되어 낮춤의 화자대우법이 실현되고, (11ㄷ)의 문장은 화자 자신을 나타내는 1인칭대명사 '저'가 주어로 선택되고 화자 낮춤의 선어말어미 '-사오-'가 서술어에 결합하여 낮춤의 화자대우법이 실현되었다. 따라서 (1ㄱ)의 문장은 화자가 자신에 대해 낮춤의 대우 관념이 드러나지 않으므로 무표적인 화자대우법이 실현된 것으로 볼 수 있고, (11ㄴ)과 (11ㄷ)의 문장은 화자가 자신에 대해 낮춤의 대우 관념이 드러나므로 유표적인 화자대우법이 실현된 것으로 볼 수 있다.

타인대우법은 안높임의 실현이 무표적이고 자기대우법은 안낮춤의 실현이 무표적이다. 안높임의 실현은 높임의 실현과 대립되고 안낮춤의 실현은 낮춤의 실현과 대립되지만, 타인대우법에서 안높임의 실현과 자기대우법에서 안낮춤의 실현이 모두 무표적인 대우법의 실현이라는 점에서 동일하다. 그리고 타인대우법에서 안높임의 실현이 타인에 대한 높임의 대우 관념이 [0] 자질이고 자기대우법에서 안낮춤의 실현이 자신에 대한 낮춤의 대우 관념이 [0] 자질이라는 점에서도 동일하다. 이러한 현상은 반의대립어에 속하는 형용사 '크다-작다', '많다-적다', '높다-낮다' 등이 중립적인 [0] 기준에서 [+]극과 [−]극으로 대립하는 것과 마찬가지로 설명될 수 있다.

(12)

	[+]	중립적인 기준 : [0]	[−]
ㄱ	크다	크지도 않고 작지도 않다	작다
ㄴ	많다	많지도 않고 적지도 않다	적다
ㄷ	높다	높지도 않고 낮지도 않다	낮다

반의대립어에 속하는 형용사 '크다-작다', '많다-적다', '높다-낮다' 등이 대립하는 양상을 중립적인 [0] 기준을 중심으로 [+]극과 [−]극을

나타낸 것이 위의 (12)이다. (12)에서 대립하는 각각의 형용사는 중립적인 기준 즉 [0] 자질을 기준으로 하여 [+]극은 '크다, 많다, 높다'로 나타나고 [−]극은 '작다, 적다, 낮다'로 나타난다. 이 경우 '크다'와 '작다', '많다'와 '적다', '높다'와 '낮다' 등은 각각 중립적인 [0] 자질을 기준으로 대립한다.

한국어 대우법에서 타인대우법은 안높임과 높임의 대립 체계를 이루고 자기대우법은 안낮춤과 낮춤의 대립 체계를 이룬다. 이 경우의 안높임과 안낮춤의 의미는, (12)에서 반의대립어 '크다−작다', '많다−적다', '높다−낮다' 등의 대립이 중립적인 기준이 [0] 자질인 것과 마찬가지로, 높이지도 않고 낮추지도 않는 [0] 자질을 말하는 것이다. 따라서 한국어의 대우법 체계는 화자가 가지는 대우 관념이 [0] 자질인 무표적인 대우를 기준으로 타인을 높여서 대우하는 관념은 [+] 자질로 드러나고 화자 자신을 낮추어 대우하는 관념은 [−] 자질로 드러난다. 이것을 요약하면 아래 (13)과 같이 나타낼 수 있다.

> (13) 대우법의 무표성과 유표성
>   높임관념 : [+]−타인대우법(유표적)
>   기   준 : [0]−높이지도 낮추지도 않음(무표적)
>   낮춤관념 : [−]−자기대우법(유표적)

한국어 대우법은 (13)과 같이 타인대우법과 자기대우법이 모두 대우 관념이 [0] 자질인 무표적인 것을 기준으로 하여 높임 관념의 [+] 자질을 가진 높임의 타인대우법과 낮춤 관념의 [−] 자질을 가진 낮춤의 자기대우법이 실현된다. 화자의 대우 관념이 [0] 자질인 기준은 높이지도 않고 낮추지도 않는 등급인데, 이것은 곧 안높임 또는 평대이다. 따라서 이 안높임의 실현은 의미적으로 무표적인 대우법이라 할 수 있으며, 타인대우법에서 대우 관념이 [+] 자질을 갖는 높임의 등급과 자기대우법에서 대우 관념이 [−] 자질을 갖는 낮춤의 등급은 의미적으로 유표적이라 할 수 있다.
(13)을 대우법의 실현과 관련지어 (14)와 같이 나타낼 수 있다.

> (14) ㄱ. 타인대우법 : 안높임−무표적
> 　　　　　　 높　임−유표적
> 　　 ㄴ. 자기대우법 : 안낮춤−무표적
> 　　　　　　 낮　춤−유표적

(14ㄱ)의 타인대우법에 속하는 청자대우법, 주체대우법, 객체대우법 등은 무표적인 안높임의 실현과 유표적인 높임의 실현으로 크게 구분된다. 그리고 (14ㄴ)의 자기대우법에 속하는 화자대우법은 무표적인 안낮춤의 실현과 유표적인 낮춤의 실현으로 구분된다. 따라서 타인대우법과 자기대우법은 모두 무표적인 것을 기준으로 유표적인 것과 대립적인 체계를 이룬다.

(2) 표현상의 특징

한국어의 대우법은 다음과 같은 표현적인 특징을 가지고 있다.
첫째, 한국어의 모든 문장에는 반드시 대우법이 실현된다.
한국어는 대부분 서술어에 종결어미가 결합함으로써 문장이 완성된다. 문법 범주 중에서 마침법과 청자대우법은 문장의 서술어에 결합하는 종결어미에 의해 실현되므로, 마침법과 청자대우법은 거의 모든 문장에서 실현된다고 할 수 있다. 하지만 아래 (1)의 문장과 같이 시제법은 실현되지 않는 경우가 가끔 있다.

> (1) ㄱ. 비가 많이 오다.
> 　　 ㄴ. 한국 축구 세계 4강에 진출하다.

(1)의 두 문장에는 시제를 나타내는 어휘 요소나 문법 요소가 선택되지 않았지만, 일반적으로 정상적인 문장으로 받아들여진다. 시제법이 실현되지 않은 (1)과 같은 문장이 일상적인 담화에서 실현되지는 않고, 신문과 방송의 표제로 사용되는 경우를 볼 수 있다. 그러나 (1)과 같은 문장이 일상어에서 자연스럽게 사용되지 않기 때문에 보편적인 언어 현상으로 받아들이기는 어렵다. 따라서 한국어의 거의 모든 문장에는 마침법, 청자대우법, 시제법 등이 실현되는 것으로 처리할 수 있다.

청자대우법과 마침법은 문장의 필수 성분인 서술어에 결합하는 종결어미에 의해 주로 실현되므로, 이 두 문법 범주는 문장에서 실현되는 필수적인 문법 범주라 할 수 있다. 그러나 담화에서 서술어가 생략된 문장은 종결어미가 표현되지 않기 때문에 표면적으로 마침법과 청자대우법이 실현되지 않는 것으로 보인다. 하지만 특수한 경우가 아닌 한 마침법과 청자대우법은 반드시 실현되는 것이 한국어의 정상적인 문장이다.

마침법과 청자대우법이 표면적으로 드러나지 않는 경우를 아래 (2)의 문장에서 살펴보기로 한다.

> (2) ㄱ. 영수 : 점심 먹었니?
>   ㄴ. 철수 : 응.
>   ㄷ. 영수 : 뭘 먹었니?
>   ㄹ. 철수 : 비빔밥.

(2)의 4개 문장은 담화에서 모두 정상적인 문장으로 받아들여진다. (2ㄱ)과 (2ㄷ)의 문장에는 화자와 청자의 모두 알고 있는 주어가 생략되었지만, 종결어미가 서술어에 결합하여 마침법과 청자대우법이 잘 실현되고 있다. 그리고 (2ㄴ)과 (2ㄹ)의 문장에는 주어와 서술어가 모두 생략되어서 표면적으로 드러나지 않지만 이 두 문장도 담화에서는 훌륭한 문장으로 받아들여진다. 이들 문장의 주어와 서술어는 담화에 참여하는 화자와 청자가

이미 알고 있는 정보이기 때문에 생략하는 것이 오히려 자연스럽다.

  (2ㄴ)과 (2ㄹ)의 문장에는 주어와 서술어가 생략되었기 때문에 표면적으로 마침법과 청자대우법이 실현되지 않은 것으로 보인다. 하지만 (2ㄴ)과 (2ㄹ)의 문장에서 생략된 주어와 서술어는 화자와 청자가 이미 알고 있으므로 쉽게 재구될 수 있으며, 이에 따라 이 두 문장에 실현된 마침법과 청자대우법을 간단하게 파악할 수 있다. 그래서 (2ㄴ)과 (2ㄹ)의 두 문장은 생략된 서술어를 '먹었어, 먹었다'와 같이 재구할 수 있다. 이러한 재구는 영수가 발화한 (2ㄱ)과 (2ㄷ)의 문장 서술어와 (2ㄴ)의 문장 '응'과 (2ㄹ)의 문장 '비빔밥'을 통해 가능하다. 즉 (2ㄴ)의 문장에서 '응'이라는 철수의 대답으로 미루어 보아 (2ㄱ)의 문장을 발화한 영수와 철수는 나이 차이가 없는 친한 관계라는 것을 알 수 있고, (2ㄹ)의 문장에서 '비빔밥'이라는 철수의 대답으로 미루어 볼 때 (2ㄷ)의 문장을 발화한 영수와 철수는 나이 차이가 없는 친한 관계라는 것을 알 수 있다. 만약 (2ㄱ)과 (2ㄷ)의 문장을 발화한 영수가 철수에 비해 나이가 아주 많은 손위라면 (2ㄴ)과 (2ㄹ)의 문장에서 각각 '응'과 '비빔밥'이라는 대답 대신 '예'와 '비빔밥요'라고 대답할 것이다.

  한국어의 구어를 중심으로 마침법을 연구한 권재일(2004)에는 서술문과 의문문의 실현 실태를 조사하여 유형별로 그 실현 빈도를 통계 처리하였다. 서술문의 실현 빈도에서 전체 2,284개 문장 중에 문장 조각이 303개로 13%를 차지하였고, 의문문의 실현 빈도에서 전체 1,073개 문장 중에 문장 조각이 258개로 24%를 차지하였다. 이 연구에서 서술문과 의문문을 실현하는 유형에서 문장 조각이 차지하는 비율이 각각 13%와 24%로 나타났는데, 이것은 실제 발화에서 문장의 필수적인 성분이 생략되는 경우가 적지 않다는 사실을 뒷받침해 주는 결과이다. 일상 담화에서 문장 조각이 실현되는 경우라 하더라도, 화자에 의해 발화된 문장 조각은 하나의 문장과 동일한 기능을 수행하므로, 담화의 맥락에 의해 온전한 마침법을 실현하고 동시에 청자대우법도 정상적으로 실현하게 된다.

그런데 (2ㄴ)과 (2ㄹ)의 문장은 담화의 맥락에 따라 생략된 서술어를 재구함으로써 이들 '응'과 '비빔밥'에 의해 실현되는 마침법을 알 수 있듯이, 동일한 방법으로 청자대우법도 알 수 있다. 즉 (2ㄴ)과 (2ㄹ)의 문장에서 생략된 서술어를 '먹었어, 먹었다'와 같이 재구할 수 있을 경우, 이 두 문장의 청자대우법은 화자가 청자를 높여서 대우하지 않음이 드러난다. 따라서 (2ㄴ)과 (2ㄹ)의 문장에서 '응'과 '비빔밥'은 문장의 정상적인 기능을 온전하게 수행할 뿐 아니라 안높임의 청자대우법을 실현한다.

그런데 (1)의 두 문장에서 시제법은 구체적으로 실현되지 않았지만, 청자대우법은 실현되고 있다. 즉 (1)의 두 문장에는 청자대우법을 실현하는 종결어미 '-다'가 선택되었다. 이들 문장의 서술어에 결합한 종결어미 '-다'는 화자가 청자를 높여서 대우하지 않을 때 선택되므로, (1)의 두 문장은 안높임의 청자대우법이 실현되었다. 그리고 (2)의 4개 문장은 서술어에 결합한 종결어미의 형태로 보아, 모두 안높임의 청자대우법이 실현된 문장들이다. 시제법이 실현되지 않은 (1)의 두 문장에서도 청자대우법이 실현되고, (2)와 같이 감탄사와 명사가 각각 문장으로 기능하는 경우에도 반드시 대우법은 실현된다. 따라서 한국어의 모든 문장에서 반드시 대우법이 실현된다.

둘째, 한국어의 대우법은 한 문장에 두 가지 이상의 대우법이 실현될 수 있다.

하나의 문장에서 한 개의 대우법이 실현되는 경우도 있지만, 대부분의 경우에는 한 문장에 두 개 이상의 대우법이 실현된다. 이런 현상은 한 개의 문장에 화자가 대우할 대상이 두 가지 이상 관여하는 경우에 나타난다. 문장에서 대우법을 실현하는 대상에는 문장의 주체, 문장의 객체, 문장의 청자 그리고 화자 자신 등이 있다.

다음 (3)의 문장은 한 개의 대우법이 실현된다.

(3) ㄱ. 비가 온다/ 오네/ 오오/ 옵니다.

　　ㄴ. 여기 앉아라/ 앉게/ 앉으오/ 앉으세요/ 앉으십시오.

　위 (3)의 각 문장은 모두 주어와 서술어로 이루어진 단순문이다. (3ㄱ) 의 문장에는 주어로 선택된 체언이 자연 현상을 나타내는 명사이기 때문에 화자가 문장의 주체에 대해 대우할 필요가 없다. 대우법은 원칙적으로 타 인이든 화자 자신이든 사람에 대해 대우하는 문법 범주이다. 따라서 (3ㄱ) 의 문장은 화자가 대우할 문장의 주체로 사람이 선택되지 않았기 때문에 주체대우법이 실현되지 않았다. 하지만 (3ㄱ)의 문장은 서술어에 결합한 종결어미에 의해 청자대우법이 실현되었다. 즉 (3ㄱ)에는 청자가 누구냐에 따라 화자의 대우 관념이 다르게 반영된 종결어미 '-ㄴ다', '-네', '-으 오', '-습니다' 등이 선택됨으로써 안높임의 청자대우법이나 높임의 청자 대우법이 실현된다. 이런 현상은 (3ㄴ)의 문장에서도 마찬가지이다. (3ㄴ) 에서는 생략된 문장의 주어가 청자이므로, 서술어에 결합하는 종결어미에 따라 청자대우법이 다양하게 실현된다. 따라서 (3)의 두 문장은 타인대우 법 중에서 청자대우법만 실현되었다.

　하지만 아래의 (4)에는 두 개 이상의 대우법이 실현되었다.

(4) ㄱ. 영희가 어제 왔다.

　　ㄴ. 할머니께서 어제 오셨습니다.

　　ㄷ. 어머니께서는 제가 이걸 할머니께 갖다 드리라고 말씀하셨습니다.

　(4ㄱ)의 문장은 화자가 문장의 주체를 높여서 대우하지 않을 뿐 아니라, 청자에 대해서도 높여서 대우하지 않았다. 이것은 문장의 주체로 선택된 '영희'가 높여서 대우할 대상이 아니고, 또 문장에 드러나지 않은 청자도 높여서 대우할 대상이 아니기 때문이다. 따라서 (4ㄱ)은 안높임의 주체대 우법과 안높임의 청자대우법이 실현된 문장이다. 그러나 (4ㄴ)은 문장의

주체로 선택된 '할머니'가 높여서 대우할 대상이고, 문장에 드러나지 않은 청자도 높여서 대우할 대상이다. 그래서 (4ㄴ)은 화자가 문장의 주체와 청자를 높여서 대우한 문장이며, 이 문장은 높임의 주체대우법과 높임의 청자대우법이 모두 실현되었다. 또 (4ㄷ)의 문장은 문장의 주체와 객체가 모두 높여서 대우할 대상이고, 문장에 드러나지 않은 청자도 높여서 대우할 대상이다. 그리고 화자 자신은 낮추어 대우할 대상이다. 그래서 (4ㄷ)은 높임의 주체대우법, 높임의 객체대우법, 높임의 청자대우법 등이 실현되었을 뿐 아니라, 낮춤의 화자대우법 등이 모두 실현된 문장이다.

(4ㄱ)과 (4ㄴ)의 문장은 주체대우법과 청자대우법이 동시에 실현되었고, (4ㄷ)의 문장은 주체대우법, 객체대우법, 청자대우법, 화자대우법 등이 모두 동시에 실현되었다. (4ㄱ)과 (4ㄴ)의 두 문장은 타인대우법에 속하는 주체대우법과 청자대우법이 동시에 실현되었으며, (4ㄷ)의 문장은 타인대우법에 속하는 주체대우법, 객체대우법, 청자대우법 그리고 자기대우법에 속하는 화자대우법 등이 모두 실현되었다. 따라서 하나의 문장은 (3)의 보기 문장과 같이 한 개의 대우법이 실현되기도 하며, (4)의 보기 문장과 같이 두 개 이상의 대우법이 동시에 실현되기도 한다. 따라서 한국어는 한 개의 문장 안에서 두 가지 이상의 대우법이 동시에 실현될 수 있다.

셋째, 동일한 대우법을 실현하는 요소들의 기능부담량은 서로 다르다.

한 문장 안에서 동일한 대우법을 실현하는 요소들끼리 서로 호응하면서도 기능부담량에는 차이가 있다. 그리고 동일한 대우법을 실현하는 요소일지라도 어떤 요소는 필수적으로 관여하고, 어떤 요소는 임의적으로 관여한다. 동일한 대우법의 실현에 필수적으로 관여하는 요소는 그 대우법 실현의 기능부담량이 크고 임의적으로 관여하는 요소는 그 대우법 실현의 기능부담량이 상대적으로 작다.

먼저 타인대우법이 실현된 문장을 살펴본다.

(5) ㄱ. 할아버지께서 우리 집에 오셨다.
ㄴ. *할아버지께서 우리 집에 왔다.
ㄷ. 할아버지가 우리 집에 오셨다.

(5)의 각 문장은 높임의 주체대우법이 실현된 보기이다. (5ㄱ)과 (5ㄷ)의 문장은 정상적인 문장으로 받아들여지는 반면, (5ㄴ)의 문장은 정상적인 문장으로 받아들여지지 않는다. (5ㄱ)에는 문장의 주체를 높여서 대우하는 높임의 주격조사 '-께서'가 주어에 결합하고 주체 높임의 선어말어미 '-으시-'가 서술어에 결합하였다. 그러나 (5ㄴ)에는 문장의 주체를 높여서 대우하는 높임의 주격조사 '-께서'가 주어에 결합하였지만, 서술어에 주체 높임의 선어말어미 '-으시-'가 결합하지 않아서 정상적인 문장으로 받아들여지지 않았다. 하지만 (5ㄷ)에는 문장의 주체를 높여서 대우하지 않는 안높임의 주격조사 '-가'가 주어에 결합하였지만, 서술어에 주체 높임의 선어말어미 '-으시-'가 결합함으로써 일반적으로 정상적인 문장으로 받아들여진다.

높임의 주격조사 '-께서'와 주체 높임의 선어말어미 '-으시-'가 모두 문법 요소로서 문장의 주체를 높여서 대우하는 기능을 수행한다. (5)의 3개 문장에서 높임의 주격조사 '-께서'와 주체 높임의 선어말어미 '-으시-'에 의한 주체대우법 실현의 문법적 기능을 자세하게 관찰해 보면, 두 문법 요소 중에서 '-으시-'가 '-께서'에 비해 문장의 주체를 높여서 대우하는 기능부담량이 더 크다는 사실이 자연스럽게 드러난다. 그래서 높임의 주격조사 '-께서'가 주어에 결합하지 않은 (5ㄷ)은 정상적인 문장으로 받아들여지며, 주체 높임의 선어말어미 '-으시-'가 선택되지 않은 (5ㄴ)은 정상적인 문장으로 받아들여지지 않는다.

다음에는 객체대우법이 실현되는 문장을 살펴본다.

    (6) ㄱ. 이걸 할아버지께 갖다 드려라.
        ㄴ. *이걸 할아버지께 갖다 주어라.
        ㄷ. 이걸 할아버지한테 갖다 드려라.

  (6)은 모두 높임의 객체대우법이 실현된 문장이다. (6ㄱ)과 (6ㄷ)은 정상적인 문장으로 받아들여지는 반면, (6ㄴ)은 정상적인 문장으로 받아들여지지 않는다. (6ㄱ)에는 문장의 객체를 높여서 대우하는 부사격조사 '-께'가 부사어에 결합하고 문장의 객체를 높여서 대우하는 높임동사 '드리다'가 서술어로 선택되어 높임의 객체 대우법이 실현되었다. 그러나 (6ㄴ)의 문장에는 객체 높임의 부사격조사 '-께'가 부사어 뒤에 결합하였지만, 객체를 높여서 대우하는 높임동사 '드리다'가 선택되지 않아서 높임의 객체대우법이 정상적으로 실현되지 않았다. 하지만 (6ㄷ)의 문장에는 객체 높임의 부사격조사 '-께'는 부사어에 결합하지 않았지만, 객체를 높여서 대우하는 높임동사 '드리다'가 서술어로 선택되어 높임의 객체대우법이 정상적으로 실현되었다.

  (6)의 각 문장에서 높임의 객체대우법을 실현하는 높임의 부사격조사 '-께'와 높임동사 '드리다'가 모두 문장의 객체를 높여서 대우하는 기능을 수행한다. 하지만 (6)의 3개 문장에 선택된 객체 높임의 문법 요소와 어휘소를 자세하게 관찰해 보면, 이 두 요소가 객체대우법 실현의 기능부담량을 동일하게 수행하지 않는 사실이 드러난다. 즉 (6ㄴ)의 문장과 같이 객체 높임의 부사격조사 '-께'는 부사어에 결합하였지만, 객체를 높여서 대우하는 높임동사 '드리다'가 서술어로 선택되지 않아 정상적인 문장으로 받아드려지지 않았다. 하지만 객체 높임의 높임동사 '드리다'가 서술어로 선택되고 객체 높임의 부사격조사 '-께'가 부사어에 결합하지 않은 (6ㄷ)은 정상적인 문장으로 받아들여진다. 따라서 객체대우법을 실현하는 문법 요소 '-께'에 비해 어휘 요소 '드리다'가 객체대우법 실현의 기능부

담량이 상대적으로 더 크다. 이것은 (6)의 각 문장에서 어휘 요소 '드리다'가 객체대우법의 실현에 필수적으로 관여하는 데 반해, 문법 요소 '-께'는 임의적으로 관여함을 보여준다.

청자대우법이 실현되는 아래 (7)을 살펴본다.

(7) ㄱ. 영수야, 바람이 많이 분다.
    ㄴ. 아저씨ø, 바람이 많이 붑니다.

(7ㄱ)은 청자를 높여서 대우하지 문장이지만, (7ㄴ)은 청자를 높여서 대우한 문장이다. (7ㄱ)의 문장에는 부름말 '영수야'에 안높임의 호격조사 '-야'가 결합하고 서술어에 결합하는 종결어미로 '-ㄴ다'가 선택되어 안높임의 청자대우법이 실현되었다. 그러나 (7ㄴ)의 문장에는 부름말인 '아저씨' 뒤에 유형의 호격조사가 결합하지 않았지만, 서술어에 결합하여 청자를 높여서 대우하는 종결어미로 '-습니다'가 선택됨으로써 높임의 청자대우법이 실현되었다. (7ㄱ)과 (7ㄴ)의 문장은 모두 청자대우법이 정상적으로 실현된 문장으로 받아들여지지만, 부름말에 결합하는 호격조사와 서술어에 결합하는 종결어미의 선택 양상으로 보아 종결어미가 호격조사에 비해 청자를 높여서 대우하는 기능부담량이 더 크고 정밀한 것으로 판단된다.

다음에는 자기대우법이 실현된 (8)을 살펴보기로 한다.

(8) ㄱ. 나는 내일 가겠습니다.
    ㄴ. 저는 내일 가겠습니다.
    ㄷ. 저는 내일 가겠사옵니다.
    ㄹ. *나는 내일 가겠사옵니다.

(8ㄱ)은 화자가 자신을 낮추어 대우하지 않은 문장이고, (8ㄴ)과 (8ㄷ)은

화자가 자신을 낮추어 대우한 문장이다. 따라서 (8ㄱ)은 안낮춤의 화자대우법이 실현된 문장이고 (8ㄴ)과 (8ㄷ)은 낮춤의 화자대우법이 실현된 문장이다. 그런데 (8ㄴ)에는 문장의 서술어에 화자 낮춤의 선어말어미 '-사오-'가 결합하지 않았지만, 화자 자신을 낮추어 대우하는 1인칭대명사 '저'가 주어로 선택되어 낮춤의 화자대우법이 실현되었다. 하지만 (8ㄷ)의 문장에는 화자가 자신을 낮추어 대우하는 1인칭대명사 '저'가 주어로 선택되고 서술어에 화자 낮춤의 선어말어미 '-사오-'가 결합하여 낮춤의 대우법이 실현되었다. 그러나 (8ㄹ)의 문장에는 서술어에 화자 낮춤의 선어말어미 '-사오-'가 결합하였지만, 화자가 자신을 낮추어 대우하지 않는 1인칭대명사 '나'가 주어로 선택되어 정상적인 문장으로 받아들여지지 않는다. 이것은 (8)에서 화자가 자신을 낮추어 나타내는 1인칭대명사 '저'와 화자 낮춤의 선어말어미 '-사오-'가 모두 낮춤의 화자대우법을 실현하는 기능을 수행하지만, 어휘 요소 '저'가 문법 요소 '-사오-'에 비해 화자를 낮추어 대우하는 화자대우법 실현의 기능부담량이 더 큰 사실을 보여준다. 따라서 (8)의 문장과 같이 화자대우법의 실현에서 어휘 요소 '저'가 문법 요소 '-사오-'에 비해 기능부담량이 더 크므로, 1인칭대명사 '저'는 낮춤의 화자대우법 실현의 필수적 요소이고 화자 낮춤의 선어말어미 '-사오-'는 임의적 요소이다.

위의 (5)~(8)의 문장에서 주체대우법, 객체대우법, 청자대우법 등과 자기대우법에 속하는 화자대우법이 실현되는 양상으로 보아, 이들 대우법을 각각 실현하는 문법 요소와 어휘 요소가 그 대우법을 실현하는 기능부담량에서 차이가 분명하게 드러난다. 즉 동일한 대우법을 실현하는 문법 요소와 어휘 요소라 하더라도 어느 한쪽은 필수적으로 선택되는 요소인 반면, 다른 한쪽은 임의적으로 선택되는 요소이다. 이것은 곧 한 문장 안에서 동일한 대우법을 실현하는 두 요소 사이의 기능부담량이 다르기 때문이다.

넷째, 타인대우법에 관여하는 요소와 자기대우법에 요소가 구별되어 있다.

한국어의 대우법을 실현하는 요소에는 어휘 요소와 문법 요소가 있는데, 이 어휘 요소와 문법 요소들이 타인대우법의 실현과 자기대우법의 실현에 각각 달리 관여한다. 즉 한국어에는 타인대우법을 실현하는 데 관여하는 어휘 요소와 문법 요소가 있고, 자기대우법을 실현하는 어휘 요소와 문법 요소가 따로 존재한다.

한국어 대우법의 실현에 관여하는 어휘 요소와 문법 요소가 타인대우법과 자기대우법에 따라 구별되어 존재하는 현상은, 타인대우법의 체계가 안높임과 높임의 대립 체계를 이루고 자기대우법의 체계가 안낮춤과 낮춤의 대립 체계를 이루는 점에서 간단하게 입증된다.

먼저 타인대우법을 실현하는 어휘 요소와 문법 요소를 살펴본다.

(9) ㄱ. 선생님께서 진지를 잡수셨다.
    ㄴ. 선생님께 말씀 드려라.
    ㄷ. 선생님께서 오셨습니다.

(9ㄱ)은 문장의 주체인 '선생님'이 높여서 대우할 대상이므로 높임의 주격조사 '-께서'가 주어에 결합하고, 높임 명사 '진지'가 목적어로 선택되고, 높임 동사 '잡수다'가 서술어로 선택되고, 그리고 주체 높임의 선어말어미 '-으시-'가 서술어에 결합함으로써 높임의 주체대우법이 실현되었다. (9ㄴ)은 문장의 객체인 '선생님'이 높여서 대우할 대상이므로 높임의 부사격조사 '-께'가 부사어에 결합하고, 높임 명사 '말씀'이 목적어로 선택되고, 높임 동사 '드리다'가 서술어로 선택됨으로써 높임의 객체대우법이 실현되었다. 마지막으로 (9ㄷ)은 문장의 주체인 '선생님'이 높여서 대우할 대상이므로 높임의 주격조사 '-께서'가 주어에 결합하고, 주체 높임의 선어말어미 '-으시-'가 서술어에 결합함으로써 높임의 주체대우법이 실현되었다. 그리고 (9ㄱ)과 (9ㄴ)은 표면적으로 드러나지 않은 청자

가 높여서 대우할 대상이 아니므로, 서술어에 결합하는 종결어미 '–다'
와 '–어라'가 각각 선택되었다. 하지만 (9ㄷ)은 표면적으로 드러나지 않
은 청자가 높여서 대우할 대상이므로 서술어에 결합하는 서술어미 '–습
니다'가 선택되었다. 따라서 (9ㄱ)과 (9ㄴ)의 문장은 안높임의 청자대우법
이 실현되고, (9ㄷ)의 문장은 높임의 청자대우법이 실현되었다.

(9)의 각 문장에서 높임의 타인대우법을 실현하는 데 관여하는 어휘 요
소와 문법 요소를 분리하여 나타내면 아래 (10)과 같다.

> (10) ㄱ. '–께서' / '진지' / '잡수다' / '–으시–'
>   ㄴ. '–께' / '말씀' / '드리다'
>   ㄷ. '–께서' / '–으시–' / '–습니다'

(10)은 (9)의 각 문장에서 높임의 대우법을 실현하는 데 관여하는 어휘
요소와 문법 요소들이다. 이것들을 어휘 요소와 문법 요소로 다시 분리하
면, '진지', '잡수다', '말씀' 등은 어휘 요소이고 '–께서', '–으시–', '–께'
등은 문법 요소이다. 따라서 (10)에 열거한 어휘 요소와 문법 요소는 모두
타인대우법의 실현에 관여할 뿐, 자기대우법의 실현에는 전혀 관여하지
않는다.

그러면 자기대우법의 실현 요소를 살펴본다.

> (11) ㄱ. 저의 집 가아는 어제 떠났사옵니다.
>   ㄴ. 늦게나마 저의 졸고를 보내오니 잘 처리해 주시기 바랍니다.
>   ㄷ. 저희는 폐사의 제품을 더 많이 사용합니다.

(11ㄱ)은 문장의 주체로 화자와 관련된 대상자가 선택되어서 자신을 낮
추어 대우하는 1인칭대명사 '저'와 화자의 아들을 낮추어 나타내는 어휘
요소인 '가아'[8]가 선택되고, 그리고 서술어에 화자 낮춤의 선어말어미
'–사오–'가 결합하였다. (11ㄴ)에도 선행절의 주체로 화자 자신이 선택

되었는데, 자신을 낮추어 대우하는 1인칭대명사 '저'와 남에게 자신의 원고를 낮추어 표현하는 어휘 요소 '졸고'가 선택되고, 서술어에는 화자 낮춤의 선어말어미 '-으오-'가 결합하였다. (11ㄷ)의 문장에는 화자 자신을 포함하는 1인칭대명사의 낮춤형 '저희'와 화자 자신의 회사를 낮추어 대우하는 '폐사'가 선택되었다. 따라서 (11)의 각 문장은 모두 낮춤의 화자대우법이 실현되었다.

(11)의 각 문장에서 낮춤의 화자대우법 실현에 관여하는 어휘 요소와 문법 요소를 분리하여 나타내면 아래 (12)와 같다.

(12) ㄱ. '저' / '가아' / '-사오-'
     ㄴ. '저' / '졸고' / '-으오-'
     ㄷ. '저희' / '폐사'

(12)에서 '저', '가아', '졸고', '저희' 등은 낮춤의 화자대우법 실현에 관여하는 어휘 요소이고 '-사오-'와 '-으오-' 등의 선어말어미는 낮춤의 화자대우법 실현에 관여하는 문법 요소이다. 이들 어휘 요소와 문법 요소는 모두 낮춤의 화자대우법의 실현에만 관여할 뿐, 타인대우법의 실현에는 관여하지 않는다.

하지만 논자에 따라서는 (11)의 각 문장에 선택된 선어말어미 '-사오-'와 '-으오-'를 화자의 겸양표현이라고 설명하고, '가아, 졸고, 폐사' 등의 어휘 형태에 대해 '영식-아들-가아', '옥고-원고-졸고', '귀사-회사-폐사' 등과 같이 종적으로 어휘적인 높임 대립을 이루는 것으로 설명해 왔다. 그러나 (11)의 각 문장에 선택된 선어말어미 '-사오-'와 '-으오-'는 문장에서 화자가 자신을 낮추어 대우하는 화자 낮춤의 선어말어미로

---

8) 표준국어대사전(1999 : 55)에는 '가아(家兒)'가 남에게 자신의 아들을 낮추어 이르는 말로 풀이되어 있다.

기능한다. 그리고 (11)의 각 문장에 선택된 '저, 가아, 졸고, 폐사' 등은 화자가 자신과 관련된 사람이나 대상을 낮추어 대우하는 어휘 요소이다. 따라서 (12)에 열거한 어휘 요소와 문법 요소들은 화자대우법의 실현에만 관여한다.

대우법의 실현에 관여하는 어휘 형태에 대해 다시 살펴본다.

(13)

	타인대우	중립적	자기대우
ㄱ	영식	아들	가아
ㄴ	옥고	원고	졸고
ㄷ	귀사	회사	폐사

(13)에서 드러나는 바와 같이 중간 항에 배열된 '아들, 원고, 회사' 등의 어휘 형태는 높임과 낮춤의 구별이 없는 중립적인 의미를 가진다. 그러나 왼쪽 항에 배열된 '영식, 옥고, 귀사' 등의 어휘 형태는 [+높임] 자질을 가진 의미로 파악되는 반면, 오른쪽 항에 배열된 '가아, 졸고, 폐사' 등의 어휘 형태는 [+낮춤] 자질을 가진 의미로 파악된다. (13)의 왼쪽 항에 배열된 '영식, 옥고, 귀사' 등의 어휘 형태가 [+높임] 자질을 가지며, (13)의 오른쪽 항에 배열된 '가아, 졸고, 폐사' 등이 [+낮춤] 자질을 갖는다고 하여 (13ㄱ), (13ㄴ), (13ㄷ)에 배열된 각각의 어휘 형태들이 종적으로 높임 대립을 이루는 것은 아니다. 왜냐하면 (13)에서 왼쪽 항에 배열된 어휘 형태들은 타인을 높여서 대우할 때 선택되는 반면, 오른쪽 항에 배열된 어휘 형태들은 화자가 자신을 낮추어 대우할 때 선택되기 때문이다. 다시 말하면 화자가 타인이나 타인과 관련된 대상(자)을 높여서 대우할 때 선택되는 '영식, 옥고, 귀사' 등의 어휘 형태는 화자가 자신이나 자신과 관련된 대상(자)을 대우할 때는 선택될 수 없으며, 화자가 자신을 낮추어 대우할 때 선택되는 오른쪽 항의 '가아, 졸고, 폐사' 등은 타인이나 타인

과 관련된 대상(자)을 대우할 때는 선택될 수 없다. 따라서 (13)에서 오른쪽 항에 배열된 어휘 형태는 언제나 자기대우법의 실현에만 관여하고 왼쪽 항에 배열된 어휘 형태는 타인대우법의 실현에만 관여하므로, (13)의 각각에 배열된 항목의 어휘 형태들은 동일한 대상에 대해 높임 대립으로 짝지어질 수 없다.

(13)에서 왼쪽 항의 '영식, 옥고, 귀사' 등의 어휘 형태는 높임의 타인대우법을 실현할 때 선택되는 어휘 요소들이고, 오른쪽 항의 '가아, 졸고, 폐사' 등의 어휘 형태는 낮춤의 자기대우법을 실현할 때 선택되는 어휘 형태이기 때문에, 타인대우법을 실현하는 어휘 형태와 자기대우법을 실현하는 어휘 형태가 서로 다르게 존재한다. 즉 '영식'은 타인의 아들을 높여서 대우하는 어휘 형태이고 '가아'는 화자가 타인 앞에서 자신의 아들을 낮추어 대우하는 어휘 형태이므로, 이 두 어휘 형태는 대우할 대상이 같지 않다. 그러므로 (13ㄱ), (13ㄴ), (13ㄷ)에서 가로로 배열된 어휘 형태들이 결코 종적인 높임 대립을 이루지 않는다는 것이다.[9] 흔히 '잡수다-먹다-처먹다' 등의 어휘 형태를 종적인 높임 대립으로 기술하듯이,[10] '영식-아들-가아'도 종적인 높임 대립으로 기술하는 논의가 있었다. 하지만 (13)의 왼쪽 항에 배열된 어휘 형태는 타인이나 타인과 관련된 대상(자)을 높여서 대우할 때 선택되고, (13)의 오른쪽 항에 배열된 어휘 형태는 화자 자신이나 자신과 관련된 대상(자)을 낮추어 대우할 때 선택된다.

---

9) 타인의 아들을 높여서 대우하는 '영식'과 자신의 아들을 낮추어 대우하는 '가아'를 같은 계열에 놓고 종적인 높임 대립을 이루는 것으로 기술하려는 것은, 타인대우법에 대한 인식만 있고 자기대우법에 대한 인식이 없기 때문이다.

10) 김태엽(2005)에서는 '잡수다-먹다-처먹다'가 '존대-평대-하대'의 높임 대립을 이루는 것이 아니라, '잡수다'는 [+높임][-속됨] 자질을 가지며 '먹다'는 [-높임][-속됨] 자질을 가지며 '처먹다'는 [-높임][+속됨] 자질을 가지므로 '먹다'와 '처먹다'는 같은 평대이고 두 어휘소의 의미 차이는 [속됨] 자질의 유무에 있는 것으로 설명하였다.

4. 마무리

이 장에서는 한국어 대우법의 특징에 대해 살펴보았다. 한국어의 예절이 문법 범주로 정착된 것이 한국어의 대우법이다. 이 대우법은 역사적으로 아주 이른 시기부터 존재한 것으로 판단된다. 왜냐하면 고대 한국어의 문헌 자료와 중세 한국어의 문헌 자료에 이미 대우법이 실현된 모습이 나타나기 때문이다. 이런 현상은 한국 사람들의 심성에 타인에 대한 존중 의식이 내재해 있었다고 말할 수 있을 것이다. 따라서 한국어의 대우법은 한국어의 언어 예절과 깊은 관련을 가진다. 이에 따라 한국어의 대우법을 논의할 때는 한국어의 언어 예절이 반영된 사실을 주목할 필요가 있다.

한국어의 예절은 화자가 타인에 대해서는 주로 높여서 대우하고 화자 자신에 대해서는 타인 앞에서 낮추어 대우한다. 그러므로 한국어의 대우법은 타인에 대한 대우법과 화자 자신에 대한 대우법으로 크게 나뉜다. 화자가 타인에 대한 대우법은 타인대우법이라 하고 화자 자신에 대한 대우법은 자기대우법이라 한다. 타인대우법은 화자가 대우할 대상에 따라 청자대우법, 주체대우법, 객체대우법 등으로 나뉘고 자기대우법은 곧 화자대우법이다. 이러한 여러 대우법 중에서 청자대우법이 가장 정밀하게 실현되고 있는데, 그 이유는 화자가 대우할 대상 가운데 청자가 가장 중요하게 인식되기 때문이다. 실제로 타인대우법에 속하는 주체대우법과 객체대우법은 안높임과 높임의 양분적인 체계로 실현되지만, 청자대우법은 안높임과 높임이 대립하고 높임은 다시 몇 개의 등급으로 구분되어 실현된다. 이런 사실은 담화에서 청자가 누구냐에 따라 그에 대한 화자의 대우 관념이 차등적으로 실현되는 정밀성을 보여준다.

한국어의 대우법은 몇 가지 특징을 가진다. 하나는 체계상의 특징이고 나머지 하나는 표현상의 특징이다. 한국어 대우법이 가지는 체계상의 특징은 크게 3가지로 요약된다. 첫째는 한국어 대우법이 타인대우법과 자기대우법으로 나뉜다. 이것은 한국어의 예절이 타인에 대한 대우와 화자 자신에 대한 대우가 서로 다르기 때문에 구별되는 대우법의 체계이다. 둘째로 타인대우법은 안높임과 높임의 대립 체계를 이루고 자기대우법은 안낮춤과 낮춤의 대립 체계를 이룬다. 한국 사람들은 타인에 대해서는 높이지 않고 대우하거나 높여서 대우하는 반면, 화자 자신에 대해서는 낮추지 않고 대우하거나 낮추어 대우한다. 그래서 타인대우법과 자기대우법은 서로 다른 체계를 가지는 것이다. 셋째는 한국어 대우법이 의미적으로 무표적으로 실현되기도 하고 유표적으로 실현되기도 한다. 타인대우법에서 안높임의 실현이 무표적이고 자기대우법에서 안낮춤의 실현이 무표적이다. 그리고 타인대우법에서 높임의 실현은 유표적이며 자기대우법에서 낮춤의 실현은 유표적이다. 안높임의 타인대우법 실현과 안낮춤의 자기대우법 실현은 무표적이므로 이것은 타인이나 자신에 대해 각각 특별한 대우 관념이 반영되지 않은 반면, 높임의 타인대우법과 낮춤의 자기대우법은 유표적이므로 타인이나 자신에 대해 각각 특별한 대우 관념이 반영된다.

한국어 대우법의 표현상 특징은 4가지로 요약된다.

첫째는 한국어의 모든 문장에 대우법이 실현되는 점이다. 한국어의 문법 범주 중에는 모든 문장에 실현되지 않는 경우가 있으나, 대우법과 마침법은 거의 모든 문장에 실현된다. 특히 청자대우법이 모든 문장에 실현되는 것은 화자의 발화가 독백이 아닌 한 반드시 청자를 전제하기 때문이다.

둘째는 한 문장 안에서 두 개 이상의 대우법이 동시에 실현된다. 어떤 문장에서는 한 가지 대우법이 실현되는 경우가 있지만, 대부분의 문장에서는 두 가지 이상의 대우법이 동시에 실현되는 경우가 많다.

셋째는 대우법의 실현 요소는 기능부담량에 차이가 있다. 대우법의 종류에 따라 어휘 요소와 문법 요소에 의해 그 대우법이 실현되는데, 어떤 요소는 필수적으로 관여하고 어떤 요소는 임의적으로 관여한다. 따라서 그 대우법의 실현에 필수적으로 관여하는 요소가 임의적으로 관여하는 요소에 비해 기능부담량이 더 크다. 넷째는 타인대우법의 실현에 관여하는 요소와 자기대우법의 실현에 관여하는 요소가 구별되어 있다. 높임의 타인대우법 실현에 관여하는 요소와 낮춤의 자기대우법 실현에 관여하는 요소가 서로 다르게 존재한다. 따라서 높임의 타인대우법 실현에 관여하는 요소를 자기대우법으로 설명할 수 없고, 낮춤의 자기대우법 실현에 관여하는 요소를 타인대우법으로 설명할 수 없다.

제 2 장

한국어 대우법의 체계

1. 대우법의 기본 체계

한국어의 모든 문장에서 대우법이 실현된다. 하나의 문장이 화자에 의해 발화될 때 그 문장의 구성 요소들 중에서 대우법을 실현하는 요소들이 바르게 선택되면 정상적인 문장으로 받아들여지지만, 대우법을 실현하는 요소들이 제대로 선택되지 않을 때에는 정상적인 문장으로 받아들여지지 않는다. 이와 같이 대우법이 한국어의 모든 문장에서 실현되는 것은, 한국어를 사용하는 한국 사람들이 타인에 대해서는 존중하여 대우하며 타인 앞에서 화자 자신을 낮추어 대우하는 언어 예절을 가지고 있기 때문이다.

한국어의 대우법은 크게 두 가지의 기본적인 바탕을 가진다. 하나는 타인에 대해 대우하는 방법이고, 다른 하나는 화자가 자신에 대해 대우하는 방법이다. 화자가 타인에 대해 대우하는 방법을 타인대우법이라 하고, 화자가 자신에 대해 대우하는 방법을 자기대우법이라 한다. 사실 지금까지 대우법을 논의한 모든 논자들이 타인에 대해 대우하는 타인대우법에 대해서는 관심을 가져 왔지만, 화자가 자신에 대해 대우하는 자기대우법에 대해서는 관심을 가지지 않았다. 그래서 한국어의 대우법은 주체대우법, 객체대우법, 청자대우법 등의 하위 범주만 있는 것으로 기술하였으며, 화자가 타인 앞에서 자신에 대해 대우하는 자기대우법을 논의의 대상으로 삼지 않았다. 그리고 앞선 논자들은 청자대우법의 체계를 몇 등급으로 설정할 것인가에 대한 관심을 기울여 왔는가 하면, 청자대우법을 일원적인 체계로 세울 것인가 아니면 이원적인 체계로 세울 것인가에 대한 논의에 집중되었다. 그 결과 타인에 대해 높여서 대우할 것인가 아니면 낮추어 대우할 것인가에 대한 문제를 포함하여, 청자에 대해 몇 개의 높임 등급과 낮춤 등급으로 구분할 것인가에 대한 논의가 주류를 이루어 왔다. 하지만 현실적으로 화자가 타인을 대우하는 타인대우법에 높임 등급은 설정할 수 있으나, 낮춤 등급은 설정할 수 없음에도 불구하고 청자대우법을 높임과 낮춤의 대립적인 체계로 기술하였다.

담화의 장면에 관여하는 두 주체가 화자와 청자이다. 그러므로 한국어의 대우법 체계에 대한 논의에서 화자와 청자가 모두 대우법 실현의 대상이 되는 것이 당연함에도, 타인 앞에서 화자 자신에 대한 대우법의 실현은 지금까지 논의의 대상이 되지 못하였다. 한국어는 타인에 대해 높여서 대우하고 화자가 자신에 대해서는 낮추어 대우하는 언어 예절을 가진다. 이러한 언어 예절이 한국어의 문법 범주로 정착된 것이 바로 대우법이다. 따라서 한국어의 대우법은 타인에 대해서는 높여서 대우하고 자신에 대해서는 낮추어 대우하는 한국어의 언어 예절이 반영된다. 그러므로 한국어의 대우법은 타인대우법과 자기대우법으로 나뉘며, 타인대우법은 타인을 높여서 대우하는 방법과 높이지 않고 대우하는 방법이 있고, 자기대우법은 자신을 낮추어 대우하는 방법과 낮추지 않고 대우하는 방법이 있다.

한국어의 대우법은 타인대우법과 자기대우법의 두 가지로 구분된다. 타인대우법은 화자가 타인에 대해 높여서 대우하는 경우와 높이지 않고 대우하는 경우로 나뉘고, 자기대우법은 화자가 자신에 대해 낮추어 대우하는 경우와 낮추지 않고 대우하는 경우로 나뉜다. 화자가 타인에 대해 대우하는 타인대우법은 화자가 대우하는 대상에 따라 청자대우법, 주체대우법, 객체대우법 등이 있고, 화자가 자신을 대우하는 자기대우법은 곧 화자대우법이다.

이러한 한국어 대우법의 기본 체계는 아래 (1)과 같다.

> (1) **한국어 대우법의 기본 체계**
>   1. 타인대우법 : 청자대우법/ 주체대우법/ 객체대우법
>   2. 자기대우법 : 화자대우법

언어는 그 쓰임이 고정되거나 한정된 것이 아니기 때문에 한 가지 문법 범주에 대한 기본적인 바탕을 단일한 모형으로 제시한다는 것은 그리 쉬운 일이 아니다. 더욱이 한국어는 문장이 발화되는 장면에 관여하는 요소가 매우 복잡한 변인으로 작용하고 있어서 더욱 그렇다. 그리고 한국어의 대우법은 문장의 내적 요소는 물론 문장 외적 요인까지 관여하기 때문에, 이 모든 요인을 단순화하여 한국어 대우법의 기본적인 틀을 제시하기는 어렵다.

화자에 의해 문장이 발화되는 장면에서 가장 중요하게 작용하는 요인은 말을 듣는 청자와 말하는 화자인데, 이들은 문장 안에 나타나기도 하지만 문장 밖에 존재하기도 한다. 따라서 문장 밖의 외적 요인과 문장 내적인 요소들의 관련성을 구체적으로 나타내지 못하고, 화자와 청자 사이에 주고받는 문장의 성분을 중심으로 한국어 대우법이 실현되는 틀은 만들 수 있다.

한국어 대우법이 실현되는 기본적인 틀은 대강 아래 (2)와 같이 나타낸다.

> (2) 화자 — $[\mathrm{NP}_1 - \mathrm{NP}_2 - \mathrm{VP}]_\mathrm{s}$ — 청자

(2)는 화자와 청자 사이에 발화되는 문장의 성분 중에서 대우법의 실현에 관련되는 성분을 중심으로 나타낸 한국어 대우법의 기본적인 틀이다. (2)에서는 화자와 청자가 문장 밖에 위치해 있지만, 어떤 경우에는 문장

안에 나타날 수도 있다. 즉 문장의 주어로 기능하는 주체 및 목적어와 부사어로 기능하는 객체에 화자와 청자가 선택될 수도 있지만, 문장의 주체와 객체에 다른 사람이 선택될 수도 있다. 따라서 앞의 (2)와 같이 나타낸 대우법의 기본적인 틀은 화자와 청자가 중심적 역할을 수행하는 담화의 두 주체임을 보여준다. (2)에서 문장의 주체와 객체 그리고 청자가 타인일 경우도 있으며, 문장의 주체와 객체가 화자 자신일 경우도 있다. 따라서 (2)에서 문장의 주체, 객체, 청자가 타인인 경우에는 타인대우법이 실현되고, 문장의 주체와 객체가 화자 자신인 경우에는 자기대우법이 실현된다. 다시 말하면 (2)의 문장 안에 명사구 NP_1과 NP_2에 청자나 제3자가 선택되는 경우에는 타인대우법이 실현될 것이고, NP_1과 NP_2에 화자 자신이 선택되는 경우에는 자기대우법이 실현될 것이다.

　한국어 대우법의 기본적인 체계를 나타낸 (1)과 한국어의 대우법이 실현되는 기본적인 틀을 나타낸 (2)를 함께 고려하여, (2)의 명사구 NP_1과 NP_2에 나타날 수 있는 화자, 청자, 제3자 등을 배열하면 아래 (3)과 같이 나타낼 수 있다.

(3)

화자 → [NP_1	— NP_2	— VP]$_S$ → 청자
청 자	청 자	
제3자	제3자	타인대우법 실현
청 자	제3자	
제3자	청 자	
화 자	화 자	
화 자	청 자	
청 자	화 자	타인/ 자기대우법 실현
제3자	화 자	
화 자	제3자	

(3)은 (2)에서 문장의 주체와 객체에 화자와 청자 그리고 제3자가 선택될 수 있는 경우의 문장에 따라 실현되는 타인대우법과 자기대우법을 오른쪽에 각각 나타낸 것이다. (3)에는 한국어의 문장에 타인대우법의 실현과 함께 자기대우법도 적지 않게 실현되는 사실을 잘 보여준다. 즉 문장의 주체나 객체에 화자 자신이 선택되면 반드시 자기대우법이 실현되며, 타인대우법이 실현되는 문장과 자기대우법이 실현되는 문장에 따라 문장의 서술어에 결합하는 선어말어미의 종류도 달라진다. 타인대우법 중에서 주체대우법이 실현되는 문장에서는 서술어에 주체 높임의 선어말어미 '-으시-'가 필수적으로 결합하고, 화자대우법이 실현되는 문장에서는 서술어에 화자 낮춤의 선어말어미 '-사오-'류가 임의적으로 결합한다.

그리고 타인대우법이 실현되든 자기대우법이 실현되든 타인을 가리키는 말은 명사와 2·3인칭대명사가 선택되는 반면, 화자 자신을 나타내는 말은 주로 1인칭대명사가 선택되며 가끔 화자의 이름이 선택되기도 한다. 최근의 논의[11]에서도 한국어 대우법의 체계를 화자가 대우할 대상을 타인에 국한하여 논의함으로써, 화자가 타인 앞에서 화자 자신을 대우하는 자기대우법은 한국어 대우법의 범주에서 포함시키지 않고 있다. 이를테면 3인칭대명사 '그'에 대한 '그분'과 2인칭대명사 '너'에 대한 '당신'은 그 각각의 대명사를 높여서 대우하는 것으로 인식하여 높임의 대우법이 실현된 것으로 처리하여 대우법의 체계에 포함시켜서 기술해 왔다. 그러나 문장에서 1인칭대명사 '나'가 선택되는 대신 1인칭대명사 '저'가 선택되는 경우에 화자를 낮추어 대우하는 것을 인식하고 있으면서도[12] 낮춤의 화자대우법이 실현된 것으로 처리하지 않았으며, 나아가 한국어 대우법의 체계 안에 화자에 대한 대우 방법인 화자대우법을 포함시키지 않았다. 우

---

11) 이윤하(2001), 한길(2002), 임동훈(2006), 윤용선(2006), 조남호(2006) 등을 참조
12) 문장에 선택된 1인칭대명사 '저'나 선어말어미 '-사오-'에 대해 앞선 논자들이 화자의
   겸양표현이라고 설명하는 것은, 화자 자신을 낮추어 대우한다는 인식이 있음을 보여준다.

리는 이 글에서 앞선 논자들의 이러한 인식 태도와 기술 방법과는 달리 한국어의 실상 그 자체에 부합하는 대우법의 체계를 새로운 방법으로 기술하고자 한다. 즉 화자의 타인에 대한 대우는 타인대우법으로 기술하고, 화자가 자신에 대한 대우는 자기대우법으로 기술하는 방법을 취한다. 이렇게 처리함으로써 한국어의 언어 예절이 자연스럽게 반영된 한국어의 대우법 체계를 세울 수 있는 것이다.

2. 타인대우법

타인대우법은 화자가 대우할 대상에 해당하는 문장의 청자나 주체 그리고 객체인 타인에 대한 대우법을 말하고, 자기대우법은 화자가 대우할 문장의 주체나 객체로 선택되는 화자 자신을 대우하는 대우법을 말한다. 따라서 타인대우법은 대우할 대상이 청자이면 청자대우법, 문장의 주체이면 주체대우법, 문장의 객체이면 객체대우법 등으로 나뉜다.

(1) 청자대우법

타인대우법의 하위 범주 가운데 지금까지 논자들의 관심을 가장 많이 받아온 범주가 청자대우법이다. 담화에서 화자가 발화할 때 특별한 장면이 아닌 한 언제나 청자가 존재하는 상관적인 장면이 전제되기 때문에, 타인대우법 중에서 청자대우법이 더 많이 주목을 받는다. 실제로 청자대우법에 대한 논의 중에서도, 특히 화자의 말을 듣는 청자가 누구냐에 따라 화자가 높여서 대우하는 화계를 몇 개의 등급으로 설정할 것인가에 대해 많은 논의가 있었다.

담화에서 화자가 타인에 대해서는 높이지 않고 대우하거나 높여서 대우하고 화자 자신에 대해서는 낮추어 대우하거나 낮추지 않고 대우하는 것이 일반적인 한국어의 예절이다. 따라서 한국어는 화자가 자신의 생각이나 주장을 청자에게 전달할 때 그 말을 듣는 청자에 대해 적절한 수준의 대우 등급을 선택하게 된다. 이 경우 화자가 청자에 대한 대우의 등급을 적절하게 선택하지 않으면, 청자에 대한 언어 예절을 어기는 결과가 되어서 화자와 청자 사이의 언어적 관계가 원만하게 유지되기 어렵게 된다. 주체대우법과 객체대우법은 높임의 등급에 여러 개의 화계가 차등적으로 존재하지 않지만, 청자대우법은 청자에 대한 높임의 대우 관념이 다양하여 등급 체계에 대한 관심이 상대적으로 많았다. 이러한 이유와 함께 실제의 담화에서 화자가 대우할 대상인 문장의 주체, 객체, 청자 중에서 청자가 가장 핵심적인 대우의 대상이 되어 왔다.

① 청자대우법의 실현 요소

서술어는 한국어의 문장 성분 가운데 가장 핵심이 되는 성분이다. 그리고 문장의 서술어에는 종결어미가 결합함으로써 그 문장이 의미적으로 완결되고 형식적으로 자립한다. 그러므로 모든 문장에는 종결어미가 결합한다. 이 종결어미에 의해 청자대우법이 주로 실현되므로, 한국어의 모든 문장은 청자대우법이 실현된다고 말할 수 있다. 담화에서 말을 하는 화자와 말을 듣는 청자가 반드시 존재한다. 따라서 화자가 문장을 발화할 때는 청자의 존재가 전제되므로, 화자가 그 청자에 대해 적절하게 대우하는 청자대우법이 실현되는 것이다.

담화에서 말하는 화자가 말을 듣는 청자에 대해 가지는 높임의 대우 관념은 그 정도에 따라 문장에서 선택되는 어휘 요소와 문법 요소가 달라진다. 현대 한국어의 문장을 이루는 구성 요소 중에는 청자에 대한 화자의 대우 관념의 정도를 실현하는 어휘 요소와 문법 요소가 다양한 형태로 존재한다. 즉 청자에 대한 화자의 대우 관념의 정도를 나타내는 문법 요소에는 종결어미를 비롯하여 주격조사, 부사격조사, 호격조사 등이 있고, 청자에 대한 화자의 대우 관념의 정도를 나타내는 어휘 요소에는 명사, 대명사, 동사 등이 있다. 이러한 문법 요소와 어휘 요소를 요약하면 아래 (1)과 같다.

> (1) 청자대우법의 실현 요소
> ㄱ. 문법 요소 : 종결어미, 주격조사, 부사격조사, 호격조사 등
> ㄴ. 어휘 요소 : 명사, 대명사, 동사 등

청자대우법의 실현에 관여하는 문법 요소와 어휘 요소가 (1)과 같이 다양하게 존재하는데, 실제 문장에서 이들 문법 요소와 어휘 요소들이 어떤 양상으로 선택되는가를 살펴본다.

> (2) ㄱ. 비가 온다/ 옵니다.
> ㄴ. 영수야/ 아저씨, 빨리 집에 가거라/ 가십시오.
> ㄷ. 밥/ 진지 언제 먹었니/ 잡수셨습니까?

(2ㄱ)의 문장에는 서술어에 결합한 종결어미로 '-ㄴ다'와 '-습니다'의 선택에 의해 청자를 대우하는 청자대우법의 등급이 다르게 실현된다. (2ㄴ)의 문장에는 부름의 대상이 '영수'이냐 '아저씨'이냐에 따라 청자를 대우하는 호격조사의 선택이 다르고, 각각의 문장 서술어에 결합하는 종결어미 '-거라'와 '-습시오'가 달리 선택된다. 그리고 (2ㄷ)의 문장에는 청자가 누구냐에 따라 목적어로 명사 '밥'이 선택되고 문장의 서술어에 종결어미 '-니'가 결합하기도 하고, 또는 높임 명사 '진지'가 목적어로 선택되고 문장의 서술어에 종결어미 '-습니까'가 결합하기도 한다. 다시 말하면 (2ㄱ)의 문장에서 청자가 높임의 대상이 아니면 종결어미의 형태로

'-ㄴ다'가 서술어에 결합하여 안높임의 청자대우법이 실현되고, 청자를 높여서 대우할 대상이면 종결어미의 형태 '-습니다'가 서술어에 결합하여 높임의 청자대우법이 실현된다. (2ㄴ)의 문장은 청자가 높여서 대우할 대상이 아닌 '영수'이면 호격조사 '-야'가 결합하고 종결어미의 형태 '-거라'가 서술어에 결합하여 안높임의 청자대우법이 실현되고, 청자가 '아저씨'이면 호격조사는 생략되고 종결어미의 형태 '-습시오'가 서술어에 결합하여 높임의 청자대우법이 실현된다. 그리고 (2ㄷ)의 문장은 표면적으로 드러나지 않은 청자가 높여서 대우할 대상이면 높임명사 '진지'가 목적어로 선택되고 높임동사 '잡수다'가 서술어로 선택되고 종결어미 '-습니까'가 서술어에 결합함으로써 높임의 청자대우법이 실현되고, 청자가 높여서 대우할 대상이 아니면 안높임명사 '밥'이 목적어로 선택되고 안높임동사 '먹다'가 서술어로 선택되고 종결어미 '-니'가 서술어에 결합함으로써 안높임의 청자대우법이 실현된다. (2ㄱ)과 (2ㄴ)의 두 문장에는 '-ㄴ다', '-습니다', '-야', 'ø', '-거라', '-습시오' 등의 문법 요소에 의해 청자대우법이 실현된 반면, (2ㄷ)의 문장에는 '밥', '진지' 등의 어휘 요소와 '-니', '-습니까' 등의 문법 요소에 의해 청자대우법이 실현되었다. 이렇게 (2)의 각 문장에는 여러 형태의 문법 요소와 어휘 요소에 의해 청자대우법이 실현되었다.

다시 아래 (3)의 문장을 살펴본다.

(3) ㄱ. 영수, 푹 잤니?
  ㄴ. 아저씨, 푹 주무셨습니까?
  ㄷ. 어르신께 이걸 드립니다.

(3ㄱ)의 문장은 동사 '자다'가 서술어로 선택되고 종결어미 '-니'가 서술어에 결합하여 청자인 '영수'에 대해 안높임의 청자대우법이 실현되고, (3ㄴ)의 문장은 높임동사 '주무시다'가 서술어로 선택되고 종결어미 '-습

니까'가 서술어에 결합하여 청자인 '아저씨'에 대해 높임의 청자대우법이
실현되었다. 그리고 (3ㄷ)의 문장에는 높임동사 '드리다'가 서술어로 선택
되고 높임의 부사격조사 '-께'가 부사어 뒤에 결합하고 그리고 종결어미
'-습니다' 가 서술어에 결합함으로써 문장의 청자인 '어르신'에 대해 높
임의 청자대우법이 실현되었다. (3)의 각 문장에서 청자대우법의 실현에
는 '자다', '주무시다', '드리다' 등의 어휘 요소와 '-니', '-습니까', '-습
니다', '-께' 등의 문법 요소가 관여하고 있으며, 이들 어휘 요소와 문법
요소가 각 문장에서 함께 관여하여 청자대우법이 실현되는 사실이 (3)에
서 잘 드러난다.

　　그러면 아래 (4)와 (5)의 문장을 살펴본다.

　　　　(4) ㄱ. 영수야, 빨리 밥 먹어라.
　　　　　　ㄴ. 영수야, 빨리 밥 처먹어라.

　　　　(5) ㄱ. 넌 빨리 죽어라.
　　　　　　ㄴ. 넌 빨리 뒈져라.

　　대부분의 앞선 논의에서는 (4ㄴ)의 문장이 (4ㄱ)의 문장에 비해 청자에
대한 대우법의 등급이 더 낮고, (5ㄴ)의 문장이 (5ㄱ)의 문장에 비해 청자
에 대한 대우법의 등급이 더 낮은 것으로 기술해 왔다. 그리고 (4ㄱ)과 (5ㄱ)
의 문장에 의해 실현되는 청자대우법을 낮춤 등급으로 설정해 왔다. 그러
나 이러한 등급 설정은 한국어의 청자대우법이 높임과 낮춤의 대립 체계
를 이룬다는 잘못된 전제에서 비롯된 것이다. 즉 (4ㄱ)과 (5ㄱ)의 문장이
낮춤의 청자대우법을 실현하는 것으로 처리하는 논자들은, 문장의 청자가
화자에 비해 나이가 적거나 항렬이 낮거나 또는 직위가 낮은 사람인 경우
에 화자는 그 청자를 낮추어 대우하는 것이 당연한 것으로 인식한다. 하
지만 (4)와 (5)의 4개 문장 서술어에 결합한 종결어미는 '-어라'이다. 명

령어미 '-어라'는 청자를 낮추어 대우하는 문법 기능을 갖는 것이 아니고, 청자를 높이지 않고 대우하는 문법 기능을 수행한다. 한국어는 화자가 타인에 대해 높여서 대우하거나 높이지 않고 대우하는 언어 예절을 가지고 있다. 그렇다면 (4)와 (5)의 모든 문장에서 서술어에 결합한 종결어미 '-어라'가 청자를 낮추어 대우하는 문법 기능으로 해석할 수 없다. 즉 담화에서 화자가 문장의 주체나 객체에 대해 대우할 때와 마찬가지로 청자를 높이지 않고 대우하거나 높여서 대우하는 경우는 존재하지만, 청자를 낮추어 대우하는 경우는 존재하지 않는다.[13]

그리고 만약 (4ㄴ)과 (5ㄴ)의 문장에 의한 청자대우법의 등급이 각각 (4ㄱ)과 (5ㄱ)의 문장에 의한 청자대우법의 등급보다 낮은 것으로 처리하려면, 다음의 두 가지 조건이 충족되어야 할 것이다. 그 첫째는 (4ㄱ)과 (5ㄱ)의 두 문장과 (4ㄴ)과 (5ㄴ)의 두 문장의 서술어에 결합한 종결어미의 형태가 각각 달라야 할 것이다. 둘째는 (4)에서 두 문장의 서술어로 선택된 동사 '먹다'와 '처먹다' 그리고 (5)에서 두 문장의 서술어에 결합한 동사 '죽다'와 '뒈지다'가 각각 청자대우법의 등급이 다를 만큼 이들 어휘소가 가지고 있는 의미자질의 차이가 객관적으로 분석될 수 있어야 할 것이다. 그러나 (4)의 두 문장 서술어로 선택된 동사 '먹다'와 '처먹다', (5)의 두 문장 서술어로 선택된 '죽다'와 '뒈지다'의 의미자질을 분석해 보면, '처먹다'와 '뒈지다'의 의미자질에 [+낮춤] 자질이 분석되지 않는다. 그리고 (4)와 (5)의 4개 문장 서술어에 동일한 형태의 종결어미 '-어라'가 결합한 것은, 이들 문장에 의해 실현되는 청자대우법의 등급이 결코 다르다고 말할 수 없는 객관적인 근거이다. 이로써 (4)와 (5)의 문장에 대해 앞에서 제시한 두 가지 조건 중에서 어느 한 조건도 충족되지 않는다. 그렇다면 (4ㄱ)과 (5ㄱ)의 문장에 의해 실현되는 청자대우법의 등급에 비해 (4ㄴ)과

---

13) 청자대우법의 체계에 낮춤 등급을 설정할 수 없는 근거에 대해서는 김태엽(1995, 1999, 2006)을 참조.

(5ㄴ)의 문장에 의해 실현되는 청자대우법의 등급이 더 낮다는 앞선 논자들의 설명에 대한 객관적인 근거를 찾을 수 없다. 따라서 (4ㄱ)과 (5ㄱ)의 문장과 (4ㄴ)과 (5ㄴ)의 문장에 의해 실현되는 청자대우법의 등급은 모두 동일한 것이다.

앞에서 제시한 첫째 조건이 충족되기 위해서는 (4ㄱ)과 (5ㄱ)의 문장 서술어에 결합한 종결어미의 형태와 (4ㄴ)과 (5ㄴ)의 문장 서술어에 결합한 종결어미의 형태가 달라야 할 것이다. 하지만 (4)의 두 문장과 (5)의 두 문장 서술어에 결합한 종결어미의 형태는 동일한 명령어미 '-어라'이다. (4)와 (5)의 모든 문장에서 청자대우법을 실현하는 종결어미의 형태가 동일한 형태 '-어라'가 결합한 것은, 이들 문장에 의해 실현되는 청자대우법의 등급에 차이가 없음을 객관적으로 분명하게 보여준다. 그리고 둘째 조건의 경우도 전혀 충족되지 않는다. 앞선 논의에서는 흔히 (4ㄱ)의 문장 서술어로 선택된 동사 '먹다'에 비해 (4ㄴ)의 문장 서술어로 선택된 동사 '처먹다'가 청자를 더 낮추어 대우하는 것으로 기술해 왔고, (5ㄱ)의 문장 서술어로 선택된 동사 '죽다'에 비해 (5ㄴ)의 문장 서술어로 선택된 동사 '뒈지다'가 청자를 더 낮추어 대우하는 것으로 기술해 왔다. 이러한 기술 내용이 타당성을 가지려면 (4)와 (5)의 각 문장 서술어로 선택된 동사 '먹다'와 '죽다'가 각각 '처먹다'와 '뒈지다'에 비해 청자에 대한 화자의 대우 관념이 더 높은 것으로 분석되어야 할 것이다.

이것은 (4)와 (5)의 각 문장 서술어로 선택된 동사 '먹다'와 '죽다', '처먹다'와 '뒈지다'에 대한 의미 자질을 분석함으로써 각 어휘소가 가지고 있는 청자에 대한 대우 관념의 정도가 객관적으로 확인될 수 있다. 최근 한국어의 어휘적 높임 대립에 대해 논의한 김태엽(2005)에서는 '잡수다-먹다-처먹다', '돌아가시다-죽다-뒈지다', '두상-머리-대가리', '치아-이-이빨' 등의 대립이 각각 '높임(존대)-안높임(평대)-낮춤(하대)와 같이 종적인 높임 대립을 이루는 어휘소들의 짝이 될 수 없음을 구체적으로 논증

하였다.

아래 (6)에서 이들 어휘소에 대한 높임 대립에 대해 살펴본다.

(6)

	가	나	다
ㄱ	잡수다	먹다	처먹다
ㄴ	돌아가시다	죽다	뒈지다
ㄷ	두상	머리	대가리
ㄹ	치아	이	이빨

김태엽(2005)에서는 (가)항에 속하는 어휘소들은 청자에 대한 높임(존대) 자질을 가지고 있는 것으로 분석하고, (나)항과 (다)항에 속하는 어휘소는 모두 청자에 대한 안높임(평대) 자질을 가지고 있는 것으로 분석하였다.

위의 (6)에서 (나)항에 속하는 어휘소들은 화자가 청자를 높여서 대우하는 의미 자질도 갖고 있지 않고 청자를 낮추어 대우하는 의미 자질도 가지고 있지 않다. 그러므로 (나)항에 속하는 어휘소들에 의해 실현되는 청자대우법의 등급을 나타내면 높임도 아니고 낮춤도 아닌 평대, 즉 안높임 등급으로 처리할 수 있을 것이다. 이러한 관점을 (4ㄱ)과 (5ㄱ)의 각 문장의 서술어로 선택된 동사 '먹다'와 '죽다'에 적용하면, (4ㄱ)과 (5ㄱ)의 문장에 의해 실현되는 청자대우법의 등급은 안높임(평대)이라고 말할 수 있다. 결국 (4ㄱ)과 (5ㄱ)의 두 문장에 의해 안높임(평대)의 청자대우법이 실현된 것이다. 그렇다면 (4ㄴ)과 (5ㄴ)의 두 문장에 의해 실현되는 청자대우법의 등급을 어떻게 나타낼 수 있을까? 앞에서 우리는 (4)와 (5)의 4개 문장의 서술어에 결합한 종결어미의 형태가 '-어라'로 모두 동일하다는 이유로, 이들 문장은 모두 동일한 등급의 청자대우법을 실현하는 것으로 처리해야 한다고 하였다. 하지만 대부분의 앞선 논의에서는 (6)의 (다)항에 속하는 어휘소들은 (나)항에 속하는 어휘소들에 비해 청자에 대한 대우 등급이 더 낮은 것으로 기술해 왔다. 다시 말하면 (6)의 (나)항에 속하는 어휘소들은 안높임(평대)의 청자대우법을 실현하는 것으로 기술하고, (다)항에 속하는 어휘소들은 청자를 낮추어 대우하는 등급인 낮춤(하대)의 청자대우법을 실현하는 것으로 기술해 왔다. 어휘적 높임의 대립 관계를 다룬 논자들에 의해 제시된 이런 주장은, (4)와 (5)에서 서술어에 결합한 종결어미의 형태가 동일하므로 청자대우법의 등급이 모두 동일한 것으로 처리하는 우리의 견해와 다르다.

우리는 (4)와 (5)의 4개 문장에서 서술어에 결합한 종결어미 '–어라'에 의해 실현되는 청자대우법의 등급이 안높임(평대)이라고 본다. 하지만 최현배(1961)를 비롯하여 대부분의 논자들은 (4)와 (5)의 문장이 모두 이른바 '아주 낮춤'의 청자대우법을 실현하는 것으로 기술하였다. 한편 어휘적 높임의 대립 관계를 중심으로 청자대우법의 등급을 다룬 몇몇 논자들은 (4)와 (5)의 각 문장 서술어로 선택된 동사 '먹다'와 '죽다'는 안높임(평대)의 청자대우법을 실현하고 '처먹다'와 '뒈지다'는 낮춤(하대)의 청자대우법을 실현하는 것으로 처리하였다. 즉 종결어미와 같은 문법 형태를 중심으로 청자대우법의 등급을 기술한 논자들의 견해와 '잡수다', '먹다', '처먹다' 등과 같은 어휘 형태를 중심으로 청자대우법의 등급을 기술한 논자들의 견해가 서로 일치하지 않는다. 청자대우법의 등급 체계를 종결어미의 형태 중심으로 다룬 논자들은 (4)와 (5)의 4개 문장 모두가 이른바 아주 낮춤의 등급을 실현하는 것으로 기술하지만, 어휘적 높임의 대립 관계를 중심으로 다룬 논자들은 (4ㄱ)과 (5ㄱ)은 안높임(평대)의 청자대우법을 실현하는 문장이고 (4ㄴ)과 (5ㄴ)은 낮춤(하대)의 청자대우법을 실현하는 문장이라고 기술해 왔다. 이러한 앞선 논자들의 설명은 문법 요소에 의해 실현되는 청자대우법의 등급과 어휘 요소에 의해 실현되는 청자대우법의 등급이 서로 다르게 설명해 왔다.

한국어의 청자대우법 체계에 대한 문법적 층위의 기술 내용과 어휘적 층위의 기술 내용이 서로 일치하지 않는 것은, 어느 한 층위의 기술이 잘못되었거나 아니면 두 층위의 기술이 모두 잘못되었다고 보아야 할 것이다. 앞에서 우리가 보기로 든 (4)와 (5)의 4개 문장에 대해, 어휘적 층위에서 청자대우법의 등급을 기술해 온 앞선 논자들의 주장과 문법적 층위에서 청자대우법의 등급을 기술해 온 앞선 논자들의 주장을 모으면 아래 (7)과 같다.

(7)

	서술어	문법층위	어휘층위
ㄱ	먹어라	아주낮춤	평대
ㄴ	처먹어라	아주낮춤	하대
ㄷ	죽어라	아주낮춤	평대
ㄹ	뒈져라	아주낮춤	하대

(7)은 앞에서 제시한 (4)와 (5)의 각 문장에서 서술어를 그대로 옮긴 것이다. 문법적 층위에서 청자대우법의 등급을 다룬 앞선 논자들은 종결어미의 형태가 동일하다는 이유로 (7ㄱ)~(7ㄹ)에 열거한 서술어가 모두 아주 낮춤의 청자대우법을 실현하는 것으로 기술하였고, 어휘적 층위에서 청자대우법의 등급을 다룬 앞선 논자들은 '먹다–처먹다', '죽다–뒈지다' 등의 어휘소들이 가지는 의미자질의 차이에 주목하여 각각 안높임(평대)과 낮춤(하대)의 대립적인 등급으로 기술하였다. 하지만 앞선 논자들의 이러한 기술 내용은 모두 객관적인 설득력을 갖지 못한다. 문법적 층위에서 청자대우법의 등급을 다룬 논자들은 종결어미 '–어라'가 청자에 대해 아주 낮춤의 등급을 실현하는 것으로 기술하였는데, 이 형태의 종결어미가 청자를 아주 낮추어 대우하는 문법 형태라는 것에 대한 객관적인 근거가 구체적으로 제시되지 않았다. 그리고 어휘적 층위에서 청자대우법의 등급을 다룬 논자들은 '먹다'와 '죽다'가 청자에 대해 안높임(평대)의 청자대우

법을 실현하고, '처먹다'와 '뒈지다'가 청자에 대해 낮춤(하대)의 청자대우법을 실현하는 것으로 기술하면서, 각각의 어휘소가 가지고 있는 의미자질의 차이에 대해 정밀한 분석을 제시하지 않았다. 이러한 앞선 논자들의 주장을 나타낸 (7)에는 문법적 층위와 어휘적 층위의 기술 내용이 모두 합리성을 가지고 있지 못하다. 문법적 층위에서 기술한 아주 낮춤의 등급이 청자대우법의 체계에 실제로 존재하지 않을 뿐 아니라, 어휘적 층위에서 기술한 낮춤(하대)이라는 등급도 청자대우법의 체계에 실제로 존재하지 않기 때문이다. 타인에 대해서는 높여서 대우하거나 높이지 않고 대우하고, 화자 자신에 대해서는 낮추어 대우하거나 낮추지 않고 대우하는 것이 한국어의 언어 예절이다. 따라서 문법적 층위에서 청자대우법의 등급을 기술한 (7)의 '아주 낮춤'의 등급이나 어휘적 층위에서 기술한 '낮춤(하대)'이라는 등급은, 우리가 앞에서도 언급하였듯이 청자대우법의 체계에서 객관적으로 설정될 수 없는 등급이다. 따라서 앞에서 나타낸 (7)은 (8)과 같이 고쳐야 한다.

(8)

	서술어	문법층위	어휘층위
ㄱ	먹어라	안높임	평대
ㄴ	처먹어라	안높임	평대
ㄷ	죽어라	안높임	평대
ㄹ	뒈져라	안높임	평대

(7)과 (8)의 왼쪽 항은 (4)와 (5)의 각 문장에서 청자대우법을 실현하는 서술어 부분을 그대로 옮긴 것이다. 문법적 층위에서 볼 때 (8ㄱ)~(8ㄹ)에 열거한 서술어에는 모두 종결어미 '—어라'가 결합하여 안높임의 청자대우법을 실현하며, 어휘적 층위에서 볼 때 '먹다—처먹다', '죽다—뒈지다' 등의 대립 관계는 [높임] 자질의 유무에 따른 대립이 아니고 [속됨]

자질의 유무에 따른 청자대우법의 차이이다. 즉 (8)에서 동사 '먹다'와 '죽다'는 [속됨] 자질을 가지지 않는 어휘소인 반면, '처먹다'와 '뒈지다'는 [속됨]의 자질을 가지는 어휘소이다. '먹다', '죽다'와 '처먹다', '뒈지다' 등의 어휘소들은 [속됨] 자질의 유무에서 서로 차이가 있지만, [높임] 자질이나 [낮춤] 자질의 유무에 따라 차이가 있는 것이 아니다. 즉 '먹다'와 '죽다'는 [−높임][−속됨]의 자질을 가지는 반면, '처먹다'와 '뒈지다'는 [−높임][+속됨]의 자질을 갖는다. (8ㄱ)~(8ㄹ)에 제시된 동사는 모두 안높임(평대) 등급으로 동일하지만, '처먹다'와 '뒈지다'는 [+속됨] 자질을 가지며 '먹다'와 '죽다'는 [−속됨] 자질을 갖는다. 여기서 말하는 [속됨] 자질은 [높임] 자질과 무관하게 화자의 교양이나 품위를 나타내는 의미자질이다. 따라서 (4)와 (5)의 4개 문장 서술어에 의해 실현되는 청자대우법의 등급을 (8)과 같이 나타냄으로써 청자대우법의 등급 체계를 객관적으로 세울 수 있는 것이다.

청자대우법을 실현하는 요소에는 문법 요소와 어휘 요소가 있다. 이들 여러 요소 중에서 모든 문장에 필수적으로 선택되어 청자대우법을 실현하는 요소는 종결어미의 형태뿐이다. 한국어의 거의 모든 문장에는 서술어에 결합하는 종결어미가 선택되기 때문에,[14] 청자대우법의 등급 체계를 객관적으로 세우기 위해서는 마침법과 청자대우법을 동시에 실현하는 종결어미의 형태와 기능에 대한 논의가 반드시 필요하다.

② 청자대우법과 종결어미

한국어에는 하나의 문법 형태가 두 가지 이상의 문법 범주를 실현하는

---

14) 권재일(2004 : 17)에는 구어 한국어에서 서술문을 실현하는 문장 조각이 13% 정도로 나타나고, 의문문을 실현하는 문장 조각이 24% 정도로 나타나는 것으로 조사된 점으로 보아, 담화에서 종결어미가 선택되지 않는 문장이 실제로 사용되고 있다. 하지만 대부분의 문장에는 종결어미가 서술어에 결합한다.

경우가 많다. 이를테면 시간과 관련된 문법 범주로 시제법과 동작상이 하나의 문법 형태에 의해 모두 실현되며, 청자에 대한 화자의 의향 태도를 나타내는 문법 범주인 청자대우법과 마침법이 역시 하나의 문법 형태에 의해 이 두 문법 범주가 동시에 실현된다. 그리고 동일한 한 개의 문법 형태가 문장 안에서 분포하는 환경에 따라 접속법을 실현하기도 하고, 문장의 끝에 결합함으로써 그 기능이 전용되어 마침법을 실현하기도 하는 경우도 있다.

　아래 (1)에서 하나의 문법 형태에 의해 두 가지의 문법 범주가 실현되는 경우를 살펴보기로 한다.

　　　(1)　ㄱ. 철수가 어제 왔다.
　　　　　　ㄴ. 비가 많이 왔습니다.
　　　　　　ㄷ. 비가 많이 오는데 어디 가니?
　　　　　　ㄹ. 비가 많이 오는데.

　(1ㄱ)의 문장 서술어에 결합한 선어말어미의 형태 '-었-'은 과거의 시제를 나타내는 시제법을 실현하면서 동시에 문장 주체의 동작이 완료된 동작상을 실현한다. (1ㄴ)의 문장 서술어에 결합한 종결어미의 형태 '-습니다'는 청자에 대해 아무 요구를 하지 않는 서술법을 실현하면서 동시에 아주 높임의 청자대우법을 실현한다. 그리고 (1ㄷ)의 문장에서 선행절의 서술어에 결합한 문법 형태 '-는데'는 접속법을 실현하지만, (1ㄹ)의 문장 서술어에 결합한 문법 형태 '-는데'는 마침법을 실현한다. 따라서 (1ㄱ)의 문장 서술어에 결합한 선어말어미의 형태 '-었-'은 시제법과 동작상을 동시에 실현하는 문법 형태이고, (1ㄴ)의 문장 서술어에 결합한 종결어미 '-습니다'는 마침법과 청자대우법을 동시에 실현하는 문법 형태이며, (1ㄷ)과 (1ㄹ)의 문장 서술어에 결합한 '-는데'는 (1ㄷ)의 문장에서는 접속법을 실현하고 (1ㄹ)의 문장에서는 마침법을 실현하는 문법 형태이다.

　이런 현상은 어미의 경우에만 나타나는 것이 아니고 조사의 경우에도 나타나는데, 아래 (2)에서 동일한 형태의 조사가 두 가지 이상의 문법 기능을 수행하는 경우를 살펴본다.

　　　(2)　ㄱ. 책상이 너무 높다.
　　　　　ㄴ. 이것은 내 연필이 아니다.
　　　　　ㄷ. 영수가 어제 철수를 만났다.
　　　　　ㄹ. 좀 빨리를 뛰어라.

　(2ㄱ)의 문장에서 밑줄 친 '-이'는 문장의 주어에 결합한 주격조사이며, (2ㄴ)의 문장에서 밑줄 친 '-이'는 보어 뒤에 결합한 보격조사이다. 따라서 (2ㄱ)과 (2ㄴ)의 문장에서 밑줄 친 '-이'는 하나의 동일한 문법 형태가 두 가지 문법 기능을 수행한다고 볼 수 있다. 그리고 (2ㄷ)의 문장에서 밑줄 친 '-를'은 목적어 뒤에 결합한 목적격조사이며, (2ㄹ)의 문장에서 밑줄 친 '-를'은 부사어 뒤에 결합하여 보조사로 기능한다. 따라서 (2ㄷ)과 (2ㄹ)의 문장에서 밑줄 친 '-를'은 한 개의 문법 형태가 두 가지의 문법 기능을 수행한다.

　한 개의 문법 형태에 의해 두 개 이상의 문법 기능을 수행하는 경우, 어느 한 문법 기능에 대해 논의할 때 다른 문법 기능을 함께 고려함으로써 더 합리적으로 논의할 수 있는 장점을 가진다. (1ㄴ)의 문장에서 한 개의 문법 형태 '-습니다'에 의해 마침법과 청자대우법이 동시에 실현되기 때문에, 두 분법 범주 가운데 어느 한 범주를 논의 대상으로 삼을 경우 다른 한 범주에 대해서도 함께 고려함으로써 논의의 중심 대상으로 삼는 문법 범주를 더욱 합리적으로 기술할 수 있는 것이다. 따라서 여기에서 우리가 논의의 중심 대상으로 삼고 있는 한국어의 청자대우법이 하나의 문법 형태에 의해 마침법과 함께 동시에 실현되기 때문에, 청자대우법을 논의하면서 마침법에 대해서도 관심을 가지게 되는 것이다. 마침법과 청자대우법을 동시에 실현하는 종결어미는 이 두 문법 범주의 관련성을 내재하고 있는 것으로 파악되기 때문이다.

이러한 우리의 인식은 마침법을 논의하면서 대개 청자대우법을 논의의 범위에 포함하듯이, 청자대우법을 논의하면서 마침법을 논의의 범위에 포함하는 것이 합리적이다. 마침법의 하위 영역을 몇 가지로 범주화할 때, 형태론적 층위에서 청자대우법의 등급이 온전하게 갖추어진 경우와 그 등급이 온전하게 갖추어지지 않은 경우와의 차이를 고려하지 않을 수 없다. 또 청자대우법의 등급 체계를 세울 때, 이 청자대우법과 마침법을 동시에 실현하는 문법 형태의 구조를 고려하는 것이 바람직하다.

한국어의 역사에서 한 개의 종결어미에 의해 마침법과 청자대우법이 동시에 실현된 시기가 그리 오래되지 않았다. 중세 한국어에서는 화자의 발화를 듣는 청자에 대해 화자가 대우하는 청자대우법을 실현하는 문법 형태와 한 개의 문장을 끝맺는 기능의 마침법을 실현하는 문법 형태가 각각 분리되어 존재하였다. 즉 화자가 청자를 높여서 대우하는 문법 형태와 한 문장을 끝맺는 기능을 수행하는 문법 형태가 분리되어 있었다. 중세 한국어에서 화자가 청자를 높여서 대우하는 문법 형태로 '-으이-'가 존재했는데, 이것은 청자 높임의 선어말어미이다. 청자를 높여서 대우하는 기능을 수행하는 '-으이-'가 선어말어미로서 어말어미인 종결어미 앞에 결합함으로써 아주 높임의 청자대우법을 실현하였다. 문장을 발화하는 화자가 청자에 대해 높임의 대우 관념 정도가 가장 높은 경우를 아주 높임의 청자대우법이 실현된 것으로 설명해 왔는데, 이때는 청자 높임의 선어말어미 '-으이-'가 서술어의 구성 요소로 반드시 결합하였다.

중세 한국어에서 청자를 높여 대우하는 선어말어미 '-으이-'가 청자대우법을 실현하는 문장에서 보편적으로 사용되었는데, 권재일(1998 : 61)에서는 15세기 한국어에 사용된 청자 높임의 선어말어미 형태가 다양하게 사용됨으로써 그 등급에 차이가 드러난 사실을 명료하게 정리하여 소개하였는데, 그중에서 서술문과 의문문에서 청자대우법을 실현하는 선어말어미의 형태 양상을 아래 (3)과 같이 옮긴다.

(3) 15세기 한국어의 청자대우법

등 급	서술법	의문법
ㄱ	높 임	−으이−	−으잇−
ㄴ	약간 높임	−ㅇ−	−ㅅ−
ㄷ	높이지 않음	−ø−	−ø−

　(3)은 15세기 한국어의 서술문과 의문문에서 청자대우법의 등급이 차등적으로 실현된 문법 형태를 나타낸 것이다. (3)에 따르면 서술문과 의문문에서 청자를 높여서 대우하는 선어말어미 '−으이−'의 선택 유무와 그리고 몇 가지 형태에 의해 청자대우법이 차등적으로 실현되는 양상이 잘 드러난다. 따라서 중세 한국어의 청자대우법이 (3)과 같이 차등적으로 실현된 사실은, 그 당시에는 청자대우법을 실현하는 문법 형태가 마침법을 실현하는 종결어미의 형태와 구별되어 따로 존재하였음을 보여준다.

　아래 (4)와 (5)는 권재일(1998 : 60)에서 제시한 15세기 한국어의 청자대우법이 차등적으로 실현된 문헌 자료이다.

(4) ㄱ. 聖孫을 내시니이다 〈용비어천가 8〉

　　ㄴ. 三世옛 이롤 …… ᄒᆞ᷈ᄂᆞ닝다 〈석보상절 6 : 18〉

　　ㄷ. 이제 世尊이 …… 큰 法義롤 펴려 ᄒᆞ시ᄂᆞ다 〈석보상절 13 : 26〉

　(4)는 서술문에서 차등적으로 실현되는 청자대우법의 보기 문장이다. (4ㄱ)의 문장에는 청자를 높여서 대우하는 선어말어미 '−으이−'의 온전한 형태가 서술어에 결합하여 아주 높임의 청자대우법이 실현되고, (4ㄴ)의 문장에는 청자를 높여서 대우하는 선어말어미의 형태가 온전하게 갖추어져

있지 않은 '-ㅇ-'가 서술어에 결합하여 조금 높임의 청자대우법이 실현
되며, (4ㄷ)의 문장에는 청자를 높여서 대우하는 선어말어미의 형태가 결
합되지 않음으로써 높이지 않은 청자대우법이 실현되었다.

(5) ㄱ. 네 이젯 몸과 ᄆᆞᅀᆞᆷ과는 ᄯᅩ 이 엇던 物 이잇고 〈능엄경언해 2 : 45〉
    ㄴ. 그딋 아바니미 잇ᄂᆞ닛가 〈석보상절 6 : 14〉
    ㄷ. 눔 죠ᇰ 뜨디 이실 ᄊᆞᅵ 가져가니 엇뎨 잡ᄂᆞ다 〈월인석보 2 : 13〉

(5)는 의문문에서 차등적으로 실현되는 청자대우법의 보기 문장이다. (5ㄱ)
의 문장에서는 (3)에 제시된 바와 같이 청자를 높여서 대우하는 선어말어
미 '-으잇-'의 형태가 온전하게 갖추어져 있어서 아주 높임의 청자대우
법이 실현되고, (5ㄴ)의 문장에는 (5ㄱ)의 문장과 달리 '-ㅅ-'만 서술어
에 결합하여 조금 높임의 청자대우법이 실현되며, (5ㄷ)의 문장에는 청자
를 높여서 대우하는 선어말어미의 형태가 결합하지 않아서 안높임의 청
자대우법이 실현되었다.

(4)와 (5)의 보기 문장에 실현된 차등적인 청자대우법은, (3)에서 제시한
바와 같이 서술어에 결합하는 청자 높임의 선어말어미의 형태에 따라 15세
기 한국어의 청자대우법이 크게 3등급으로 실현되었음을 보여준다. 즉 (4ㄷ)
과 (5ㄷ)의 문장에는 청자를 높여서 대우하는 선어말어미가 결합하지 않
아서 안높임의 청자대우법이 실현되었는데, 이것은 청자대우법의 실현이
무표적이라 할 수 있다. 하지만 (4ㄱ)과 (5ㄱ)의 문장에는 아주 높임의 청
자대우법이 실현되었고, (4ㄴ)과 (5ㄴ)의 문장에는 조금 높임의 청자대우
법이 실현되었는데, 이들 문장은 의미적으로 유표적인 청자대우법이 실현
된 것으로 볼 수 있다.

하지만 근대 한국어에 와서는 청자대우법을 실현하는 문법 형태가 종
결어미의 형태와 구별되어 존재하지 않고 종결어미와 융합된 형태로 존

재하게 되었다.[15] 17세기 한국어의 문헌 자료에 나타나는 보기를 고경태 (1998 : 184~186)에서 옮겨 아래 (6)과 같이 나타낸다.

> (6) ㄱ. 언머 모다 우은 거시라 녀기셔냐 〈첩해신어 9 : 4〉
>   ㄴ. 우리를 모로눈가 녀겨부터 이리 ᄒ엿ᄉᆞᆫ가 〈첩해신어 2 : 9〉
>   ㄷ. 긔일에 므슴 복을 ᄒ리잇고 〈가례언해 10 : 42〉

(6ㄱ)의 문장에서 '―냐'는 청자에 대한 높임 대우가 전혀 없는 의문어미의 형태이고, (6ㄴ)의 문장에서 '―눈가'는 청자에 대해 조금 높여서 대우하는 의문어미의 형태이며, (6ㄷ)의 문장에서 '―으잇고'는 청자에 대해 아주 높여서 대우하는 의문어미이다. (6ㄴ)과 (6ㄷ)의 문장 서술어에 결합한 의문어미의 형태는 청자를 높여서 대우하는 청자높임소와 문장을 끝맺는 문장종결소[16]가 융합되어 있는데, 이런 형태는 앞에서 살펴본 15세기 한국어의 문헌 자료에 나타는 보기와 상당히 다른 모습이다. (6)과 같은 17세기 한국어의 문헌 자료에 나타는, 청자높임소와 문장종결소가 융합된 형태로 나타나는 현상은 현대 한국어에도 그대로 이어지고 있다. 따라서 현대 한국어에서 청자대우법을 실현하는 문법 요소와 마침법을 실현하는 문법 요소가 융합된 문법 형태로 존재하기 때문에, 청자대우법과 마침법이 한 개의 융합된 종결어미에 의해 실현된다. 이런 까닭으로 현대 한국어의 청자대우법을 논의할 때 마침법을 같이 고려하게 되고, 마침법을 논의할 때는 청자대우법을 같이 고려하게 되는 것이다. 앞의 (3)~(5)를 통해 살펴본 내로 15세기 한국어에서는 청자대우법을 실현하는 문법 형태가 독립적으로 존재하였다. 그러나 근대 한국어와 현대 한국어에 와서는 청자대우법과 마침법이 한 개의 동일한 문법 형태에 의해 실현된다.

---

15) 근대 한국어의 청자대우법에 대해서는 김정수(1980), 고경태(1998), 김유법(1998 : 145), 김의수(1998 : 329) 등을 참조.
16) 문장종결소에 대해서는 김태엽(1997)을 참조.

청자 대우법을 실현하는 선어말어미와 문장을 끝맺는 기능을 수행하는 종결어미의 융합된 형태가 현대 한국어의 종결어미이다. 따라서 현대 한국어의 청자대우법을 실현하는 종결어미에 대한 정밀한 형태적인 분석이 반드시 필요하다. 현대 한국어에서 사용되고 있는 거의 모든 종결어미의 형태는 그 구성 요소를 추출하기 위해 재분석 방법(reanalysis methods)[17]을 적용하여 더욱 정밀하게 분석할 수 있다. 실제로 종결어미의 형태에 대한 재분석을 통해 마침법을 실현하는 요소와 청자대우법을 실현하는 요소의 형태적인 결합 양상을 어느 정도까지 밝혀낼 수 있다. 현대 한국어에 사용되는 종결어미의 형태를 대상으로 재분석의 방법을 적용함으로써 그 종결어미의 형태를 이루는 어미구조체에 대한 분석을 시도하여 성과를 거둔 몇몇 논의가 있다. 이런 논의의 업적에는 서태룡(1988), 한동완(1988), 김태엽(2001) 등이 있는데, 이들 논의에서는 모두 청자 높임의 문법 요소와 문장 종결의 문법 요소를 분리하려고 했다.

서태룡(1988)에서는 재분석 방법으로 다른 선어말어미와 함께 청자높임소 '-으이-'를 분석하였고, 한동완(1988)에서는 청자대우법의 형태원리를 밝히면서 청자높임소 '-으이-'를 분석하였으며, 김태엽(2001)에서는 종결어미의 형태를 이루는 어미구조체를 추출하면서 청자높임소 '-으이-'를 분석하였다. 아래의 (7)과 (8)에서 각각 한동완(1988 : 234)과 김태엽(2001)의 분석 내용을 각각 소개한다.

> (7) ㄱ. '-네' : 느+이
> ㄴ. '-데' : 더+이
> ㄷ. '-세' : 사+이
> ㄹ. '-게' : 거+이
> ㅁ. '-습시다' : 습+시+이+다

---

17) 재분석에 대해서는 Langacker(1977), Lightfoot(1979), Manzini(1983), 서태룡(1988) 등을 참조.

한동완(1988)에서는 (7ㄱ)~(7ㄹ)의 모든 종결어미의 형태에서 '-이'를 분석하고 (7ㅁ)의 종결어미에서는 '-으이-'를 분석하였는데, 이것들은 모두 청자를 높여서 대우하는 기능을 수행하는 문법 형태라고 설명하였다.

> (8) ㄱ. 'X+S+T' : '-습니다'
>   ㄴ. 'ø+S+T' : '-ㄴ가'
>   ㄷ. 'X+ø+T' : '-ㄴ다'
>   ㄹ. 'X+S+ø' : '-게'
>   ㅁ. 'ø+ø+T' : '-다'
>   ㅂ. 'ø+S+ø' : '-으오'

김태엽(2001)에서 종결어미의 형태를 이루는 어미구조체를 'X+S+T'와 같이 일반화된 구조로 나타내고, 그 유형을 (8ㄱ)~(8ㅂ)의 6가지로 분류하여 그 각각에 해당하는 종결어미의 형태를 제시한 것이 (8)의 보기이다. 거기에서는 (8)에 제시한 6가지 유형의 형태를 이루는 어미구조체의 구성 요소에서 'S'는 모두 청자높임소의 기능과 관련을 가지는 것으로 설명하였는데, (8ㄱ)에서 '-습니다'의 형태를 이루는 어미구조체의 구성 요소를 '습+느+이+다'와 같이 재분석함으로써 청자높임소 '-으이-'가 '-습니다'의 형태 구성에 관여하고 있는 것으로 보았다. 청자대우법을 실현하는 종결어미의 형태에 대해 재분석 방법을 적용하여 그 형태를 이루는 어미구조체의 구성 요소를 분석한 이들의 논의에서 공통적으로 드러나는 사실은, 현대 한국어의 종결어미를 이루는 형태 구조에 화자가 청자를 높여서 대우하는 기능을 수행하는 문법 요소와 문장을 끝맺는 기능을 수행하는 문법 요소가 함께 관여하고 있다는 점이다. 다시 말하면 현대 한국어에서 청자대우법과 마침법을 동시에 실현하는 종결어미의 형태에 대한 정밀한 재분석을 통해 청자대우법을 실현하는 요소와 마침법을 실현하는 요소가 융합되어 있는 사실을 밝혀낸 것이다.

하지만 중세의 한국어가 반영되어 있는 문헌 자료에는 청자대우법을 실현하는 문법 요소가 마침법을 실현하는 요소와 융합되어 있지 않고, 각각 그 문법적 기능을 별개로 수행한 것을 앞의 (4)와 (5)의 보기에서 살펴보았다. 이영경(1991)에서도 17세기의 한국어가 반영된 문헌 자료에 청자대우법의 기능을 수행하는 문법 형태와 마침법의 기능을 수행하는 문법 형태가 융합된 종결어미의 형태로 존재하고 있는 구체적인 문헌 자료를 제시한 바 있다. 따라서 현대 한국어는 한 개의 문법 형태인 종결어미에 의해 마침법과 청자대우법이 동시에 실현되는 것은 사실이지만, 이 종결어미의 형태를 정밀하게 재분석함으로써 청자대우법을 실현하는 요소를 구체적으로 설명할 수 있는 것이다. 종결어미는 문장의 서술어에 결합하여 그 문장을 끝맺는 기능을 수행하는 어말어미이다. 따라서 한국어의 거의 모든 문장에서 종결어미가 서술어에 결합하여 청자대우법의 실현에 관여하는 것으로 보아야 한다.

문장의 서술어에는 반드시 종결어미가 결합함으로써 그 문장이 완성된다. 서술어가 문장을 이루는 필수적인 성분이라고 한다면, 서술어에 결합하여 문장을 끝맺는 기능과 청자를 대우하는 기능을 수행하는 종결어미 역시 문장을 이루는 필수적인 요소라 할 수 있다.

종결어미에 의해 실현되는 두 가지 기능은, 화자가 발화하는 문장의 명제 내용을 어떤 의향 태도를 가지고 청자에게 표현하느냐의 문제와 관련된다. 즉 하나는 화자가 문장의 명제 내용을 청자에게 어떤 유형의 문장으로 표현하느냐의 문제이고, 또 하나는 화자가 말을 듣는 청자에게 문장의 명제 내용을 전달하면서 청자에 대해 어떤 대우 관념으로 표현할 것이냐의 문제이다. 문장의 서술어에 결합하여 그 문장을 끝맺으면서 문장의 유형을 결정하고 청자대우법을 실현하는 기능을 동시에 수행하는 문장의 구성 요소가 종결어미이다. 화자가 문장의 명제 내용을 청자에게 어떤 유형의 문장으로 표현하느냐의 문제는 마침법으로 실현되고, 화자가 문장의 명제 내용을 전달하면서 말을 듣는 청자에 대해 어떤 대우 관념으로 표현할 것이냐의 문제는 청자대우법으로 실현된다.

문장을 이루는 서술어에 반드시 결합하는 종결어미는 마침법과 청자대우법을 동시에 실현한다. 청자대우법을 실현하는 경우 종결어미의 선택은 말을 듣는 청자와 말하는 화자 사이의 사회적·심리적인 거리는 물론 발화 장면의 차이에 의해 결정된다.[18] 이것은 곧 청자에 대해 화자가 표현하는 대우 관념의 정도에 따라 서술어에 결합하는 종결어미의 형태가 결정된다는 것이다. 즉 문장의 서술어에 결합하는 종결어미의 형태를 통해 화자가 말을 듣는 청자에 대해 표현하는 대우 관념의 정도가 겉으로 드러나기 때문에, 서술어에 결합한 종결어미의 형태에 따라 청자대우법의 등급이 변별될 수 있다. 바꾸어 말하면 말하는 화자가 말을 듣는 청자에 대해 표현하는 대우 관념의 정도는 반드시 일정한 언어 형태로 나타나며, 이 언어 형태에 대한 분석을 통해 그 종결어미에 의해 실현되는 청자대우법의 등급이 파악될 수 있는 것이다. 그러므로 종결어미의 형태를 이루는 어미구조체의 구성 요소에 의해 화자가 청자를 대우하는 등급의 정도가 구별될 수 있다. 결국 한국어 청자대우법의 등급 체계에 대한 합리적인 논의는 문장의 서술어에 결합한 종결어미의 형태 구조에 대한 정밀한 분석을 통해 가능하며, 이렇게 함으로써 종결어미에 의해 실현되는 청자대우법을 객관적으로 기술할 수 있게 될 것이다.

지금까지 한국어 청자대우법에 대한 논의는 거의 대부분 청자대우법의 체계를 몇 개의 등급으로 구분할 것이냐에 많은 관심이 모아져 있다고 해

---

18) 청자대우법의 등급이 화자와 청자 사이의 사회적·심리적 거리에 의해서 결정되는 것이지만, 모든 경우에 그런 것은 아니다. 이를테면 화자와 청자가 나이가 같은 친구 사이인 경우, 사적인 장면에서는 서로 안높임(평대)의 청자대우법을 실현하지만 공적인 장면에서는 높임(존대)의 청자대우법을 실현한다. 따라서 청자대우법의 등급 결정에 관여하는 요인으로 화자와 청자 사이의 사회적·심리적 거리와 장면의 차이라는 두 기준을 설정해야 할 것이다.

도 과언이 아니다. 이것은 일찍이 청자대우법의 체계를 기술한 최현배 (1961)를 비롯하여 거의 모든 앞선 논의에 나타나고 있는데, 그 결과 논자에 따라 다양한 청자대우법의 등급이 제시되었다. 한국어 청자대우법의 체계는 논자에 따라 적게는 3등급에서부터 많게는 6등급에 이르기까지 그 등급 체계에 대한 견해가 서로 다를 뿐 아니라, 청자대우법의 체계를 이른바 격식체와 비격식체라는 문체적 차이로 기술하려는 논자들도 있었다. 즉 한국어 청자대우법의 체계를 초기에는 주로 일원적인 체계로 기술하였으며, 나중에는 몇몇 논자들에 의해 이원적인 체계로 기술하려는 시도가 있었다. 이를테면 '-어', '-지'와 같은 종결어미를 이른바 반말어미라고 부르면서, 이런 형태를 다른 종결어미의 형태와 함께 묶어서 분류하는 논자도 있고, '-어', '-지'와 같은 종결어미를 다른 종결어미의 형태와 분리하여 처리하는 논자도 있다. 전자에 속하는 논의에서는 청자대우법의 체계를 한 가닥으로 세우려고 하였는데, 이것을 흔히 일원적인 체계라고 부른다. 하지만 후자에 속하는 논의에서는 '-어', '-지'와 같은 종결어미를 다른 종결어미와 분리하여 청자대우법의 체계를 두 가닥으로 세우고자 하였는데, 이것을 흔히 이원적인 체계라고 부른다. 청자대우법을 이원적인 체계로 세운 논의에서는 '-어', '-지'와 같은 종결어미를 비격식체라 하고 '-다', '-느냐'와 같은 종결어미를 격식체라 하여 문체적인 차이에 따라 청자대우법의 체계를 두 가닥으로 세우고자 하였다. 그러나 현대 한국어에서 '-어', '-지', '-다', '-느냐' 등의 종결어미가 실제 사용되고 있는 모습을 구체적으로 살펴보면, 이원적인 체계를 세우는 논의에서 공식적인 장면에서 이른바 격식체가 사용되고 비공식적인 장면에서는 비격식체가 사용된다는 설명은 현실 언어에 전혀 적용되지 않는다. 이원적인 체계를 세우는 논의 중에서 최근에 나온 한길(2002 : 189)에서는 다음과 같이 격식체와 비격식체의 차이를 설명하였다. 즉 청자대우법의 체계가 원칙적으로는 격식체와 비격식체로 설정이 되지만, 실제 발화에서는 격식체와 비격식체가 뒤섞여 쓰이는 일이 많다고 언급하고, 격식체의 종결어미와 비격식체의 종결어미가 문장에서 혼용되는 보기를 제시하였다. 그리고 남기심·고영근(1995 : 334)에서도 이른바 격식체의 종결어미와 비격식체의 종결어미가 동일한 화자에 의해 동일한 장면에서 동시에 선택되는 보기를 제시하였다. 하지만 한길(2002)과 남기심·고영근(1995)에서 격식체의 종결어미와 비격식체의 종결어미가 동일한 장면에서 동일한 청자에게 동일한 화자가 발화한 담화에서 함께 선택된다는 것은, 격식체의 종결어미와 비격식체의 종결어미의 용법이 분명하게 구별되지 않음을 뒷받침해 주는 현실 언어의 증거라 할 수 있다. 김태엽(2007)에서는 구어 말뭉치에 나타나는 자료에서 이른바 격식체의 종결어미와 비격식체의 종결어미가 동일한 장면에서 동일한 청자에게 동일한 화자에 의해 발화된 담화의 여러 보기를 제시하면서, 청자대우법을 실현하는 종결어미를 격식체와 비격식체로 구분하는 체계는 객관적으로 근거가 없는 것이라고 비판하였다. 또 이원적인 체계는 '-어', '-지'와 같은 종결어미에 대한 처리를 위해 비격식체라는 문체적 차이로 설명하였을 뿐, '-다', '-느냐'와 같은 종결어미와 그 쓰임에서 차이가 분명하게 구별되지 않는다고 언급하고, 동일한 화자가 동일한 장면에서 동일한 청자에게 '-어', '-지'가 '-다', '-느냐' 등과 혼용되는 많은 보기를 구어 말뭉치의 자료에서 제시하였다.

따라서 한국어 청자대우법의 체계를 격식체와 비격식체로 구별하여 이원적으로 기술하는 방법은 현실성이 없다. 실제로 청자대우법의 체계를 격식체와 비격식체로 구분하여 기술하는 방법은, 한국어의 현실에 제대로 부합하지 않을 뿐 아니라 오히려 더 복잡한 체계를 만들게 된다. 다시 말하면 현실 언어에 적용되지 않는 격식체의 종결어미와 비격식체의 종결어미의 구별은 객관적인 근거가 없는 방법이다. 이 문제에 대해서는 뒤에서 다시 자세하게 논의하기로 할 것이다.

그러면 다음 (9)의 각 문장을 살펴본다.

> (9) ㄱ. 비가 옵니다/ 옵니까?
> ㄴ. 비가 오오/ 오오?
> ㄷ. 비가 오네/ 오는가?
> ㄹ. 비가 온다/ 오느냐?

(9)의 문장은 서술문과 의문문에 실현되는 청자대우법의 체계가 몇 개의 등급으로 구분되는 모습을 보여준다. (9)의 각 문장에서 청자대우법의 실현에 관여하는 요소는 서술어에 결합한 종결어미인데, 이들 서술어미와 의문어미의 형태에 의해 실현되는 청자대우법은 크게 4등급으로 구분된다. 이것은 (9)의 각 문장 서술어에 결합한 종결어미의 의미기능에 의해서도 구분될 수 있겠지만, 종결어미의 형태 구조에 대한 정밀한 분석을 통해서도 구분될 수 있다. 즉 (9)에서 '—다'와 '—느냐'의 형태 구조에는 청자에 대한 높임 관념이 반영된 문법 요소가 분석되지 않는 반면, 그 밖의 종결어미의 형태 구조에는 청자에 대한 높임의 대우 관념이 반영된 문법 요소가 분석될 수 있다. 따라서 한국어 청자대우법의 체계를 합리적으로 기술하려면, 청자대우법을 실현하는 종결어미의 의미기능에 대한 분석도 필요하지만 종결어미의 형태 구조에 대한 정밀한 분석도 반드시 필요하다.

③ 청자대우법과 어휘 요소

한국어 청자대우법의 체계에 대한 앞선 논의에서 이 체계의 근본적인 바탕에 대해 관심을 기울인 경우는 많지 않다. 청자대우법의 체계에 대한 초기의 논의에서 청자대우법이 높임과 낮춤의 대립 체계를 이루는 것으로 기술한 이후, 그 뒤의 논의에서는 높임과 낮춤의 대립적인 청자대우법의 체계에 대해 별다른 의문을 제기하지 않은 채, 청자대우법을 몇 개의 등급으로 체계화할 것이냐에 대해 논자들의 관심이 집중되어 왔다.

하지만 앞선 논의들 중에서 한국어 청자대우법의 체계를 높임과 낮춤의 대립이라는 주장에 대해 의문을 제기하고 새로운 견해를 제시한 업적이 전혀 없는 것은 아니다. 그런 논의의 대표적인 업적이 박창해(1964, 1990), 김종택(1981), 권재일(1992, 1998), 김태엽(1996, 2001, 2006) 등이다. 이들의 논의에서는 청자대우법을 몇 등급으로 체계화하느냐에 대해 관심을 기울이기도 하지만, 한편으로 한국어 청자대우법 체계의 근본 바탕이 되는 대립의 기준을 어떻게 세울 것이냐에 관심을 기울였다. 즉 이들의 몇몇 논의에서는 한국어 청자대우법의 체계가 높임과 낮춤의 대립에 따라 청자에 대한 대우의 등급 차이가 구별되는 것이 아니라, 화자의 청자에 대한 대우 관념이 무표적이라 할 수 있는 안높임을 기준으로 하여 청자에 대한 대우 관념이 유표적이라 할 수 있는 높임 등급이 대립하는 것으로 기술하려는 시도가 있었다.

한국어 청자대우법을 높임과 낮춤의 대립적인 체계로 세우고자 한 대부분의 앞선 논의에서 공통적으로 드러나는 한계는, 한국어 청자대우법의 체계를 세우면서 이 체계의 바탕에 대한 논의는 관심의 초점이 되지 못한 점이다. 다시 말하면 한국어 청자대우법의 체계를 세우면서 청자에 대해 높임 등급을 설정하고, 이에 대립하는 낮춤 등급을 설정하는 것에 대한 객관적인 타당성을 검증하지 않았다는 것이다. 대부분의 논의에서 한국어 청자대우법의 체계에 높임 등급에 대립하는 낮춤 등급의 설정은 지극히 당연한 것으로 생각하고, 이 문제에 대해서는 사실 크게 관심을 두지 않았다. 한국어에서 화자가 청자에 대해 낮추어 대우하는 것은 보편적인 언어 예절에서 벗어난다. 일상적인 담화에서 말하는 화자에 비하여 말을 듣는 청자의 나이가 적거나 사회적인 지위가 낮거나 또는 항렬이 아무리 낮다고 하더라도, 말을 하는 화자가 말을 듣는 청자를 결코 낮추어 대우하지 않는다. 화자가 그런 청자에 대해서는 높여서 대우하지 않을 뿐이다.

화자가 청자를 높여서 대우하지 않는다고 하여 낮추어 대우하는 것이 아니다. 화자가 청자를 높이지 않고 대우하는 것은 안높임이며, 이것은 곧 평대이다.

그럼에도 불구하고 대부분의 앞선 논자들은 아래 (1)의 문장에 의해 실현되는 청자대우법을 화자가 청자를 낮추어 대우하는 등급으로 기술해 왔다.

> (1) ㄱ. 영수야, 빨리 밥 <u>처먹어라</u>.
> ㄴ. 그는 벌써 <u>뒈졌다</u>.
> ㄷ. 그는 <u>대가리</u>가 너무 크다.

(1)의 각 문장에서 밑줄 친 '처먹다', '뒈지다', '대가리' 등의 어휘소가 청자대우법의 실현에 관여하는 것으로 보고, 이들 어휘소에 대해 화자가 청자를 낮추어 대우하는 의미 자질을 가진 것으로 파악하였다. 그 결과 (1)의 각 문장은 낮춤의 청자대우법이 실현된 문장으로 처리하였다. 따라서 대부분의 앞선 논자들은 (1)의 각 문장에서 밑줄 친 부분의 '처먹다', '뒈지다', '대가리' 등의 어휘소가 모두 [+낮춤]의 자질을 가진 것으로 기술하였다.

하지만 (1)의 각 문장에서 밑줄 친 어휘소의 의미 자질을 분석하면 [+낮춤]의 자질이 분석되지 않는다. 만약 (1)에서 밑줄 친 부분의 어휘소들이 [+낮춤] 자질을 가지고 있지 않다면, 이들 문장이 어휘 요소에 의해 낮춤의 청자대우법이 실현되는 것으로 기술할 수 없는 것이다.[19] (1)의 각 문장에서 밑줄 친 '처먹다', '뒈지다', '대가리' 등의 어휘소와 아래 (2)의 각 문장에서 밑줄 친 부분의 어휘소와 비교하여 그 의미 자질을 객관적으로

---

19) 국어의 어휘적 높임 대립에 관해서는 김종택(1982), 민현식(1984), 임홍빈(1990), 김태엽(2005) 등을 참조.

분석해 보면, (1)의 각 문장에서 밑줄 친 부분의 어휘소들이 [+낮춤] 자질을 가지고 있지 않음이 분명해진다. 왜냐하면 (2)의 밑줄 친 부분의 '먹다', '죽다', '머리' 등의 어휘소와 (1)의 밑줄 친 부분의 '처먹다', '뒈지다', '대가리' 등의 어휘소가 가지는 의미자질에서 [높임] 자질의 유무나 [낮춤] 자질의 유무에 의해 서로 대립하지 않기 때문이다. 전자의 어휘소들과 후자의 어휘소들은 [높임] 자질의 유무나 [낮춤] 자질의 유무에서는 대립하지 않고, [속됨] 자질의 유무에 의해 서로 대립한다. 즉 (1)의 각 문장에서 밑줄 친 어휘소들은 [−높임][+속됨] 자질을 가지는 반면, (2)의 각 문장에서 밑줄 친 '어휘소들은 [−높임][−속됨] 자질을 가지고 있다. 따라서 '처먹다−먹다', '뒈지다−죽다', '대가리−머리'는 모두 [−높임] 자질을 가지므로 안높임 곧 평대로서 차등이 없으며, 각각의 짝은 [속됨] 자질의 유무에 의해 대립한다. 즉 '처먹다', '뒈지다', '대가리' 등의 어휘소는 [+속됨] 자질을 가지며 '먹다', '죽다', '머리' 등의 어휘소는 [−속됨] 자질을 가진다.

    (2) ㄱ. 영수야, 빨리 밥 <u>먹어라</u>.
        ㄴ. 그는 벌써 <u>죽었다</u>.
        ㄷ. 그는 <u>머리</u>가 너무 크다.

    (1)과 (2)의 각 문장에서 밑줄 친 어휘소 '처먹다'−'먹다', '뒈지다'−'죽다', '대가리'−'머리' 등은 의미적으로 [속됨] 자질의 유무에 의해 서로 대립하는 어휘소의 짝이다. 만약 각각 짝을 이루는 이들 어휘소들이 [높임] 자질의 유무나 [낮춤] 자질의 유무에 의해 서로 대립을 이룬다면, (1)의 각 문장과 (2)의 각 문장의 서술어에 결합한 종결어미가 동일한 형태 '−어라'가 선택되지 않고, (1)의 각 문장과 (2)의 각 문장의 서술어에 결합하는 종결어미의 형태가 서로 달라야 할 것이다. 그러나 (1)과 (2)의 모

든 문장의 서술어에 결합한 종결어미의 형태는 동일하다. 따라서 (1)과 (2)의 각 문장에 의해 실현되는 청자대우법의 등급은 안높임(평대)으로 모두 동일하다. 문장의 서술어에 결합한 종결어미에 의해 청자대우법의 등급이 결정되기 때문이다.

어휘소에 의해 실현되는 청자대우법을 논의하면서, 그 보기로 자주 등장하는 어휘소의 짝을 아래 (3)과 같이 나타낸다.

> (3) ㄱ. 잡수다 – 먹다 – 처먹다
> ㄴ. 돌아가시다 – 죽다 – 뒈지다
> ㄷ. 두상 – 머리 – 대가리

(3)의 왼쪽 항에 배열된 보기의 어휘소 '잡수다', '돌아가시다', '두상' 등은 [+높임][−속됨]의 자질을 가지고 있다. 그러나 (3)의 중간 항과 오른쪽 항에 배열된 어휘소들은 모두 [−높임] 자질을 가지면서 중간 항에 배열된 '먹다', '죽다', '머리' 등의 어휘소들은 [−속됨] 자질을 가지는 반면, 오른쪽 항에 배열된 '처먹다', '뒈지다', '대가리' 등의 어휘소들은 [+속됨] 자질을 가진다. 따라서 (3ㄱ)~(3ㄷ)에 각각 배열되어 짝을 이루는 어휘소들은 종적인 높임 대립을 이루지 않는다. 즉 왼쪽 항에 배열된 어휘소들은 청자를 높여서 대우하지만, 중간 항과 오른쪽 항에 배열된 어휘소들은 청자를 높여서 대우하지 않으며, 특히 오른쪽 항에 배열된 어휘소들은 청자를 높이지 않으면서 교양이나 품위 없이 속되게 나타낼 때 선택된다.

(3)의 왼쪽 항에 배열된 '잡수다, 돌아가시다, 두상' 등은 모두 [+높임][−속됨] 자질을 가진 어휘소이므로, 아래 (4)와 같이 문장의 주체나 객체 그리고 청자를 높여서 대우할 때 선택된다.

(4) ㄱ. 진지 잡수셨습니까?
　　ㄴ. 할아버지께서 작년에 돌아가셨다.
　　ㄷ. 넌 할아버지의 두상을 만지지 마라.

(4ㄱ)의 문장 서술어로 '잡수다'가 선택되고 종결어미로 '-습니까'가 선택되어 이 문장은 높임의 청자대우법이 실현되었다. (4ㄴ)의 문장 서술어로 '돌아가시다'가 선택되고 주체 높임의 선어말어미 '-으시-'가 서술어에 결합하여 이 문장은 높임의 주체대우법이 실현되었다. 그리고 (4ㄷ)의 문장에서 목적어로 기능하는 '할아버지의 두상'에서 '머리' 대신 '두상'을 선택함으로써 문장의 객체인 할아버지를 간접적으로 높여서 대우하고 있다.

하지만 (3)의 중간 항에 배열된 어휘소 '먹다, 죽다, 머리' 등과 오른쪽 항에 배열된 '처먹다, 뒈지다, 대가리' 등의 어휘소들은 [-높임] 자질을 가지고 있으므로, (1)과 (2)의 각 문장에서 드러나듯이 문장의 주체나 객체 그리고 청자를 높여서 대우하지 않을 때 선택된다. 그래서 (3)의 중간 항과 오른쪽 항에 배열된 어휘소는 [높임] 자질의 유무에 의해 서로 대립하지 않는다. 앞선 논의에는 (3)에 제시된 보기에서 '왼쪽 항-중간 항-오른쪽 항'의 3개 항으로 각각 배열된 어휘소들이 '존대-평대-하대'와 같이 종적으로 높임 대립하는 관계로 짝지어진 것으로 설명한 논자들이 있으나,[20] (3)의 오른쪽 항에 배열된 어휘소가 가지는 의미자질에서 [+낮춤] 자질이 분석되지 않는다. 만약 (3)의 중간 항에 배열된 어휘소들과 오른쪽 항에 배열된 어휘소들이 각각 '평대-하대'와 같은 높임의 대립 관계를 이룬다면, 우선 (3)의 중간 항과 오른쪽 항에 배열된 어휘소가 가지는 의미자질에서 각각 [안높임(평대)] 자질과 [낮춤(하대)] 자질이 객관적으로 분석되어야 하고, 둘째는 (3)의 중간 항과 오른쪽 항에 배열된 어휘소들

---

20) 어휘적인 하대를 설정한 논의를 김종택(1982)과 김광해(1993)에서 찾아볼 수 있다.

이 문장의 서술어로 선택될 경우 각 서술어에 결합하는 종결어미의 형태가 달라야 할 것이다. 이것은 문장의 서술어에 결합하는 종결어미에 의해 청자대우법의 등급이 실현되는 점을 감안한다면 분명해질 것이다. 하지만 (1)과 (2)의 각 문장 서술어에 결합하는 종결어미의 형태가 모두 다르지 않으며, 아래 (5)의 각 문장에도 동일한 형태의 종결어미가 결합하였다.

> (5) ㄱ. 넌 빨리 밥 먹어라/ 처먹어라.
>   ㄴ. 넌 빨리 뒈져라/ 죽어라.

(5ㄱ)의 문장 서술어로 '먹다'와 '처먹다'가 선택될 수 있으며, 이 두 서술어에 결합한 종결어미의 형태는 '−어라'로서 동일하다. 그리고 (5ㄴ)에도 서술어로 '죽다'와 '뒈지다'가 선택될 수 있으며, 두 서술어에 결합한 종결어미의 형태도 '−어라'로서 동일하다. 만약 '먹다−처먹다', '죽다−뒈지다'와 같은 어휘소의 짝이 각각 안높임(평대)과 낮춤(하대)으로 서로 대립관계에 있는 어휘소라면, (5)의 각 문장에서 동일한 형태의 종결어미 '−어라'가 각 문장의 서술어에 함께 결합할 수 없을 것이다. 하지만 (5)의 두 문장에는 종결어미 '−어라'가 서술어로 선택된 '먹다'와 '처먹다'에 모두 결합하고, (5ㄴ)의 두 문장에는 서술어로 선택된 '죽다'와 '뒈지다'에 동일한 종결어미의 형태 '−어라'가 결합하였다. (5ㄱ)과 (5ㄴ)의 문장 서술어에 모두 종결어미 '−어라'가 결합한 사실은, 이들 4개의 문장이 모두 동일한 청자대우법의 등급을 실현하는 것으로 해석해야 한다. (5)의 각 문장에서 서술어에 결합한 '−어라'는 안높임(평대)을 실현하는 종결어미이다. 따라서 '먹다−처먹다'의 대립관계와 '죽다−뒈지다'의 관계는 '안높임(평대)−낮춤(하대)'의 대립이 아니고, 안높임(평대)이면서 [속됨] 자질의 유무에 따라 대립 관계를 이룬다.

어휘소 '먹다−처먹다'의 대립과 '죽다−뒈지다'의 대립은 이들 어휘소가 실제로 사용되는 문장을 통해 그 쓰임의 차이를 찾아볼 수 있다. 이들 어휘소들의 쓰임의 차이는 곧 이들 어휘소가 가지고 있는 의미자질의 차이에서 비롯되는 것이기 때문이다.

앞에서 (1)과 (2)의 문장에 선택된 어휘소가 가지는 의미자질에 대해 이미 언급하였지만, 다시 좀 더 자세하게 살펴보기로 한다. 서술어로 '처먹다'가 선택된 (1ㄱ)의 문장과 서술어로 '먹다'가 선택된 (2ㄱ)의 문장에서 동일한 종결어미의 형태 '-어라'가 결합하여 두 문장에 의해 실현되는 청자대우법의 등급에는 전혀 차이가 없다. 하지만 서술어로 '처먹다'가 선택된 (1ㄱ)의 문장은 저속한 의미가 드러나는 반면, 서술어로 '먹다'가 선택된 (2ㄱ)의 문장은 저속한 의미가 드러나지 않는다. 또 '뒈지다'가 서술어로 선택된 (1ㄴ)의 문장과 '죽다'가 서술어로 선택된 (2ㄴ)의 문장에 의해 실현되는 청자대우법의 등급에도 전혀 차이가 없다. 하지만 서술어로 '뒈지다'가 선택된 (2ㄴ)의 문장은 저속한 의미가 드러나는 반면, 서술어로 '죽다'가 선택된 (2ㄴ)의 문장은 저속한 의미가 드러나지 않는다. (1ㄱ)과 (2ㄱ)의 문장 서술어에 동일한 형태의 종결어미가 결합하여 두 문장에 의해 실현되는 청자대우법의 등급이 같고, (1ㄴ)과 (2ㄴ)의 문장 서술어에 동일한 형태의 종결어미가 결합하여 역시 두 문장에 의해 실현되는 청자대우법의 등급이 같다. 따라서 (1)과 (2)의 각 문장에 선택된 '먹다-처먹다', '죽다-뒈지다'와 같이 서로 짝을 이루는 어휘적인 대립은 [속됨] 자질의 유무에 의한 대립이라는 사실이 자연스럽게 드러난다. 이들 어휘소들의 대립관계에서 나타나는 의미자질의 차이는 (1ㄷ)에 선택된 '대가리'와 (2ㄷ)에 선택된 '머리'의 두 어휘소가 가지는 의미자질의 차이에서도 나타난다. 어휘소 '대가리'가 선택된 (1ㄷ)의 문장에서 저속한 의미가 파악되는 반면, '머리'가 선택된 (2ㄷ)의 문장에서는 저속한 의미가 파악되지 않는 점에서, '머리-대가리'의 대립 관계는 [높임] 자질의 유무에 의한 대립이 아니고 [속됨] 자질의 유무에 의한 대립이 확실하다.

그러면 우리가 [속됨] 자질을 가지고 있는 것으로 파악한 어휘소들의 의미를 분석하기 위해 사전에 풀이된 내용을 살펴보기로 한다. 어휘소 '대가리'에 대해 풀이한 표준국어대사전(1999)에는 이 어휘소가 저속한 의미자질을 가지고 있음이 잘 나타난다. 즉 어휘소 '대가리'에 대해 ① 동물의 머리, ② 사람의 머리를 속되게 이르는 말, ③ 주로 길쭉하게 생긴 물건의 앞이나 윗부분을 이르는 말 등으로 풀이되어 있다. 사전의 이러한 풀이 내용으로 볼 때, '대가리'는 사람의 머리를 가리키는 어휘소가 아니고 동물의 머리나 다른 물건의 어느 부분을 가리키는 뜻을 가진 것이다. 따라서 '머리'는 저속한 의미를 갖지 않는 어휘소이고, '대가리'는 사람의 머리를 저속하게 이르는 어휘소이다. 따라서 어휘소 '대가리'는 '머리'에 대한 낮춤말이 아니고 저속한 말이라는 분석이 타당성을 가진다.

이로써 (3)의 각 항에 배열된 어휘소들의 대립관계를 '존대―평대―하대'와 같은 종적인 높임 대립으로 설명할 수 없음이 확인되었다. 그 결과 (3)의 각 항에 배열된 어휘소들이 가지는 의미자질은 아래 (6)과 같이 변별적으로 분석할 수 있으며, 이러한 방법으로 어휘소 '치아―이―이빨', '어르신―너―네놈' 등의 대립관계도 (6)에서 나타낸 바와 같이 그 의미자질의 차이로 분석할 수 있다.

(6)

	[+존대][−속됨]	[+평대][−속됨]	[+평대][+속됨]
ㄱ	잡수시다	먹다	처먹다
ㄴ	돌아가시다	죽다	뒈지다
ㄷ	두상	머리	대가리
ㄹ	치아	이	이빨
ㅁ	어르신	너	네놈

(6)에서 왼쪽 항에 배열된 어휘소들은 모두 [+존대][−속됨] 자질을 가

지므로 문장의 주체나 객체 그리고 청자를 높여서 대우할 때 선택될 수 있으며, 중간 항에 배열된 어휘소들은 모두 [+평대][−속됨] 자질을 가지므로 문장의 주체나 객체 그리고 청자를 평대(안높임)로 대우할 때 선택될 수 있으며, 오른쪽 항에 배열된 어휘소들은 [+평대][+속됨] 자질을 가지므로 문장의 주체나 객체 그리고 청자를 저속하게 대우하여 표현할 때 선택된다.

앞에서 살펴본 어휘소들과 함께 어휘적 높임 대립을 이루는 어휘소의 짝으로 자주 거론되는 몇몇 어휘소들을 아래 (7)에서 살펴본다.

<blockquote>

(7) ㄱ. 영식/ 아드님 : 가아/ 가돈
　　 ㄴ. 영애/ 따님 : 여식
　　 ㄷ. 귀사 : 폐사
　　 ㄹ. 춘부장/ 아버님 : 아비
　　 ㅁ. 자당/ 어머님 : 어미

</blockquote>

(7)에 제시된 보기에서 왼쪽 항과 오른쪽 항에 배열된 어휘소의 대립관계는 위의 (6)과 같이 각 어휘소가 가지고 있는 의미자질의 차이로는 설명하기 어렵다. 왜냐하면 (6)에 배열된 어휘소들의 짝과 (7)에 배열된 어휘소들의 짝은 그 대립의 바탕이 근본적으로 다르기 때문이다. 즉 (6)의 각 항에 배열된 보기의 어휘소들은 모두 화자가 타인에 대해 대우할 때 선택되는 어휘소들이다. 그러나 (7)의 각 항에 배열된 어휘소들은 타인이나 타인과 관련된 대상(자)에 대해 높여서 대우할 때 선택되는 것도 있지만, 화자 자신과 관련된 사람이나 대상(자)에 대해 낮추어 대우할 때 선택되는 것도 있다. 즉 (7)의 왼쪽 항에 배열된 보기는 화자가 타인과 관련된 사람이나 대상(자)에 대해 높여서 대우할 때 선택되는 어휘소들이고, 오른쪽 항에 배열된 보기는 화자 자신과 관련된 사람이나 대상(자)에 대해 낮추어 대우할 때 선택되는 어휘소들이다.

이제 이들 어휘소들이 선택된 문장을 살펴보기로 한다.

> (8) ㄱ. 댁의 <u>아드님</u>은 어디 있지요?
>   ㄴ. 요사이 <u>귀사</u>는 형편이 어떻습니까?
>   ㄷ. <u>자당</u>께서도 편안하신지요?

> (9) ㄱ. 저의 집 <u>가아</u>는 운동에만 관심이 있어요.
>   ㄴ. 요사이 <u>폐사</u>는 형편이 말이 아닙니다.
>   ㄷ. <u>어미</u>는 집에 있니?

(8)의 각 문장에서 밑줄 친 어휘소는 모두 화자가 타인과 관련된 사람이나 대상(자)에 대해 높여서 대우할 때 선택되는 반면, (9)의 각 문장에서 밑줄 친 어휘소는 화자 자신과 관련된 사람이나 대상(자)에 대해 낮추어 대우할 때 선택된다.

한국어는 화자가 타인에 대해서는 높여서 대우하고 화자 자신과 관련된 사람이나 대상(자)에 대해서는 낮추어 대우하는 것이 보편적인 언어 예절이다. 이러한 한국어의 언어 예절이 (8)과 (9)의 각 문장에 그대로 반영되어 있는데, (8)과 (9)의 문장에서 밑줄 친 어휘소를 통해 그러한 사실이 잘 드러나고 있다. (8ㄱ)의 문장에서 밑줄 친 '아드님'은 타인의 아들을 높여서 나타낼 때 사용되고, (8ㄴ)의 문장에서 '귀사'는 타인의 회사를 높여서 나타낼 때 사용되며, (8ㄷ)의 문장에서 '자당'은 타인의 어머니를 높여서 나타낼 때 사용된다. 그러나 (9ㄱ)의 문장에서 밑줄 친 '가아'는 타인에게 화자 자신의 아들을 낮추어 나타낼 때 사용되고, (9ㄴ)의 문장에서 밑줄 친 '폐사'는 타인에게 화자 자신의 회사를 낮추어 나타낼 때 사용되며, (9ㄷ)의 문장에서 '어미'는 화자 자신과 관련된 아래 항렬의 손자나 손녀의 '어머니'를 나타낼 때 사용된다. (9ㄷ)의 문장에서 밑줄 친 '어미'는 '어머니'를 낮추어 나타내는 말이므로, 화자가 타인의 어머니를 나타낼 때는 이 어휘소를 선택하지 않는다. 즉 (9ㄷ)의 화자는 할머니나 할아버지로서 청자인 손자나 손녀에게 손자와 손녀의 어머니를 낮추어 나타낼 때 '어미'가 선택되는 것이 보통이다.

'어미'에 대한 사전의 풀이를 살펴본다.

표준국어대사전(1999 : 4213)에는 '어미'에 대해 ① 어머니의 낮춤말, ② 결혼하여 자식을 둔 딸을 이르는 말, ③ 시부모가 아들에게 아내인 며느리를 이르는 말, ④ 손자나 손녀에게 그들의 어머니를 이르는 말, ⑤ 어머니가 자식에게 자신을 낮추어 이르는 말 등으로 풀이되어 있다.

①에서 어머니의 낮춤말이라고 풀이하였지만, 타인의 어머니에 대해서는 사용되지 않으며, ②~④는 항렬이 높은 가족이 항렬이 낮은 사람의 어머니를 가리킬 때 사용되며, ⑤는 화자 자신이 어머니일 때 자신을 낮추어 이르는 말이다. 그리고 사전에는 '어미'가 사용된 보기가 아래와 같이 제시되어 있다.

> ① 저는 불행히도 나이 열다섯에 <u>어미</u>를 잃었습니다.
> ② 나 같은 거야 본시 <u>어미</u> 구실을 못하니 말할 것도 없지마는 〈한설야, 탑〉

①의 밑줄 친 '어미'는 화자 자신의 어머니를 낮추어 나타낸 경우이고, ②의 밑줄 친 '어미'는 어머니인 화자 자신을 낮추어 나타낸 경우이다. 어느 경우이든 '어미'가 다른 사람의 어머니를 가리키는 경우에 사용되지 않는 것이 한국어의 언어 예절이다. 그러나 가끔 "너의 어미는 어디 갔니?"와 같은 문장이나 "넌 어미도 없는 놈이니?"와 같은 문장을 발화하는 경우를 볼 수 있다. 전자의 문장은 청자의 어머니보다 항렬이 높은 어른이 항렬이 낮은 사람에게 말할 때 들을 수 있고, 후자의 문장은 청자와 혈연관계가 전혀 없는 사람이 다른 사람에게 말할 때 들을 수 있다. "넌 어미도 없는 놈이니?"와 같은 문장은 화자가 청자에 대해 품위 있게 표현

한 발화가 아니고, 화자가 청자에 대해 저속한 욕설을 할 경우에 자주 나타난다. 다시 말하면 이 문장에 사용된 '어미'와 '놈'은 각각 '어머니'와 '아이'라는 어휘소 대신 욕설로 표현한 어휘소이다.

따라서 (9ㄷ)에 선택된 '어미'는 타인에 대해 사용한 어휘소가 아니고 항렬이 높은 사람이 항렬이 낮은 사람의 어머니를 가리켜 부르는 말이다. (9)의 각 문장에서 밑줄 친 어휘소는 타인과 관련된 사람이나 대상(자)에 대해서는 사용되지 않으며, (8)의 각 문장에서 밑줄 친 어휘소는 화자 자신과 관련된 사람이나 대상(자)에 대해서는 사용되지 않는다. (9)의 각 문장에서 밑줄 친 '가아', '폐사', '어미' 등의 어휘소는 (7)의 오른쪽 항의 어휘소와 같이 화자가 타인을 대우할 때는 사용하지 못하고, (8)의 각 문장에서 밑줄 친 '아드님', '귀사', '자당' 등의 어휘소는 (7)의 왼쪽 항의 어휘소와 같이 화자 자신과 관련된 사람이나 대상(자)에 대해서는 사용하지 못한다.

따라서 아래 (10ㄱ)~(10ㄷ)의 왼쪽-중간-오른쪽 항에 배열된 어휘소들은 단순히 [높임] 자질 유무의 기준에 의해 종적으로 대립하는 짝이 아니다.

> (10)　ㄱ. 아드님 – 아들 – 가아
> 　　　ㄴ. 귀사 – 회사 – 폐사
> 　　　ㄷ. 어머님 – 어머니 – 어미

어휘적 높임 문제를 다룬 앞선 논자들 중에는 (10)의 왼쪽 항에 배열된 어휘소와 중간 항에 배열된 어휘소 그리고 오른쪽 항에 배열된 어휘소들이 각각 [높임] 자질에 의해 종적으로 차등을 가진 것으로 처리한 경우가 있다. 즉 (10)의 왼쪽 항에 배열된 어휘소는 청자를 가장 높여서 대우할 때 선택되고, 중간 항에 배열된 어휘소는 화자가 청자를 평대로 대우할 때 선택되며, 오른쪽 항에 배열된 어휘소는 화자가 청자를 낮추어 대우할 때 선택된다는 것이다. 그러나 (10)의 각 항에 배열된 어휘소들은 [높임]

자질의 유무나 정도에 따라 종적으로 대립을 이루지 않는다. (10)의 왼쪽 항에 배열된 어휘소는 타인이나 타인과 관련된 대상자를 높여서 대우할 때 선택되고, (10)의 오른쪽 항에 배열된 어휘소는 화자 자신과 관련된 대상(자)을 낮추어 대우할 때 선택되며, 그리고 (10)의 중간 항에 배열된 어휘소는 [높임] 자질도 가지지 않고 [낮춤] 자질도 가지지 않는 평대를 나타내며, 타인과 화자 자신에 대해 중립적으로 사용된다. 즉 (10)의 중간 항에 배열된 어휘소는 두루 사용되지만, 왼쪽 항에 배열된 어휘소는 타인대우법의 실현에만 관여하고 오른쪽 항에 배열된 어휘소는 자기대우법의 실현에 주로 관여한다. 따라서 (10)의 중간 항에 배열된 어휘소는 어느 한쪽에 국한되지 않는 중립적인 가치를 가진다.

(10)의 각 항에 배열된 어휘소들은 단순하게 [높임] 자질의 유무나 그 정도에 따라 종적으로 대립관계를 갖지 않는다. 왼쪽 항의 어휘소는 화자가 타인과 관련된 사람이나 대상(자)을 높여서 대우할 때 선택되고, 오른쪽 항의 어휘소는 화자 자신과 관련된 사람이나 대상(자)을 낮추어 대우할 때 선택된다. 따라서 왼쪽 항의 어휘소들은 이른바 타인대우어라고 부를 수 있고, 오른쪽 항의 어휘소들을 자기대우어라고 부를 수 있다. 담화에서 화자가 타인대우법을 실현할 경우에 타인대우어를 선택함으로써 궁극적으로 타인을 높여서 대우하는 표현을 드러낼 수 있고, 자기대우법을 실현할 경우에는 자기대우어를 선택함으로써 화자 자신을 낮추어 대우하는 표현을 할 수 있다. 그리고 (10)에서 중간 항에 배열된 어휘소는 타인대우어도 아니고 자기대우어도 아닌 중립어라고 말할 수 있다. (10)의 각 항을 타인대우어와 자기대우어 그리고 중립어라는 이름으로 각각의 대립관계를 가지는 양상을 다른 보기와 함께 다음 (11)과 같이 다시 정리할 수 있다.

(11)

	타인대우어	중립어	자기대우어
ㄱ	아드님	아들	가아, 가돈
ㄴ	귀사	회사	폐사
ㄷ	어머님	어머니	어미
ㄹ	따님	딸	여식
ㅁ	어버님	아버지	아비
ㅂ	할아버님	할아버지	할아비
ㅅ	할머님	할머니	할미

(11)에서 타인대우어는 타인과 관련된 사람이나 대상(자)을 높여서 대우할 때 선택되는 어휘소들이고, 자기대우어는 화자 자신과 관련된 사람이나 대상(자)을 낮추어 대우할 때 선택되는 어휘소들이다. 그리고 가운데 항에 배열된 중립어는 타인이나 화자 자신과 관련된 사람이나 대상(자)을 제한 없이 중립적인 의미로 두루 사용되는 어휘소이다. 따라서 (11)에서 오른쪽 항의 자기대우어에 포함되는 어휘소들을 화자가 타인에 대해 사용하게 되면, 타인을 정상적으로 대우하지 않고 얕잡아 보거나 욕설을 드러내는 저속한 표현이 되고 만다.[21] 따라서 교양이 있고 품위가 있는 표현에는 자기대우어에 속하는 어휘소를 타인대우법의 실현에 사용하지 않음으로써 한국어의 보편적인 예절을 지키게 되는 것이다.

한국어 청자대우법을 실현하는 요소에는 문법 요소와 어휘 요소로 크게 나뉜다. 청자대우법을 실현하는 문법 요소의 대표적인 것이 종결어미인데, 앞에서 살펴본 바와 같이 종결어미에 의해 실현되는 청자대우법의 등급에 낮춤 영역이 결코 설정될 수 없다. 왜냐하면 종결어미의 형태 구

---

21) '아비'를 타인에게 사용한 '아비 없는 후레자식'이라는 표현은 표준국어대사전(1999 : 3997)에서 욕설이라고 풀이되어 있다. 그리고 오늘날 화자 자신의 할아버지와 할머니를 가끔 할아버님과 할머님이라고 부르는 사람이 있기는 하지만, 타인의 할아버지와 할머니를 높여서 부를 때 할아버님과 할머님이라 하는 것이 바른 언어 예절이다.

조를 재분석할 경우, 높임 기능을 수행하는 문법소는 분석될 수 있지만, 낮춤 기능을 수행하는 문법소는 분석될 수 없기 때문이다. 그리고 어휘 요소에 의해 실현되는 청자대우법의 등급에도 낮춤 영역이 설정될 수 없음을 위에서 구체적으로 확인하였다. 청자가 화자 자신이 아닌 경우, 즉 독백이 아니라면, 그 청자가 화자와 혈연적인 관련이 없는 사람일 때 반드시 타인대우어가 선택되어야 그 문장이 교양 있고 품위 있는 정상적인 표현이 된다. (11)의 타인대우어에 속하는 어휘소는 [+높임] 자질은 가지고 있다. 만약 화자가 청자를 대우하는 어휘소로 (11)에서 나타낸 중립어에 속하는 어휘소를 선택하면 청자를 높이지도 않고 낮추지도 않으면서 대우하는 안높임(평대) 등급이 실현되고, (11)에서 왼쪽 항에 배열된 타인대우어에 속하는 어휘소가 선택되면 청자를 높여서 대우하는 높임(존대) 등급이 실현된다. 그렇지 않고 만약 타인인 청자를 대우하는 경우에 (11)의 오른쪽 항에 배열된 자기대우어를 선택하게 되면 그 문장은 품위가 없는 저속한 의미로 파악되거나 욕설적 표현이 되고 만다. 그리고 화자 자신과 관련된 사람이나 대상(자)에 대해서는 자기대우어에 속하는 어휘소를 선택함으로써 자기대우법이 정상적으로 실현될 수 있다.

다음에는 한국어의 어휘 중에서 인칭대명사에 의해 실현되는 청자대우법을 살펴본다. 한국어에서 화자 자신을 가리키는 인칭대명사의 형태와 청자를 가리키는 인칭대명사의 형태는 그 쓰임의 양상이 다르다. 일반적으로 문장을 발화하는 화자는 1인칭대명사로 실현되고, 말을 듣는 청자는 대개 2인칭대명사로 실현되며, 발화의 장면에 없을 수도 있고 있을 수도 있는 제3자는 3인칭대명사로 실현된다. 그런데 한국어의 1인칭대명사는 화자 자신을 높여서 대우하는 형태가 존재하지 않는다.[22] 그리고 2인칭대명사와 3인칭대명사는 각각 청자나 제3자를 가리킬 때 사용되는데, 2·3인

---

22) 특수한 집단에서 화자 자신을 높여서 대우하는 경우가 없지는 않으나, 그런 경우는 한국어의 보편적인 현상이라고 말할 수 없다.

칭대명사에는 그 각각의 인칭대명사가 가리키는 사람을 낮추어 나타내는 형태가 존재하지 않는다. 1인칭대명사의 형태는 자기대우법을 실현할 때 선택되고 2·3인칭대명사의 형태는 타인대우법을 실현할 때 선택된다. 1인칭대명사의 형태에는 높임형이 존재하지 않기 때문에 자기대우법을 실현할 때 화자 자신을 높여서 대우하지 못하고, 2·3인칭대명사의 형태에는 낮춤형이 존재하지 않으므로 타인대우법을 실현할 때 타인을 낮추어 대우하지 못한다. 따라서 1인칭대명사의 형태는 모두 (11)의 자기대우어에 포함되는 어휘소들이고, 2·3인칭대명사의 형태는 (11)의 타인대우어에 모두 포함되는 어휘소들이라 할 수 있다.

　이러한 한국어 인칭대명사의 존재 양상을 각 인칭별 형태에 의해 실현되는 청자대우법과의 관계를 나타내면 아래 (12)와 같다.

(12) 한국어 인칭대명사의 형태와 대우법

	기본형	높임형	낮춤형	대우법
1인칭대명사	나	(　　)	저	자기대우법 실현
2인칭대명사	너	자네, 당신, 어르신	(　　)	타인대우법 실현
3인칭대명사	그	그분, 그 어르신	(　　)	타인대우법 실현

　한국어 인칭대명사의 형태를 나타낸 (12)에는 담화에서 화자 자신을 나타내는 1인칭대명사와 타인에 속하는 청자나 제3자를 나타내는 2·3인칭대명사의 존재 양상에는 커다란 차이가 드러난다. 즉 1인칭대명사에는 기본형과 낮춤형의 형태만 존재하고 높임형의 형태가 존재하지 않는 반면, 2·3인칭대명사에는 기본형과 높임형의 형태만 존재하고 낮춤형의 형태가 존재하지 않는다.

　(12)와 같이 1인칭대명사의 형태에 낮춤형은 존재하는데 높임형이 존재하지 않는 사실은, 화자 자신을 대우하는 자기대우법에 높임 등급이 설정

될 수 없음을 분명하게 보여준다. 이것은 곧 화자가 자신을 대우하는 자기대우법에서 1인칭대명사의 기본형 '나'가 선택되면 안낮춤(평대)의 자기대우법이 실현되고, 1인칭대명사의 낮춤형 '저'가 선택되면 낮춤(하대)의 자기대우법이 실현된다는 사실을 어휘적으로 뒷받침한다. 한편 2·3인칭대명사의 형태에는 낮춤형이 존재하지 않고 기본형과 높임형만 존재한다. 따라서 화자가 타인인 청자나 제3자를 대우할 때 2인칭대명사의 기본형 '너'와 3인칭대명사의 기본형 '그'가 선택되면 안높임(평대)의 타인대우법이 실현되고, 2인칭대명사의 높임형 '자네, 당신, 어르신' 등과 3인칭대명사의 높임형 '그분, 그 어르신' 등이 선택되면 높임(존대)의 타인대우법이 실현되는 사실을 어휘적으로 뒷받침해 준다.

타인대우법에 속하는 청자대우법의 체계에 낮춤 등급을 설정할 수 없는 어휘적 근거가 되는 것이 2·3인칭대명사의 형태 양상이다. 즉 청자와 제3자로 상정할 수 있는 2·3인칭대명사의 형태에 기본형과 높임형은 존재하지만 낮춤형이 존재하지 않기 때문에, 타인에 속하는 청자나 제3자를 대우하는 문장에서 낮춤의 타인대우법이 실현될 수 없다. (12)에서 나타낸 바와 같이 한국어의 2·3인칭대명사에 낮춤형이 존재하지 않는 사실은, 곧 담화에서 화자가 타인에 속하는 청자나 제3자를 대우할 때 낮추어 대우할 수 없음을 어휘적으로 뒷받침해 주는 것이다. 따라서 한국어 청자대우법의 체계에 기본 등급과 높임 등급은 설정할 수 있지만, 낮춤 등급은 설정할 수 없다. 여기에서 기본 등급은 높이지도 않고 낮추지도 않는 등급을 말하는데, 기본 등급은 안높임이며, 이것은 곧 평대를 뜻한다.

그러면 다음 (13)의 문장을 살펴보자.

(13) ㄱ. 나는 어제 왔다.
　　　ㄴ. 저는 어제 왔습니다.
　　　ㄷ. *저는 어제 왔다.

(13ㄱ)의 문장에서 '나'는 화자 자신을 낮추지 않고 나타내는 1인칭대명사의 기본형이기 때문에, (13ㄱ)은 안낮춤의 화자대우법이 실현된 문장이다. 하지만 (13ㄴ)의 문장에서 '저'는 화자 자신을 낮추어 대우하는 1인칭대명사의 낮춤형이기 때문에, (13ㄴ)은 낮춤의 화자대우법이 실현된 문장이다. 그리고 (13ㄷ)의 문장에는 화자 자신을 낮추어 대우하는 1인칭대명사 '저'가 주어로 선택되고 서술어에 결합하는 종결어미로는 '-다'가 선택되었다. 즉 (13ㄷ)의 문장에는 화자 자신을 낮추어 대우하면서 청자에 대해 높여서 대우하지 않았기 때문에 정상적인 문장으로 받아들여지지 않는다. 하지만 (13ㄱ)의 문장은 화자 자신을 낮추지 않으면서 청자에 대해서도 높이지 않는 종결어미가 선택됨으로써 한 문장 안에서 화자대우법과 청자대우법이 서로 조화를 이루어 실현된다. 그리고 (13ㄴ)의 문장은 화자 자신을 낮추면서 청자에 대해 높여서 대우하는 종결어미가 선택됨으로써 한 문장 안에서 화자대우법과 청자대우법이 서로 조화를 이루면서 실현된다. 하지만 (13ㄷ)의 문장은 한 문장 안에서 낮춤의 화자대우법과 안높임의 청자대우법이 실현되어 이 두 개의 대우법이 조화를 이루지 못하고 서로 모순됨으로써 정상적으로 받아들여지지 않는다.

지금까지 어휘 요소에 의한 청자대우법의 실현 양상을 살펴보았는데, 청자대우법의 등급 체계에 안높임 등급과 높임 등급의 설정은 가능하지만 낮춤 등급의 설정은 어휘적으로 불가능함을 확인하였다. 이런 사실은 청자대우법의 실현에 관여하는 2인칭대명사의 형태 양상이 어휘적으로 분명하게 뒷받침해 준다. 2인칭대명사의 형태는 청자대우법을 실현하는 어휘 요소 중에서 가장 중요한 어휘소이다. 2인칭대명사의 형태에 기본형과 높임형은 존재하지만 낮춤형이 존재하지 않는 것은, 청자대우법의 체계에 낮춤 등급을 설정할 수 없는 확실한 어휘적 근거이다. 그리고 화자 자신이 문장의 주체나 객체로 선택되지 않을 경우의 주체대우법과 객체대우법의 체계에도 낮춤 등급을 설정할 수 없다. 왜냐하면 3인칭대명사의 형태에 기본형과 높임형은 존재하고 낮춤형이 존재하지 않기 때문이다.
2인칭대명사가 문장의 주체로 선택된 아래 (14)를 살펴본다.

    (14) ㄱ. 넌 언제 왔니?
          ㄴ. 자넨 언제 왔는가?
          ㄷ. 당신은 언제 왔소/ 어요?
          ㄹ. 어르신께선 언제 오셨습니까/ 어요?

2인칭대명사의 기본형 '너'가 선택된 (14ㄱ)의 문장은 청자를 높이지도
않고 낮추지도 않으면서 대우하는 형태인데, 이것은 문장의 서술어에 결
합한 종결어미 '−니'와 자연스럽게 호응하여 안높임(평대)의 청자대우법
을 실현한다. 대부분의 앞선 논의에서는 (14ㄱ)의 문장 서술어에 결합한
종결어미 '−니'에 의해 아주 낮춤의 청자대우법이 실현되는 것으로 기술
해 왔으나, 그들의 논의에서는 2인칭대명사 '너'와 종결어미 '−니'가 서
로 호응하면서 안높임의 청자대우법을 실현하는 사실에 대해서는 주목하
지 않았다. (14ㄱ)의 문장 서술어에 결합한 종결어미 '−니'가 낮춤의 청
자대우법을 실현하는 것이 타당한 것으로 인정하려면, 이 문장의 주어로
선택된 2인칭대명사 '너'가 낮춤형이라는 해석이 가능해야 할 것이다. 그
러나 2인칭대명사 '너'는 높이지도 않고 낮추지도 않는 기본형이다. 따라
서 (14ㄱ)의 문장은 주어로 선택된 '너'와 서술어에 결합한 종결어미 '−니'
에 의해 안낮춤(평대)의 청자대우법이 실현된다. 그리고 (14ㄴ)의 문장에는
2인칭대명사의 높임형 '자네'가 주어로 선택되고 서술어에 결합한 종결어
미 '−는가'가 선택되어 서로 호응하면서 조금 높임의 청자대우법이 실현
되었으며, (14ㄷ)의 문장에는 2인칭대명사의 높임형 '당신'이 주어로 선택
되고 서술어에 결합한 종결어미 '−소/어요'가 선택되어 조금 더 높임의
청자대우법이 실현되었으며, 2인칭대명사의 높임형 '어르신'이 주어로 선
택되고 서술어에 결합한 종결어미 '−습니까/어요'가 선택된 (14ㄹ)의 문

장은 아주 높임의 청자대우법이 실현되었다.

(12)에서 제시된 한국어 인칭대명사의 형태를 살펴보면, 담화에서 화자가 말을 듣는 청자와 문장의 주체와 객체를 낮추어 대우하는 타인대우법은 존재할 수 없다. 그리고 말을 하는 화자 자신을 나타내는 1인칭대명사의 어휘에 높임형이 존재하지 않는다. 화자가 아닌 타인을 나타내는 2인칭대명사와 3인칭대명사에 기본형과 높임형이 존재하고 낮춤형이 존재하지 않는 사실이 이를 뒷받침해 준다. 따라서 앞선 논의에서 문장의 종결어미에 의해 실현되는 청자대우법의 등급 체계에 높임 등급에 대립하는 낮춤 등급을 설정하는 방법은 어휘적으로 객관적인 근거가 없다. 실제로 한국어를 사용하는 언중들의 언어 예절에서도 타인에 속하는 청자나 문장의 주체와 객체를 낮추어 대우하는 경우가 없다.

이상에서 어휘 요소에 의해 실현되는 한국어 청자대우법을 살펴보았는데, 문법 요소에 의해 실현되는 청자대우법의 경우와 마찬가지로 높임 등급에 대립하는 낮춤 등급이 설정될 수 없음이 확인되었다. 특히 한국어의 인칭대명사에서 2·3인칭대명사의 기본형과 높임형은 존재하는 반면 낮춤형이 존재하지 않는 사실은, 타인대우법에 낮춤 영역이 설정될 수 없음을 어휘적으로 보여 주는 것이다. 따라서 타인대우법에 속하는 청자대우법의 체계에서 높임 등급은 여러 등급으로 설정될 수 있지만, 낮춤 등급은 설정될 수 없음이 어휘 요소에 의해 확인되었다.

④ 두 등급을 실현하는 종결어미

청자대우법을 실현하는 종결어미 중에는 한 등급의 청자대우법을 실현하는 형태도 있고 두 등급의 청자대우법을 실현하는 형태도 있다. 이를테면 '-다', '-느냐', '-어라', '-자', '-네', '-는가', '-게', '-세' 등의 형태는 한 등급의 청자대우법을 실현하지만, '-어', '-지', '-는데' 등의 형태는 두 등급의 청자대우법을 실현한다. 두 등급의 청자대우법을 실현하는 종결어미를 가리켜서 흔히 반말어미, 반말체 종결어미, 반말체 종결접미사 등의 여러 용어가 사용되고 있다. 반말어미 또는 반말체 종결어미는 반말을 실현하는 종결어미라는 뜻으로 사용되고 있고, 반말은 청자대우법의 등급 이름으로 사용되고 있다. 그러나 반말어미 또는 반말체 종결어미와 반말이라는 여러 용어가 광범하게 사용됨에도 불구하고 이들 용어에 대한 타당성을 구체적으로 검증한 논의가 아주 드물다. 우리가 여기에서 사용된 지 이미 오래된 반말이라는 용어와 반말어미라는 용어의 사용에 대해 비판적으로 검토해 보면 이 용어의 사용이 합당하지 않음이 드러날 것이다.

문제가 되는 이 반말에 대해서 일찍이 최현배(1961)를 비롯하여 허웅(1969), 성기철(1970) 등 여러 논의에서 자유롭게 사용되었으며, 그 뒤에 많은 논자들에 의해서도 계속 이 용어가 아무런 비판 없이 사용되어 왔다. 그리고 반말 또는 반말어미라는 용어에 대해서는 한길(1986, 1991)과 고광모(2001)에서도 그대로 사용하였는데, 이런 경우와는 달리 김태엽(2002)에서는 이 반말이라는 용어 사용에 대한 부당성을 구체적으로 제기하였다.

앞선 논의들에서는 한국어 청자대우법의 체계를 세우면서 이른바 반말 또는 반말어미에 대한 문제를 해결하기 위해 실제로 여러 가지 방안이 제시되었다. 최현배(1971)에서 반말은 청자대우법의 등급 체계의 밖에 존재하는 것으로 규정하고, 등외라는 이름을 따로 붙임으로써 문제를 해결하려고 하였다. 그리고 성기철(1970)을 비롯하여 몇몇 논의에서는 이른바 반말이미에 의해 실현되는 청자대우법의 등급을 어떻게 설정할 것이냐에 대한 논점이 중심을 이루었는데, 그 결과 반말어미에 의해 실현되는 청자대우법의 등급을 두루낮춤이라고 규정함으로써 어느 한 등급을 실현하는 종결어미와 다르게 처리하는 방법을 취하기도 하였다. 하지만 반말 또는 반말어미에 대한 종합적인 논의는 한길(1986)에서 매우 깊이 있게 시도되었는데, 거기에서는 이른바 비격식체라고 부를 수 있는 반말어미에 의해 실현되는 높임의 정도를 예사낮춤과 아주낮춤을 포괄하여 '안높임'이라는 등급을 설정하였다. 한길(1986)에서 반말에 의해 실현되는 청자대우법을 '안높임'이라는 등급으로 설정한 것은 그 이전 논자들의 관점에 비해 상당한 발상의 전환으로 볼 수 있으며, 또 매우 설득력 있는 성과라 할 수 있다. 왜냐하면 반말어미에 속하는 종결어미에 의해 실현되는 청자대우법의 등급을 두루낮춤이라고 설정한 그 이전 논자들의 설명에서 형태론적 층위나 화용론적 층위의 객관적인 증거가 충분하지 않은 데 반해, 한길(1986)에서는 구체적인 논의의 근거를 비교적 상세하게 제시하고 또 반말어미에 의해 실현되는 청자대우법을 안높임이라는 등급으로 설정하였기 때문이다.

그리고 또 한길(1991)에서는 앞의 한길(1986)에서 논의한 내용을 더욱 발전적으로 정리하여 좀 더 구체적인 체계를 세웠다. 한길(1991)에서는 이른바 반말의 정의, 반말어미의 형태 목록, 반말어미의 문법적 특징과 의미 기능 등을 종합하여 반말에 대한 전반적인 내용을 정연하게 기술하였는데, 한길(1991 : 156)에서 반말어미에 대해 간추린 내용을 아래 (1)과 같이 옮긴다.

    (1) 반말어미의 특징
       ㄱ. '-요' 통합이 가능하고
       ㄴ. 반말어미 뒤에 절종결이 놓이며
       ㄷ. 안높임 등급의 청자대우법을 실현하고
       ㄹ. 비격식 장면에서 입말에서 주로 사용

(1)은 이른바 반말어미의 특징을 요약한 것으로, (1ㄱ)과 (1ㄴ)의 내용에 대해서는 긍정적으로 받아들일 수 있지만, (1ㄷ)과 (1ㄹ)의 내용에 대해서는 재론의 여지가 있는 것으로 판단된다. 왜냐하면 '-어', '-지' 등의 종결어미가 반드시 안높임의 청자대우법을 실현하지 않는 경우가 있으며, 그리고 '-어', '-지' 등의 종결어미가 반드시 비격식 장면에서만 사용되

지 않고 격식적인 장면에서도 얼마든지 사용되기 때문이다. 그리고 고광모(2001)에서는 반말어미의 형성 과정을 자세하게 논의하면서 반말어미에 의해 실현되는 청자대우법의 등급을 (1ㄷ)과 같이 안높임 등급으로 규정하였다.[23)]

한길(1991, 2002)과 고광모(2001)에서 반말어미에 의해 실현되는 청자대우법의 등급을 안높임이라고 규정한 것에 대한 타당성 여부를 논의한 김태엽(2002)에서는 앞선 논자들과는 관점을 달리하여, 반말이라는 용어가 사용된 내력과 반말어미에 의해 실현되는 청자대우법의 등급을 구체적으로 규명하려고 했다. 김태엽(2002)에서는 먼저 한국어 청자대우법의 체계에 낮춤 등급이 설정될 수 없는 근거를 구체적으로 몇 가지 제시하고, 반말어미에 의해 실현되는 청자대우법의 등급이 높임 등급이거나 안높임 등급을 실현하는 것으로 기술하였다. 그리고 이러한 주장을 뒷받침하기 위한 근거를 다음과 같이 제시하였다. 즉 마침법의 4가지 하위 범주에 속하는 종결어미 '-ㄴ다/다', '-느냐', '-으라', '-자' 등에 의해 실현되는 청자대우법의 등급이 안높임이고, 반말어미 '-어', '-지'에 의해 실현되는 청자대우법의 등급은 '-ㄴ다', '-느냐', '-으라', '-자' 등에 의해 실현되는 청자대우법의 등급보다 높거나 같은 사실을 실제로 보기의 문장을 통해 제시하였다.

아래 (2)를 살펴본다.

> (2) ㄱ. 넌 여기 있어라/ 있지/ 있어.
> ㄴ. 자넨 여기 있게/ 있지/ 있어.

(2)의 각 문장에 이른바 반말어미로 불리는 종결어미 '-지'와 '-어'가

---

23) 청자대우법의 등급 체계에 '안높임'의 등급을 처음으로 설정한 논의는 김태엽(1992)인데, 거기에서는 청자대우법의 체계를 크게 높임과 안높임의 대립 체계로 기술하였다.

서술어에 결합하였는데, 이 경우의 '-지'와 '-어'는 (2ㄱ)의 문장에서는 명령어미 '-어라'와 혼용되고 (2ㄴ)의 문장에서는 명령어미 '-게'와 혼용되었다. (2ㄱ)의 문장 서술어에 결합한 명령어미 '-어라', '-지', '-어' 등은 안높임 등급의 청자대우법을 실현하고, (2ㄴ)의 문장 서술어에 결합한 명령어미 '-게', '-지', '-어' 등은 조금 높임의 청자대우법을 실현한다. 따라서 (2)의 각 문장 서술어에 결합한 '-어'와 '-지'는 안높임과 조금 높임의 청자대우법을 실현한다. 따라서 종결어미 '-지'와 '-어'는 안높임의 청자대우법을 실현하기도 하고 조금 높임의 청자대우법을 실현하기도 한다. 흔히 반말어미라고 하는 종결어미 '-어', '-지'에 의해 실현되는 청자대우법의 등급을, (2)의 문장에 사용된 경우를 중심으로 기술하면 (2ㄱ)의 문장에서는 안높임의 청자대우법을 실현하고 (2ㄴ)의 문장에서는 조금 높임의 청자대우법을 실현한다. 따라서 종결어미 '-어', '-지'는 안높임 등급이나 조금 높임 등급의 청자대우법을 실현한다.

한길(2002 : 188)에서는 반말어미에 의해 실현되는 청자대우법의 등급을 높임, 같음, 낮춤 등으로 구분하고, 격식체는 다시 아주높임과 예사높임으로 구분하고 같음은 높낮이 없음이라 하고 낮춤은 예사낮춤과 아주낮춤으로 구분하였다. 그리고 비격식체를 '반말+요'와 '반말'로 구분하여 전자에 속하는 종결어미는 높임 등급을 실현하고 후자에 속하는 종결어미는 안높임 등급을 실현하는 것으로 기술하였다. 그리고 이런 내용을 도표로 나타내어서 반말어미는 안높임 등급의 청자대우법을 실현하는 것으로 설명하였는데, 이것은 앞선 한길(1986)의 내용과 크게 다르지 않다.

그런데 문제는 앞선 논의들에서 반말이라는 용어 그 자체에 대한 구체적인 해석[24]과 함께 반말어미에 의해 실현되는 청자대우법의 등급에 대한 논의가 더 깊이 공론화되지 못하고, 일부의 논자들에 의해 청자대우법

---

24) 김태엽(2002)에서는 이른바 반말이라는 용어에 대한 문제점을 지적하고, 이 용어 대신 다른 적절한 용어의 사용이 필요함을 언급하였다.

의 체계를 이른바 격식체와 비격식체라는 2원적인 체계로 세우게 되었다. 이렇게 함으로써 한국어 청자대우법의 체계에서 문제가 되어 온 반말이라는 용어에 대해 좀 더 정밀한 논의가 진행되지 못한 채 논의의 초점에서 벗어나고 말았다. 다시 말하면 '-어', '-지'와 같은 종결어미에 의해 실현되는 청자대우법의 등급을 기술하기 어려운 점을 극복하기 위한 하나의 방법으로 '-어', '-지', '-어요', '-지요' 등의 종결어미를 비격식체라 하고 '-다/ㄴ다', '-느냐', '-네', '-는가' 등의 형태를 격식체라고 구분함으로써 한국어 종결어미의 형태를 크게 두 가지 분류로 나누어서 기술하는 방법을 취하였다.

사실 반말이라는 용어가 아무 비판 없이 오래 전부터 널리 사용되고 있는데, 이 말이 언제부터 우리 한국어에서 사용되었으며 또 어떤 뜻으로 사용되었는지에 대해 자세하게 살펴볼 필요가 있다. 이기문(1972)에서는 한국어에서 반말이 나타난 때를 근대 한국어 이후로 잡고 있다. 그리고 거기에서는 이 반말의 출현은 종결어미의 형태를 이루는 어미구조체의 구성 요소에서 뒷부분이 삭제되는 현상, 즉 간소화에서부터 비롯되었다고 기술하고 있다. 이러한 설명과 비슷한 논의가 이현희(1982)에서도 정밀하게 이루어진 바 있다.

한국어에서 '반말'이라는 용어는 Gale(1894)에서 처음 사용된 것으로 보이는데, 거기에서 '진지 잡숫지'라는 말의 '-지'에 대해 영어로 'half-talk form'이라고 표현하고 이것은 '결여된 언어 형식'이라는 뜻으로 설명하였다. 다시 말하면 Gale(1894)에서 부기로 제시한 '진지 잡숫지'라는 문장의 서술어에 결합한 종결어미 '-지'를 가리켜 'half-talk form'이라 하고, 누군가 이 말을 한국어로 번역하여 '반말'이라고 부른 데서부터 비롯된 것이다. 이는 '반말'이 곧 '반(半)말'이라는 뜻을 가지고 있는데, 이 말은 형태상으로 완전하지 않은 말이라는 의미로 해석할 수 있다. 따라서 반말이라는 말이 처음 사용될 때는, 그 형태가 완전하지 않은 말이라는 뜻으로 사용되었으며 청자대우법의 등급을 나타내는 용어가 아니었다. 반말이라는 말이 초기에는 완전하지 않은 형태라는 뜻으로 사용되었는데, 나중에는 그 내용이 차츰 변하여 청자대우법의 등급을 나타내는 말로 바뀌어 사용된 것이다. 다시 말하면 흔히 사용되고 반말이라는 용어는 원래 불완전한 형태를 나타내는 뜻으로 쓰였으나, 이것이 오늘날에는 청자대우법의 여러 등급 중 어느 한 등급을 실현하지 않고 두 등급에 걸쳐 실현되는 종결어미를 가리키게 된 것이다. 따라서 반말이라는 개념이 초기에 사용할 때와 오늘날의 반말은 아주 다른 개념으로 사용되고 있다.

이제 반말이라는 용어를 다룬 20세기 초기의 여러 사전류와 문법서에 기술된 내용을 살펴보고, 그리고 이 말이 오늘날의 여러 사전류와 문법서에 기술된 내용을 아울러 살펴본다.

(3) 사전류에 풀이된 반말

① 조선총독부(1920), 〈조선어사전〉

반(半)말 : 정중하지 않은 언어(어미를 생략해서 완전하게 조사 따위를 붙이지 않은 것).

② 문세영(1938), 〈조선어사전〉

반 : 말 : 토를 붙이지 않고 말끝을 줄여서 맞은편을 얕잡아 쓰는 말.

③ 한글학회(1950), 〈큰사전〉

반 : 말 : 말끝을 줄이고 토를 똑똑히 달지 아니하여 높고 낮추는 뜻을 드러내지 않고 어름어름 하는 말.

④ 북한과학원(1960), 〈조선말사전〉

반말(半-) : 조선어 계칭의 한 가지. 이야기를 듣는 사람과 이야기를 하는 사람의 관계를 분명히 하지 않는 경우, 또는 두 사람 사이의 관계가 극히 친밀한 경우에 쓰인다. 종결로 '-어', '-지' 따위가 쓰인다.

⑤ 이희승(1961), 〈국어대사전〉

반말(半-) : ㄱ. 말끝이나 조사 같은 것을 줄이거나 또는 분명히 달지 아니하고 존경 또는 하대하는 뜻이 없이 어름어름 넘기는 말.
'나는 가오' 대신에 쓰는 '나 가'와 같은 말.
ㄴ. 손아랫사람에게 하듯 낮추어 하는 말.
'먹어라', '먹었니'와 같은 말.
⑥ 한글학회(1992), 〈우리말큰사전〉
반 : 말 : 들을이와 말할이와의 관계를 분명히 하지 않을 때나, 또는 아주 친밀한 사이에 쓰이는, 높이지도 낮추지도 아니하고 흐릿하게 하는 말.
맺음씨끝 '-아/어', '-지' 따위가 쓰인다.
⑦ 국립국어연구원(1999), 〈표준국어대사전〉
반-말(半-) : ㄱ. 대화하는 사람의 관계가 분명치 아니하거나 매우 친밀할 때 쓰는, 높이지도 낮추지 아니하는 말.
'이 책 재미있어?', '아주 재미있는 걸'에서와 같이 종결어미 '-아(어)', '-지', '-군', '-ㄴ걸' 따위가 쓰인다.
ㄴ. 손아랫사람에게 하듯 낮추어 하는 말.

(3)의 ①~⑦에 반말에 의해 실현되는 청자대우법의 등급을 나타낸 내용이 모두 포함되어 있는데, 이러한 풀이는 반말이라는 용어의 개념이 초기에 사용되었을 때의 뜻과는 상당한 차이가 있다. 앞에서도 언급하였지만 초기에는 반말이 온전하게 갖추어져 있지 않은 형태를 가리키는 말이었지만, (3)에 제시된 사전류에서는 ①을 제외하고 ②~⑦에서 드러나듯이 모두 청자대우법의 등급을 표시하는 용어라고 풀이하였다. 이들 사전류의 풀이에서 반말은 높이지도 않고 낮추지도 않은 등급으로 흐릿하게 드러내는 말이라고 규정하고 있다. 그러나 (3)에서 ①~③의 풀이 첫 부분은 모두 반말이 완전하지 않은 형태라는 것을 보여준다. 즉 1950년대까지는 반말이 불완전한 형태를 가리키는 말로 사용되었으나, 1960년대 이후부터는 반말이 불완전한 형태에 대해 붙인 용어로 사용되지 않고 청자대우법의 두 등급에 두루 사용되는 개념을 가진 용어로 사용되었다.

 그 뒤 1970년대에 이후부터 여러 문법서에서 반말은 청자대우법의 등급을 나타내는 용어로 사용되었으며, 반말에 의해 실현되는 청자대우법의 등급을 대부분 '두루낮춤'으로 기술하였다. 그러면 여러 문법서와 논문에 사용된 반말의 개념을 살펴보기로 한다.

> (4) 여러 문법서와 논문에 나타나는 반말
> ① 정렬모(1948), 〈고급국어문법독본〉
> 반말 '-어'는 발이 아니라 몸의 한 조각이니라.
> ② 북한과학원(1960), 〈조선어문법〉
> 반말은 이야기를 듣는 사람과 이야기를 하는 사람과의 관계가 분명하지 않을 경우, 또는 두 사람 사이의 관계가 극히 친밀한 경우에 쓰인다. 반말에 쓰이는 종결토로는 다음과 같은 것들이 있다. '-아(-어, -여)', '-지'.
> ③ 최현배(1971), 〈우리말본〉
> 반말(半語)은 '해라'와 '하게', '하게'와 '하오'의 중간에 있는 말이니 : 그 어느 쪽임을 똑똑히 드러내지 아니하며, 그 등분의 말 맛을 흐리게 하려는 경우에 쓰이느니라. 그러므로 반말은 '아주 높임'이 아님은 분명하니라. 이에는 '-아', '-어', '-지'가 있다.
> ④ 고영근(1974), '현대 국어의 존비법에 대한 연구'
> 1950년대 이전의 문법학자들 사이에서는 반말체의 등급 파악이 혼란스럽다. 반말체가 해라체와 하게체 사이로 파악되기도 하고 하게체와 하오체 사이로 파악되기도 했는데, 그 두 가지가 동시에 인정되기도 했다. 반말은 높이지도 않고 낮추지도 않는 말씨다.
> ⑤ 서정수(1984), 〈존대법의 연구〉
> 의미 기능 특히 대우법상 기능면에서 볼 때는 반말은 곧 두루 낮춤으로 보지 않을 수 없다.
> ⑥ 성기철(1985), 〈현대 국어 대우법 연구〉
> '반말 형태'와 '반말'을 구분하고, 반말 형태는 '-어', '-지', '-나'와 같이 반말을 나타내는 어미 형태로, 반말은 반말 형태를 가진 용언의 종결형으로 규정하고 화계상 두루 낮춤을 나타내는 형태라고 했다.

⑦ 고광모(2001), '반말체의 등급과 반말체 어미의 발달에 대하여'
그 적용의 범위와 해요체와의 대립을 고려하면, 반말체의 등급
은 '안높임'으로 규정하는 것이 적절하다.
⑧ 김태엽(2002), '반말의 청자대우 등급'
반말은 청자대우법의 등급으로 보아 '높임'을 실현하거나 적어
도 '안높임'의 등급을 실현한다.
⑨ 한길(2002), 〈현대 우리말의 높임법 연구〉
비격식체에 속하는 반말에 의한 청자대우법의 등급에 대해 '안
높임'이라고 설명하고, 실제 발화에서는 격식체와 비격식체가
뒤섞여 쓰이는 일이 많다고 언급하였다.

(4)에서 ①은 반말에 대해 형태론적 층위의 설명을 하고 있으나, ②~⑨
까지는 반말이 청자대우법의 등급 표시로 사용되었다. 반말이라는 용어를
다룬 여러 문법서와 논문에서 반말에 의해 실현되는 청자대우법의 등급
은 (4)의 ②~⑨에서 나타낸 바와 같이 크게 4가지 견해로 묶일 수 있다.
그 첫째는 반말에 의해 실현되는 청자대우법의 등급을 높이지도 않고 낮
추지도 않는 등급으로 파악하는 견해, 둘째는 반말을 두루 낮춤의 등급으
로 파악하는 견해, 셋째는 반말을 안높임의 등급으로 파악하는 견해, 넷
째는 반말을 안높임이나 높임의 등급으로 파악하는 견해 등이다.

이런 4가지 견해 중에서 첫째 견해와 둘째 견해는 청자대우법의 체계
에 낮춤 영역이 설정될 수 없다면 받아들일 수 없는 주장이고, 셋째 견해
와 넷째 견해는 청자대우법의 체계에 낮춤 영역이 설정되지 않을 경우에
도 받아들일 수 있는 주장이다. 하지만 (4)의 ⑨로 나타난 한길(2002)에서
는 반말을 안높임 등급으로 설명하면서도 청자대우법의 체계에 낮춤 등
급을 설정하고 있어서 아직도 반말이 낮춤 영역과 관련된 것으로 해석된
다. 사실 반말이 처음에는 온전하게 갖추어지지 않은 형태에 붙여진 용어
인데, 이 말이 성립하려면 이른바 '온말'이라는 말이 존재해야 한다. 왜냐
하면 반말은 온말의 반(半)에 해당하는 말이라는 뜻을 가지고 있기 때문이

다. 그러나 한국어에 온말이라는 용어가 보편적으로 사용되고 있지 않다. 따라서 초기에 영어로 나타낸 'half-talk form'을 누군가에 의해 한국어로 반말이라고 잘못 부르면서부터 이 용어는 잘못 사용된 것이다. 하지만 오늘날 한국 사람들이 이 반말이라는 용어를 별다른 생각 없이 많이 사용하고 있는 것이 안타까운 현실이다. 오늘날 무비판적으로 사용되고 있는 이 반말은 문법 형태가 온전하게 갖추어지지 않은 말이라는 뜻이 아니고, 어느 한 등급의 청자대우법을 분명하게 실현하지 않고 높이지도 낮추지도 않는 애매한 청자대우법의 등급이라는 뜻으로 통용되고 있다. 그래서 많은 사람들에 의해 특별한 생각 없이 흔히 사용되는 이 반말이라는 용어는 청자대우법의 등급 이름을 나타내고 있다.

실제로 한국어의 청자대우법 체계에는 낮춤 등급이 설정될 수 있는 언어적 근거가 없다. 김태엽(1995, 1999, 2002, 2006)에는 청자대우법의 체계에 낮춤 영역이 설정될 수 없는 객관적인 이유를 구체적으로 제시하고 있는데, 최근의 김태엽(2006)에서 제시된 내용은 다음 (5)와 같다.

(5)　ㄱ. 청자로 상정할 수 있는 2인칭대명사에 낮춤형태가 존재하지
　　　　 않는다.
　　　ㄴ. 청자 높임의 선어말어미는 존재하지만, 이른바 청자 낮춤의 선
　　　　 어말어미는 존재하지 않는다.
　　　ㄷ. 간접인용문의 내포문어미로 중화되는 형태는 낮춤형이 아니고
　　　　 중립적인 형태이다.
　　　ㄹ. 한국어 대우법의 모든 하위 범주에 낮춤 등급이 설정될 수 없다.

(5)에 열거한 4가지는 한국어 청자대우법의 체계에 낮춤 등급이 설정될 수 없는 객관적인 근거라고 말할 수 있다. (5ㄱ)은 한국어의 2인칭대명사에 기본형 '너'와 높임형 '자네, 당신, 어르신' 등은 존재하지만, 낮춤형은 어떤 형태로든 존재하지 않으므로 낮춤의 청자대우법이 존재할 수 없는

것이다. (5ㄴ)은 한국어에 청자를 높여서 대우하는 선어말어미 '―이―'는 역사적으로 존재하지만, 청자를 낮추어 대우하는 선어말어미는 어느 시대의 한국어에서도 존재하지 않으므로 낮춤의 청자대우법이 존재할 수 없는 것이다. (5ㄷ)은 1차 화자에 의해 발화된 문장을 2차 화자에 의해 간접 인용문으로 내포시킬 경우, 그 내포문어미는 중립적 가치를 지닌 기본 형태 '―다', '―느냐', '―으라', '―자' 등으로 중화되어 나타난다. 내포문어미가 중화되어 나타나는 것은 높임과 낮춤의 구별이 없는 중립적 가치를 가지는 것이므로, 낮춤의 청자대우법은 설정될 수 없는 것이다. 그리고 (5ㄹ)은 한국어의 타인대우법에 속하는 주체대우법의 체계와 객체대우법의 체계를 기술하면서 어떤 논자도 낮춤 영역을 설정하지 않듯이, 청자대우법의 체계에도 낮춤 영역을 설정할 수 없는 것이 일관성 있는 문법 기술의 방법이다. 따라서 '―어', '―지' 등과 같은 종결어미에 의해 실현되는 청자대우법의 등급을 높이지도 않고 낮추지도 않는다는 설명이나, 두루 낮춤의 등급이라는 설명은 어느 경우에도 객관적인 근거를 찾을 수 없다.

김태엽(1999)에서는 종결어미 '―ㄴ다/다', '―느냐', '―으라', '―자' 등의 형태에 의한 청자대우법의 등급을 안높임(평대)이라고 규정하고, 이들 종결어미가 문장의 서술어에 결합하는 경우는 청자에 대해 화자가 가지는 높임의 대우 관념이 무표적인 [0] 자질이라고 설명하였다. 흔히 반말어미로 부르는 종결어미 '―어', '―지'에 의해 실현되는 청자대우법의 등급이 종결어미 '―ㄴ다/다', '―느냐', '―으라', '―자' 등의 형태에 의해 실현되는 청자대우법의 등급과 같은 등급이거나 조금 높은 등급으로 처리할 수는 있지만, 낮춤 등급으로 처리할 수는 없다.

다음 (6)에서 이 문제를 생각해 본다.

> (6) ㄱ. 같이 가자/ 가/ 지.
>   ㄴ. 같이 가세/ 가/ 지.

(6)의 두 문장에는 종결어미 '—자'와 '—세'가 모두 '—아', '—지'와 함께 혼용되고 있다. 종결어미 '—아'와 '—지'가 (6ㄱ)의 문장에서는 안높임(평대)의 청자대우법을 실현하는 '—자'와 통용되고, (6ㄴ)의 문장에서는 조금 높임의 청자대우법을 실현하는 '—세'와 통용된다. 그렇다면 종결어미 '—어'와 '—지' 등에 의해 실현되는 청자대우법의 등급은 안높임(평대)이거나 또는 조금 높임(존대)의 등급이라고 처리하는 것이 문법적으로 합당한 설명이 된다.

앞에서 살펴본 바로는 (4)의 ③ 최현배(1971)에서 반말에 대해 설명한 내용에서 상당한 설득력을 갖는 점을 찾을 수 있다. 즉 최현배(1971)에서는 반말이 해라체와 하게체의 중간 정도 또는 하게체와 하오체의 중간 정도를 나타낸다고 하였다. 이 반말에 의해 실현되는 청자대우법의 등급이 적어도 아주 높임은 아니라는 설명이 곧 낮춤 등급이 아니라 높임 등급을 실현하는 것으로 해석할 수 있다. 따라서 이러한 최현배(1971)의 설명은 다른 앞선 논자들이 반말에 대한 청자대우법의 등급을 두루 낮춤이나 안높임이라고 주장한 것과는 분명하게 구별된다. 하지만 최현배(1971)의 이런 설명은 김태엽(1999)의 설명과 일치하는 부분도 있으나 일치하지 않는 부분도 있다.

아래 (7)에서 서술어에 결합한 종결어미 '—어'가 명령어미 '—어라'와 2인칭대명사 '너', '자네' 등과 서로 호응하는 양상을 살펴본다.

> (7) ㄱ. 자네도 여기 앉아/ 게.
> ㄴ. 너도 여기 앉아/＊게.
> ㄷ. 너/＊자네도 여기 앉아라.

(7ㄱ)의 문장에서 '—아'와 '—게'는 2인칭대명사 '너'의 높임형인 '자네'와 서로 호응하기 때문에 분명히 높임 등급의 청자대우법을 실현한다. 그러나 (7ㄴ)의 문장에서 '—아'는 2인칭대명사의 기본형 '너'와 서로 호

응하지만 '–게'와는 서로 호응하지 않는다. 또 (7ㄷ)의 문장에서 명령어미 '–어라'는 2인칭대명사의 기본형 '너'와는 서로 호응하지만 2인칭대명사의 높임형 '자네'와는 서로 호응하지 않는다. 따라서 반말어미로 불리는 종결어미 '–아'에 의해 실현되는 청자대우법의 등급은 어떤 문장에서는 높임 등급을 실현하고 또 어떤 문장에서는 안높임 등급을 실현하기도 하는 것으로 보아야 한다. 하지만 많은 앞선 논자들은 (7ㄱ)과 (7ㄴ)의 각 문장에 결합한 종결어미 '–아'에 의해 실현되는 청자대우법의 등급을 두루낮춤 또는 안높임의 등급으로 처리하는 경우가 많았다. 이렇게 처리하는 논자들의 관점은, 한국어의 청자대우법 체계가 높임과 낮춤의 양분적인 대립 체계를 이루고 있는 것이라는 잘못된 전제를 바탕에 깔고 있기 때문이다. 즉 청자대우법의 체계에 낮춤 등급이 설정될 수 있기 때문에, '–어', '–지' 등의 종결어미에 의해 실현되는 청자대우법의 등급을 낮춤 등급에 속하는 두루 낮춤이라고 기술하는 오류가 발생하게 된 것이다. 그러나 오늘날 언중들에 의해 실제 사용되는 (6)과 (7)의 각 문장에서 종결어미 '–어'와 '–지'의 쓰임으로 보아 청자대우법의 체계에 낮춤 등급을 결코 설정할 수 없다. 따라서 종결어미 '–어'와 '–지'에 의해 실현되는 청자대우법은 안높임 등급이거나 높임 등급이라고 기술함으로써 언어 현실에 부합하는 설명이 된다.

앞의 (3)과 (4)에서 볼 수 있는 내용과 같이 20세기 초기의 사전류와 여러 문법서 등에서 제시된 설명으로 볼 때, 반말이라는 용어는 완전하지 않은 형태에 대해 붙여진 말이다. 즉 반말이라는 용어가 처음에는 형태적으로 온전하게 갖추어지지 않은 말이라는 뜻으로 사용되었다. 그러나 그 뒤에 차츰 시간이 지나면서 이 반말이라는 용어는 형태적인 특징을 드러내는 말로 사용되지 않고 청자대우법의 등급을 드러내는 말로 바뀌어 사용된 것이 확실하다. 그렇다면 반말이라는 용어가 초기에 사용될 때부터 문제를 안고 있었던 것으로 생각된다. 왜냐하면 반말이라는 용어가 성립하려면 이른바 온말이라는 용어가 성립해야 하는데, 현대 한국어에서 온말이라는 낱말은 존재하지 않는다. 현대 한국어에서 많이 사용되는 '-어', '-지' 등의 종결어미가 형태적으로 온전하지 않은 형태가 아님에도 불구하고 반말어미라는 용어로 불려지는 것은 잘못이다.

한길(1991)과 박재연(1998)에서도 반말어미가 형태적으로 온전하지 않은 문법 형태라고 언급한 부분은 전혀 나타나지 않는다. 즉 반말어미로 일컬어지는 종결어미 '-어'와 '-지'에 대해 관심을 가진 앞선 논자들에게서 이들 문법 형태가 온전하지 않은 형태라는 인식이 전혀 없다. 그러므로 반말 또는 반말어미라는 용어는 '-어', '-지' 등의 종결어미에 붙여진 용어로 적합하지 않다.

다시 아래 (8)과 (9)의 문장을 살펴본다.

> (8) ㄱ. 너도 밥 먹어/ 먹어라.
> ㄴ. 너도 밥 먹지/ 먹어라.
>
> (9) ㄱ. 자네도 밥 먹어/ 먹게.
> ㄴ. 자네도 밥 먹지/ 먹게.

(8)과 (9)의 각 문장에서 서술어에 결합한 종결어미 '-어'와 '-지'는 청자를 가리키는 2인칭대명사 '너', '자네'와 자연스럽게 공기할 뿐 아니라, 종결어미 '-게'와의 교체도 아주 자연스럽다. 따라서 (8)과 (9)의 각 문장에서 종결어미 '-어'와 '-지'에 의해 실현되는 청자대우법은 어느 한 등급에 한정되어 있지 않고 두 개의 등급에 걸쳐 실현된다.

한편 박재연(1998)에서는 (8)과 (9)의 각 문장에 선택되는 '-어'와 '-지'가 모두 종속적 연결어미와 보조적 연결어미로 기능하다가 종결어미로 사용된 반말체 종결어미라고 설명하였으며, 김태엽(2000)에서는 문제의 '-어'와 '-지'가 연결어미로 기능하다가 분화 원리에 의한 문법화에 따라 종결어미로 기능이 전용된 문법 형태라고 설명하였다. 이들의 논의 내용을 감안하면, (8)과 (9)의 문장에 결합한 종결어미 '-어'와 '-지'가 형태적으로 온전하지 못한 문법 형태라고는 결코 말할 수 없다. 다시 말하면 (8)과 (9)의 문장에 결합한 종결어미 '-어'와 '-지'가 형태적으로 뒷부분이 줄어든 이른바 반말(半語)이 아니라는 것이 명백하다. 그렇다면 '-어', '-지'와 같은 종결어미를 반말어미라고 규정하는 것은 재고되어야 하고, 또 청자대우법의 등급 이름으로 사용되는 반말이라는 용어도 재고되어야 할 것이다. 오늘날 많이 사용되고 있는 반말이라는 용어 그 자체가 타당한 개념을 가진 용어로 인전하기 어렵기 때문에 앞선 논자들에 따라 일컬어져 온 반말어미, 반말체 어미, 반말체 종결어미, 반말체 종결접미사 등의 용어도 반드시 재고되어야 한다.

따라서 '-어', '-지'와 같은 문법 형태를 반말, 반말어미, 반말체 종결어미, 반말체 접미사 등의 용어 대신 더 적절한 다른 용어를 찾기보다는 종결어미라고 하면 될 것이다. 다른 종결어미는 한 등급의 청자대우법을 실현하는데, '-어', '-지'와 같은 종결어미는 두 등급의 종결어미를 실현하는 차이가 있을 뿐이다. 앞선 논자들은 '-어', '-지'와 같은 종결어미에 의해 실현되는 청자대우법의 등급을 '정중하지 않은 말', '맞은편을 얕잡아 쓰는 말', '높이고 낮추는 뜻을 드러내지 않고 어름어름하는 말', '존경 또는 하대하는 뜻이 없이 어름어른 넘기는 말', '높이지도 낮추지도 아니하고 흐릿하게 하는 말' 등으로 설명하였다. 청자대우법의 등급에 대한 앞선 논자들의 이런 설명은 '-어', '-지' 등의 종결어미가 청자대우법의 두 개 등급의 중간쯤 정도를 실현하는 것으로 해석되었다. 하지만 (8)과 (9)의 각 문장에서 종결어미 '-어'와 '-지'에 의해 실현되는 청자대우법은 두 개 등급의 중간 영역을 실현하는 것으로 단정할 수 없다. 왜냐하면 (8)과 (9)의 각 문장에서 '-어'와 '-지'는 2인칭대명사의 기본형 '나'와도 호응하고 높임형 '자네'와도 자유롭게 호응할 뿐 아니라, 안높임을 실현하는 종결어미 '-어라'와 조금 높임의 '-게'와도 자유롭게 호응하면서 사용되기 때문이다. 따라서 (8)과 (9)의 각 문장에서 종결어미 '-어'와 '-지'에 의해 실현되는 청자대우법은 두 등급의 중간 영역이 아니라 두 개 등급을 모두 실현하는 것으로 처리해야 한다.

오늘날 널리 사용되고 있는 반말이라는 용어가 초기에 사용될 때부터 실제로 반말(半語)이라고 불렀을 뿐, 반(半)의 형태를 가지고 있는 것은 아니었다. 따라서 현대 한국어의 관점에서 반말이라는 용어 대신 그냥 다른 종결어미와 마찬가지로 '-어'와 '-지' 등을 종결어미라고 부르면 될 것이다. 즉 우리가 굳이 '-어', '-지'와 같은 종결어미에 대해 특별한 용어를 붙여 다른 종결어미와 구별하지 말고 '-ㄴ다', '-느냐', '-어라', '-자' 등과 같이 종결어미라 부르는 것이 타당하다고 생각한다. 문제가 되는 '-어', '-지' 등의 종결어미가 마침법의 체계에 분류될 때 두 개 이상의 하위 범주에 각각 포함되는 것으로 처리하였는데, 이것은 '-어', '-지'와 같은 종결어미가 두 개 이상의 마침법으로 실현되기 때문이다. 그렇다면 청자대우법의 등급 체계에 있어서도 두 등급을 실현하는 '-어', '-지' 등의 종결어미를 각각의 등급에 포함시켜 분류하면 문제될 것이 없다.

>   (10) ㄱ. 비가 많이 온다/ 와.
>   ㄴ. 비가 많이 오네/ 와.

(10ㄱ)의 문장 서술어에 결합한 종결어미 '-ㄴ다'와 '-아'는 문장을 끝맺는 마침법의 기능과 청자를 대우하는 청자대우법의 기능을 동시에 수행한다. 그리고 (10ㄴ)의 문장 서술어에 결합한 종결어미 '-네'와 '-아'도 마침법과 청자대우법의 기능을 동시에 수행한다. 그러므로 (10)의 각 문장에 결합한 '-ㄴ다', '-네', '-아' 등의 종결어미는 모두 서술법을

실현하며, 한편 '-ㄴ다'는 안높임 등급의 청자대우법을 실현하고 '-네'
는 조금 높임 등급의 청자대우법을 실현한다. 그리고 '-아'는 (10ㄱ)의
문장에서는 안높임 등급의 청자대우법을 실현하고 (10ㄴ)의 문장에서는
조금 높임 등급의 청자대우법을 실현한다. 따라서 (10)의 각 문장에 결합
한 종결어미 '-ㄴ다', '-네', '-아' 등에 의해 실현되는 청자대우법의
등급은 각각의 등급을 그대로 나타내면 될 것이다. 즉 종결어미 '-ㄴ다'
는 안높임 등급을 실현하고, '-네'는 조금 높임 등급을 실현하며, '-아'
는 안높임 등급과 조금 높임 등급을 실현하는 것으로 처리한다. (10)의 각
문장에 결합한 종결어미 '-아'에 의해 실현되는 청자대우법의 등급을 따
로 설정할 필요가 없으며, 그리고 '-아'에 대한 문법적 명칭도 따로 정할
것이 아니고 '-ㄴ다', '-네'와 같이 종결어미라고 부르는 것이 타당하다.
두 등급의 청자대우법을 실현하는 '-아'를 한 등급의 청자대우법을 실현
하는 '-ㄴ다', '-네' 등과 구별하여 별개의 문법적 명칭을 굳이 사용할
필요가 없다. '-ㄴ다', '-네', '-아' 등의 종결어미에서 '-아'를 다른
종결어미와 굳이 구별하여 다른 용어를 사용하게 되면, 문법적 용어가 더
늘어나고 오히려 복잡한 문법이 되고 말 것이다.

   (11)　　ㄱ. 바람이 많이 부니/ 불어?
         ㄴ. 바람이 많이 분다/ 불어.

  (11ㄱ)의 문장에 결합한 '-니'와 '-어'는 의문어미이고, (11ㄴ)의 문장
에 결합한 '-ㄴ다'와 '-어'는 서술어미이다. (11)에서 종결어미 '-어'는
억양에 따라 의문문을 실현하기도 하고 서술문을 실현하기도 하므로, 이
종결어미는 마침법의 체계에서 의문어미와 서술어미에 각각 포함시킨다.
마침법의 체계에서 종결어미를 분류하는 이런 방법을 청자대우법의 체계
에도 그대로 적용하면, (10)의 '-아'는 안높임 등급과 조금 높임 등급의

청자대우법을 실현하는 종결어미에 각각 포함된다. 즉 (11)의 각 문장 서술어에 결합한 '-어'가 의문법과 서술법을 실현하기 때문에 종결어미 '-어'가 각각의 범주에 포함되듯이, (10)의 각 문장 서술어에 결합한 '-아'가 안높임 등급과 조금 높임 등급을 실현하기 때문에 '-아'를 각각의 등급에 포함시키면 된다.

이른바 반말이라는 말이 처음에는 온전하지 않은 형태에 대해 붙여진 용어였다. 그러다가 나중에는 청자대우법의 등급을 나타내는 말로 바뀌어 사용되었는데, 어느 경우이든 반말이라는 용어는 적절하지 않다. 그리고 오늘날 청자대우법의 등급을 나타내는 말로 사용되는 이 반말이 두 등급의 중간 정도의 등급을 나타낸다는 뜻으로 흔히 받아들여지고 있는데, 이 것 역시 타당하지 않다. (8)~(10)에서 살펴본 바와 같이 '-아', '-지' 등의 종결어미는 두 등급의 청자대우법을 실현한다. 이들 문법 형태는 각각의 등급을 실현할 뿐, 그 두 등급의 중간 등급을 실현하는 것으로 처리하는 것은 문법적 근거가 없다. 지금까지 우리는 반말이라는 용어의 개념이 적절하지 않고 또 반말어미, 반말체 종결어미, 반말체 종결접미사 등의 용어도 적절하지 않음을 확인하였다.

문제가 되는 '-어', '-지', '-는데' 등의 형태와 '-다', '-느냐', '-어라' 등의 형태는 모두 문장의 서술어에 결합하여 문장을 끝맺는 기능을 수행하면서 동시에 청자대우법의 기능을 수행한다. 그러므로 이들 문법 형태는 모두 종결어미이다. 따라서 '-어', '-지', '-는데' 등의 종결어미가 두 등급의 청자대우법을 실현한다고 하여 굳이 다른 문법적 용어를 사용하지 말고 한 등급의 청자대우법을 실현하는 '-다', '-느냐' 등과 같이 종결어미라는 문법적 지위를 부여하는 것이 문법적으로 타당하다. 한국어 마침법의 체계에서 종결어미 '-어', '-지' 등이 두 개 이상의 마침법을 실현한다고 하여 논자에 따라 범용어미, 상황의존어미, 통용어미 등의 용어를 사용하고 있다. 하지만 두 등급의 청자대우법을 실현하는 종결어미 '-어', '-지' 등을 다른 종결어미와 구별하여 나타낸다면 문법적 용어가 더욱 복잡하게 되므로 다른 종결어미와 구별하지 말고 '-어, -지, -는데, -다, -느냐, -으라, -자' 등의 모든 문법 형태를 포괄하여 종결어미라고 부르는 것이 자연스럽다.

⑤ 불합리한 격식체와 비격식체의 구별

한국어 청자대우법의 체계는 일원적으로 기술하기도 하고 또 이원적으로 기술하기도 한다. 많은 논자들은 주로 일원적인 체계의 청자대우법을 세웠으나, 뒤에 일부의 논자들에 의해 이원적인 체계의 청자대우법을 세우기도 했다. 일원적인 체계의 청자대우법을 세운 논의에서는 모든 종결어미를 묶어서 한 가닥의 체계로 세운 반면, 이원적인 체계의 청자대우법을 세운 논의에서는 종결어미를 둘로 나누어서, 즉 이른바 격식체와 비격식체로 분리하여 두 가닥의 복합적인 체계로 세웠다.

여기에서는 한국어의 청자대우법을 이원적으로 체계화하는 것이 더 합리적인지 아니면 일원적으로 체계화하는 것이 더 합리적인가에 대한 비판적인 검토를 통해 두 체계의 문제점을 살펴보고, 그 결과 문제점으로 노출된 부분을 객관적으로 극복하기 위해 우리는 새로운 일원적인 체계를 다시 세운다.

한국어 청자대우법에 대해 일찍이 최현배(1961, 1971)에서는 일원적인 체계를 세웠는데, 박창해(1964, 1990), 김종택(1981), 김태엽(1999) 등 여러 논의에서도 일원적인 체계의 청자대우법을 세웠다. 반면에 이원적인 체계의 청자대우법을 세운 흐름은 다음과 같다. 고영근(1974)에서 한국어 청자대우법을 사원적 체계와 이원적 체계로 구분하여 기술하였는데, 이런 견해를 이어받은 서정수(1984)에서는 고영근(1974)에서 두 가닥으로 구분한 것 중 사원적 체계를 격식체라 고쳐 부르고 이원적 체계를 비격식체라고 고쳐 부름으로써 본격적인 이원적인 체계가 등장하게 되었다. 그 이후에도 이원적인 체계를 따르는 논의로 대표적인 것에는 성기철(1985), 이윤하(2001), 한길(1991, 2002) 등의 몇몇 논의가 있으며, 고등학교 <문법> 교과서(2004)도 기본적으로는 이원적인 체계를 따르고 있다.

한국어 청자대우법을 일원적인 체계로 세울 것을 주장하는 논의에서는 '-어', '-지', '-어요', '-지요' 등의 종결어미를, '-ㄴ다/다', '-네', '-으오', '-습니다' 등의 종결어미와 구분하지 않고 한데 묶어서 한 가닥의 단일한 체계를 세웠다. 그러나 이원적인 체계를 주장하는 논의에서는 '-어', '-지', '-어요', '-지요' 등의 종결어미를 '-ㄴ다/다', '-네', '-으오', '-습니다' 등의 종결어미와 따로 분리하여 두 가닥의 복합적 체계를 세웠다.

아래 (1)의 문장을 살펴본다.

> (1) ㄱ. 비가 많이 옵니다/ 와요.
> ㄴ. 비가 많이 온다/ 와.

이른바 이원적인 체계의 청자대우법을 세울 것을 주장하는 논의에서는 (1)의 각 문장 서술어에 결합한 종결어미 중에서 왼쪽의 '-습니다'와 '-ㄴ다'는 격식체이고, 오른쪽의 '-아요'와 '-아'는 비격식체라고 하여 문체적인 차이의 두 가닥으로 분리하여 처리하는 방법을 취한다. 하지만 일원적인 체계의 청자대우법을 세울 것을 주장하는 논의에서는 (1)의 각 문장 서술어에 결합한 4개의 종결어미를 두 가닥으로 분리하지 않고 한 가닥으로 처리하는 방법을 취한다.

한국어 청자대우법의 체계를 일원적인 체계로 세우는 방법과 이원적인 체계로 세우는 방법의 중요한 차이는, 이른바 종래 반말어미로 처리해 오던 '-어', '-지' 등의 종결어미와 이들 형태에 '-요'가 결합한 '-어요',

'−지요' 등과 같은 종결어미를 다른 종결어미들과 구분하지 않고 한 가닥으로 묶어서 처리하느냐 아니면 두 가닥으로 분리하여 처리하느냐에 있다. 아직도 한국어 학계에서는 일원적인 체계의 주장과 이원적인 체계의 주장이 공존하는 실정이어서, 이 두 주장의 공존이 청자대우법의 체계에 대한 올바른 이해를 매우 어렵게 만드는 요인이 되고 있다. 따라서 청자대우법의 체계를 일원적으로 세우는 것이 더 타당한가 아니면 이원적으로 세우는 것이 더 타당한가에 대한 적극적이고도 진지한 논의가 절실하게 요구된다. 사실 지금까지 이러한 논의가 냉정하게 이루어지지 않은 까닭에, 논자의 관점에 따라 일원적인 체계의 청자대우법을 세우기도 하고 이원적인 체계의 청자대우법을 세우기도 하는 혼란된 모습을 보여 왔다.

이제 청자대우법의 체계에 대한 일원적인 체계와 이원적인 체계에 대한 그간의 업적을 대강 살펴본다.

먼저 일원적인 체계를 세운 업적은 아래와 같다.

    (2) 최현배(1961, 1971)
        ㄱ. 아주높임 : −읍니다(합쇼)
        ㄴ. 예사높임 : −으오(하오)
        ㄷ. 예사낮춤 : −네(하게)
        ㄹ. 아주낮춤 : −는다(해라)
        ㅁ. 등외 : −어, −지(반말)

    (3) 박창해(1964, 1990)
        ㄱ. 성식용어 : −읍니다(힙쇼)
        ㄴ. 정식용어의 반말 : −우, −오, −아요
        ㄷ. 중간용어 : −어
        ㄹ. 평교용어 : −다
        ㅁ. 평교용어의 반말 : −아

    (4) 김종택(1981)

       ㄱ. 존대 : 수상 존대 : -습니다, -오

              수하 존대 : -네

       ㄴ. 평대 : -는다

    (5) 김태엽(1999)

       ㄱ. 높　임 : 아주높임 : -습니다

              조금더높임 : -으오

              조금높임 : -네

       ㄴ. 안높임 : -ㄴ다/다

한국어 청자대우법을 일원적인 체계로 세운 논의에는 위의 (2)∼(5)가 포함되는데, 이들의 논의에서는 서술어미의 형태를 두 가닥으로 구별하지 않고 모두 한데 묶어서 단일한 체계를 세웠다. 그런데 위의 (2)와 (3)에서는 문제가 되는 종결어미 '-어', '-지' 등을 이 문법 형태에 의해 실현되는 청자대우법의 등급 체계에 각각 배열하고 있으며, 특히 (2)에서는 종결어미 '-어', '-지'의 형태를 다른 형태들과 약간 구별하여 등외라는 이름으로 처리하였다. 그리고 (4)와 (5)에서는 종결어미 '-어', '-지' 등의 형태를 이 문법 형태에 의해 실현되는 청자대우법의 해당 등급 체계에 명시적으로 배열하고 있지 않고 있어서 '-어', '-지' 등의 종결어미에 대해 구체적으로 어떻게 처리하고 있는지를 자세하게 알 수 없다.

그리고 이원적인 체계의 바탕을 마련한 고영근(1974)에서는 '사원적 체계'에 이른바 합쇼체, 하오체, 하게체, 해라체 등을 포함시키고, '이원적 체계'에 '-요'통합 가능형과 '-요'통합형을 포함시켰다. 이원적인 체계에서는 일원적인 체계에 속하는 (2)에서 등외에 해당하는 종결어미를 고영근(1974)에는 '이원적 체계'라 불러서 '사원적 체계'와 분리하는 방법을 취하였다. 고영근(1974)에서 세운 이러한 분리적인 방법을 더 발전시켜서 서정수(1984)에서는 본격적인 이원적인 체계를 세우게 되었으며, 이러한 방법은 성기철(1985), 한길(1991), 남기심·고영근(1995) 그리고 고등학교 <문법>(2004) 등으로 이어진다.

다음에는 이원적인 체계를 세운 업적을 살펴보자.

(6) 고영근(1974)
    ㄱ. 사원적 체계 : 합쇼체 : −습니다
                  하오체 : −으오
                  하게체 : −게
                  해 라 : −ㄴ다/다
    ㄴ. 이원적 체계 : ‘요’통합가능형 : −어, −지
                  ‘요’통합형 : −어요, −지요

(7) 서정수(1984)
    ㄱ. 격식체 존대 : 아주높임 : −습니다
                  예사높임 : −으오
                  비존대 : 예사낮춤 : −네
    ㄴ. 아주낮춤 : −ㄴ/는다
    ㄷ. 비격식체 존 대 : 두루높임 : −어요, −지요
                비존대 : 두루낮춤 : −어, −지

(8) 고등학교 〈문법〉(2005)
    ㄱ. 격식체 하십시오체 : −가십니다
                  하오체 : −가오
                  하게체 : −가네
                  해라체 : −간다
    ㄴ. 비격식체 해요체 : −가요
                  해 체 : −가, −가지

(7)에 제시된 이원적인 체계는 이른바 격식체와 비격식체로 나누어 그 각각을 다시 존대와 비존대로 구분하고 있으며, 고등학교 <문법> 교과서에서 제시한 (8)에서는 격식체와 비격식체로 나누되 그 각각을 존대와 비

존대로 다시 구분하지는 않았다. 따라서 (8)은 일원적인 체계와 이원적인 체계를 부분적으로 수용한 혼합적인 체계라 할 수 있다. 즉 (8)에서 청자 대우법을 격식체와 비격식체로 나눈 방법은 이원적인 체계를 수용한 것이고, 그리고 (8)에서는 격식체와 비격식체를 다시 각각 존대와 비존대로 구분하지 않았다. 이러한 방법은 일원적인 체계로 세운 앞의 (3)~(5)에서 비존대를 설정하지 않은 체계를 긍정적으로 수용한 것으로 생각된다.

하지만 (6)의 바탕을 발전시켜서 청자대우법의 체계를 (7)과 같이 이원적인 체계로 제시한 서정수(1984 : 102)에서는 다음과 같은 설명을 하고 있다. 즉 "필자로서는 높낮이의 관념이 희박해진 것만은 사실이라 보며 또 문체적 관점의 타당성도 일면 인정하나 그러한 높낮이 구별을 전혀 무시하고 문체적 관점으로만 기술하기 어렵다고 생각한다. 따라서 필자는 양자를 절충하여 높임, 낮춤 따위의 용어 대신 '존대'와 '비존대'라는 말로써 높낮이 구별을 완화한다."라고 언급하고 있다. 이런 설명 내용으로 볼 때 (7)에서 사용한 '비존대'가 높임에 대립하는 '낮춤'과 다른 개념으로 구별되는 듯하지만, 높임에 대립하는 낮춤이라는 의미를 전적으로 배제한 것은 아니다. 따라서 서정수(1984)에서 설정한 '비존대'라는 것은 실제로 '낮춤'과 거의 동일한 개념으로 사용된 것이다. 왜냐하면 서정수(1984)에서는 동일한 글(1984 : 43~68)에서 청자대우법의 격식체를 설명하면서, 격식체의 하위 범주에 예사낮춤이라는 등급과 아주낮춤이라는 등급의 항목을 각각 구체적으로 설정하고 있다. 따라서 서정수(1984 : 102)에서 언급한 비존대는 곧 낮춤을 가리키는 말이라고 해석된다.

앞에서 청자대우법을 일원적인 체계로 세운 대표적인 업적과 이원적인 체계로 세운 업적들을 두루 살펴보았는데, 사실 두 체계에 모두 문제점을 포함하고 있는 것으로 파악된다. 먼저 일원적인 체계에서 드러나는 문제점은 아래와 같다.

일원적인 체계의 청자대우법을 세운 최현배(1971)를 옮겨놓은 것이 위의 (2)인데, 이것에는 '-어', '-지'와 같은 종결어미를 이원적인 체계와 같이 두 가닥으로 나누어 따로 분리하지는 않았지만 그렇다고 다른 종결어미와 동일하게 취급하지도 않았다. 다시 말하면 '-어', '-지'와 같은 종결어미의 형태를 (2ㅁ)에서 등외라는 이름을 붙여서 그 위의 (2ㄱ)~(2ㄹ)의 종결어미들과는 구별하는 방법을 취하였는데, 일상어의 쓰임에서 등외라는 영역의 설정이 논리적으로 합리화되기 어렵다. 어떤 형태의 종결어미이든 그 종결어미에 의해 실현되는 청자대우법의 등급이 반드시 있기 마련인데, 등외라는 등급의 설정은 객관적으로 설명되기 곤란하다. 그런데 현대 한국어의 구어를 모아둔 <21세기 세종 말뭉치>(2002)의 '일상 대화'에서 서술어에 결합한 종결어미 '-어'와 '-지'에 의해 실현되는 청자대우법의 등급과 종결어미 '-ㄴ다/다'에 의해 실현되는 청자대우법의 등급이 전혀 구별되지 않는 보기의 문장이 얼마든지 나타나기 때문에, '-어', '-지' 등의 종결어미에 의해 실현되는 청자대우법의 등급을 등외라는 이름을 붙여서 다르게 처리하는 방법은 설득력이 없다.

아래 (9)는 <21세기 세종 말뭉치>에 나오는 '일상 대화'의 일부분이다.

> (9) 나 오늘 이쪽에 앉아야겠어. 가운데서 마음껏 졸아야지.
>   아- 좀 자야겠다.

(9)는 동일한 장면에서 동일한 화자가 동일한 청자에게 발화한 문장인데, 서술어에 결합한 '-어', '-지', '-다' 등의 종결어미가 청자대우법의 등급 구별이 없이 자연스럽게 모두 사용되고 있다. 따라서 일원적인 체계를 세운 최현배(1971)에서 제시한 (2ㅁ)과 같이 종결어미 '-어', '-지' 등의 형태를 등외로 처리하는 방법은 받아들이기 어렵다.

그리고 박창해(1964, 1990)에서는 청자대우법의 체계를 (3)과 같이 나타내었는데, (3)에는 정식용어와 평교용어의 사이에 중간용어 '-어'를 설정하고 또 평교용어의 반말에 '-아'를 설정함으로써 '-어'와 '-아'의 등급을 구별하여 다르게 처리하였다. 사실 '-아'와 '-어'는 동일한 기능의 이형태로서 청자대우법의 등급에 차이가 있을 수 없다. 또한 김종택(1981)과 김태엽(1999)에서는 문제가 되는 종결어미 '-어', '-지' 등에 대한 처리를 구체적으로 제시하지 않았는데, 이것은 문제의 초점을 외면한 것으로 볼 수 있다. 따라서 청자대우법의 등급 체계를 일원적인 체계로 세운 (2)~(5)의 경우에도 문제가 되어 온 '-어', '-지' 등의 종결어미에 대한 처리가 합리적으로 이루어진 것으로 판단되지 않는다.

다음에는 이원적인 체계의 문제점을 살펴보자.

우선 한국어의 청자대우법을 이른바 격식체와 비격식체로 구분하여 이원적인 체계로 세우는 방법의 타당성을 찾을 수 없다. 그 첫째 이유는 이원적인 체계를 세울 것을 주장하는 논자들의 격식체와 비격식체에 대한 설명 내용과 현실 언어가 제대로 부합하지 않는 점이 있고, 둘째는 종결어미 '-어', '-지', '-어요', '-지요' 등과 같은 형태를 다른 종결어미의 형태와 구별하여 그 각각을 격식체와 비격식체라는 문체적 차이로 구분할 만한 객관적인 근거가 분명하지 않다. 청자대우법의 체계를 격식체와 비격식체로 구별하여 두 가닥의 이원적인 체계를 세운 서정수(1984)와 남기심·고영근(1995)의 설명을 면밀하게 검토해 보자.

    (10)　서정수(1984 : 40)
       ㄱ. 격 식 체 : ① 공적인 자리
              ② 상하관계를 구분해야 할 자리
              ③ 잘 모르거나 그리 친하지 않은 사이
       ㄴ. 비격식체 : ① 사적인 자리
              ② 대등한 관계가 위주 되는 자리
              ③ 서로 친하고 허물없는 사이

(11) 남기심·고영근(1995 : 334~335)
ㄱ. 격 식 체 : 의례적 용법
표현이 직접적이고 단정적이며 객관적이다.
ㄴ. 비격식체 : 정감적 용법
표현이 부드럽고 비단정적이며 주관적이다.

(10)과 (11)에서 격식체와 비격식체의 구별 방법을 여러 측면으로 길게 설명하지만, 이런 구별 방법이 일상어에 과연 변별적으로 적용될 수 있을까? 격식체와 비격식체의 구별에 대한 (10)과 (11)의 설명이 <21세기 세종 말뭉치>에서 인용한 (9)의 일상 대화에 종결어미 '-어', '-지', '-다' 등이 동일한 장면에서 혼용되는 이유를 합리적으로 해명해 주지 못한다. 즉 (9)의 3개 문장은 장면이 바뀌지 않은 상황에서 동일한 화자에 의해 발화될 뿐 아니라, 단정적이며 객관적이라는 의례적 용법과 비단정적이며 주관적이라는 정감적 용법의 차이가 전혀 드러나지 않는다. 따라서 이원적인 체계를 세운 격식체와 비격식체에 대한 (10)과 (11)의 설명 내용은 객관성이 없다.

그러면 다시 서정수(1984)와 남기심·고영근(1995)에서 그들이 직접 보기로 제시한 문장에 대해 (10)과 (11)의 설명을 적용시켜 보자.

(12) 서정수(1984 : 83)
ㄱ. 왜 방 안에만 계<u>십니까</u>? 바람 좀 쏘이시<u>지요</u>.
ㄴ. 너 이리 좀 <u>오너라</u>. 뭘 하고 <u>있어</u>.

(13) 남기심·고영근(1995 : 334)
선생님 안녕하<u>십니까</u>? 오래간 만에 뵙<u>습니다</u>. 그런데 하시던 일은 잘 되셨<u>나요</u>. 그동안 고생이 많으셨<u>지요</u>?

청자대우법의 체계에서 격식체와 비격식체를 분리하여 기술하는 방법을 주장하면서 그 용법 차이를 설명한 (10)에서, (12)의 각 문장에 '-습니까'와 '−지요', '−너라'와 '−어' 등이 혼용된 이유를 장면의 차이, 상하관계의 차이, 친소관계의 차이 등이라고 나타내었지만, 실제로 이들 종결어미가 혼용되는 사실을 (10)의 설명으로는 전혀 해명되지 않는다. 즉 동일한 장면에서 동일한 화자와 청자 사이에 (12)의 문장들이 발화되었는데, (10)에서 제시된 격식체와 비격식체의 구별이 (12)의 각 문장에서 '습니까'와 '−지요'의 혼용과 '−너라'와 '−어'의 혼용 이유가 되지 못한다. 그리고 (13)을 제시한 남기심·고영근(1995 : 335)에서는 격식체와 비격식체의 혼용에 대해 "격식체는 상대방에 당연히 표시해야 할 존경을 나타내고, 상대방의 나이나 사회적 지위에 대한 응분의 대우를 하는 동시에 상대방과 대비되는 자기의 위치를 확인하는 기능을 가지고 있고, 그 뒤에 오는 비격식체는 격식체가 갖는 심리적 거리감을 해소하고 더 친근하고 융통성 있는 정감적인 태도를 보이고 있는 것이다"라고 설명하고 있다. 정말 (13)에서 화자가 이러한 복잡한 생각을 하면서 발화를 이어갈까? 특히 동일한 장면에서 동일한 청자에게 동일한 화자가 그런 생각을 반복하면서 (13)과 같이 격식체와 비격식체의 종결어미를 선택적으로 반복하는 것은 현실적으로 불가능하다.

이로써 앞에서 보기로 든 (9), (12), (13)의 문장에서 격식체와 비격식체의 종결어미가 혼용되는 점에 대해 (10), (11) 그리고 남기심·고영근(1995 : 335)의 설명으로 전혀 해명되지 않음이 확인되었다. 따라서 청자대우법의 체계를 격식체와 비격식체로 구분하여 이원적인 체계로 세울 것을 주장한 논자들에 의한 설명 (10), (11)에서 제시된 내용과 같은 격식체와 비격식체의 구별은 전적으로 편의적인 구별에 지나지 않을 뿐 객관적으로 타당성이 없다.

여기서 다시 <21세기 세종 말뭉치>(2002)의 자료 중에서 '강의 내용'의 일부분을 아래 (14)에 그대로 옮겨서 격식체와 비격식체의 차이를 설명한 (10), (11)과 남기심·고영근(1995 : 335)의 내용을 적용시켜 보자.

(14) ㄱ. 죽음을 지칭하는 그 단어가 이렇게 많다 하는 거를 여러분들
　　　 이 알 수가 있<u>습니다</u> 그죠?
　　 ㄴ. 이 밖에 또 있지만 어~ 이 정도로만 제가 정리를 해 <u>봤습니다</u>.
　　 ㄷ. 뭐가 이제 문법과 어~ 여러 가지가 다 다를 수가 있는데, 고
　　　 런 것들이 인제 단어가 가진 어떤 의미 조건이 되겠죠?

　(14)는 모두 3개 문장인데, 이들 문장에서 동일한 청자에게 동일한 화
자가 '-습니다'와 '지요'를 두 번씩이나 반복 사용하고 있다. 이런 (14)의
문장에 남기심·고영근(1995 : 335)의 설명을 그대로 적용하여 본다. 즉 (14)
에서 강의 담당자가 수강자들에게 존경의 표현으로 '-습니다'를 사용하
다가 다시 친근감의 표현으로 '-지요'를 사용하다가 또다시 존경의 표현
으로 '-습니다'를 사용하다가 친근감의 표현으로 다시 '-지요'를 사용
한 것이라는 설명은 현실적으로 그 타당성을 인정받을 수 없다. (14)에서
'-습니다'와 '-지요'의 반복 사용은 이 두 형태에 의해 실현되는 청자대
우법의 등급이 동일하기 때문이며, 동일한 등급을 실현하는 종결어미의
형태가 두 개 이상 존재하는 경우에 나타나는 자연스러운 언어 현상일 뿐
이다. 따라서 (14)의 각 문장에 선택된 종결어미 '-습니다'와 '-지요'는
청자대우법의 등급에서 차이가 없으며, 다만 어감상의 차이 정도로 구별
된다. 즉 종결어미 '-습니다'에 비해 '-지요'가 좀 더 부드러운 느낌을
주는 정도의 차이라고 말할 수 있을 것이다. 하지만 요즈음 젊은 사람들
이 종결어미 '-습니다'보다 '-어요'를 훨씬 더 많이 사용하고 있는데,
그들이 실제로 '-어요'가 '-습니다'에 비해 더 부드러운 느낌을 주는 종
결어미라는 의식이 있다고 단정하기 어렵다. 그렇다면 종결어미 '-어요'와
'-습니다'의 혼용이 격식체와 비격식체의 차이라고 구별한 논자들의 설
명은 사실 비현실적인 것임이 자연스럽게 드러난다.
　한편 일상어에서 '-어', '-지', '-어요', '-지요' 등의 종결어미와
'-ㄴ다/다', '-네', '-으로', '-습니다' 등의 종결어미가 사용되는 빈도

를 조사한 연구가 최근에 있었다. 한국어 구어의 마침법 실현에 대해 연구한 권재일(2004)에서는 마침법의 하위 범주별로 사용되는 종결어미의 빈도 조사에서 이른바 범용어미(비격식체에 해당하는 '–어', '–지' 등의 종결어미)의 사용 빈도를 아래의 (15)와 같이 제시하였다.

(15) ㄱ. 서술문에서 : 66.64%
　　　ㄴ. 의문문에서 : 55.92%
　　　ㄷ. 명령문에서 : 80.15%
　　　ㄹ. 청유문에서 : 38.46%

(15)는 마침법의 하위 범주에 따라 범용어미의 사용 빈도에 차이가 드러나는데, 전반적으로 범용어미의 사용 빈도가 상당히 높다. 이런 현상에 대해 남기심·고영근(1995 : 335)의 설명을 그대로 적용한다면, 청유문에서는 청자에게 친근감의 표현이 가장 적고 존경의 표현이 가장 많으며, 명령문에서는 청자에게 친근감의 표현이 가장 많고 존경의 표현이 가장 적다고 해석해야 할 것이다. 하지만 이런 해석은 불가능하다. 따라서 격식체와 비격식체에 대한 문체적인 구별을 남기심·고영근(1995 : 335)과 같이 설명한 내용은 현실 언어에 전혀 부합하지 않으므로 객관적인 타당성이 없다.

또 최근까지도 청자대우법을 이원적인 체계로 세울 것을 주장한 한길(2002)에서는 보기의 문장을 (16)과 같이 제시하고, 격식체와 비격식체의 차이를 아래와 같이 설명하였다.

(16) 한길(2002 : 190)
　　　ㄱ. 아, 내 집에 내 손님을 맞아들이는데, 누가 뭐랄 사람 있<u>습니까</u>? 어려워 말고 내 집처럼 편히 <u>쉬세요</u>.
　　　ㄴ. 사랑이 <u>뭐요</u>? 어디 지도상에 있는 지명이라도 되<u>오</u>?
　　　ㄷ. 그래 아버님은 좀 어<u>떤가</u>? 차도가 있겠<u>지</u>?

(16ㄱ)~(16ㄷ)의 각각에는 이른바 격식체와 비격식체가 모두 혼용되고 있다. 한길(2002 : 190)에서는 격식체와 비격식체가 혼용되는 이유를 첫째, 격식체와 비격식체는 쓰임에 있어서 차이가 있으나 둘 다 청자대우법의 등급을 나타내는 공통점과 아울러 뒤섞이는 등급 사이에 높임의 정도가 거의 같기 때문이다. 둘째, 화자의 심리적 상태나 장면의 변화로 말미암아 공식적인 장면에서 주로 쓰이는 격식체를 썼다가 친근감을 나타내는 비격식체를 쓰기도 하고, 반대로 친근감을 표시하는 비격시체를 썼다가 공식적인 자리에서 주로 쓰는 격식체를 쓰기도 하기 때문이라고 설명하였다. (16)에는 '-습니까'와 '-어요'가 혼용되고, '-어요'와 '-으오'가 혼용되며, '-ㄴ가'와 '-지'가 혼용되고 있는데,[25] 이런 현상에 대한 한길(2002)의 설명은 (10), (11) 그리고 남기심·고영근(1995 : 335)의 설명과 별다른 차이가 없다.

청자대우법을 이원적인 체계로 세울 것을 주장하는 논자들의 설명에 의하면, 격식체를 사용할 때와 비격식체를 사용할 때 장면이 다르고, 상하관계가 다르고, 친소관계가 다르고, 용법이 다르고, 존경심과 친근감이 다르고, 심리적 상태 등이 다르다고 하였다. 하지만 이런 설명은 위의 (9), (12), (13), (14) 등에서 격식체와 비격식체의 혼용에 대하여 전혀 해명이 되지 못한다.

여기에서 다시 <21세기 세종 말뭉치>(2002)에 나타나는 구어의 일부를 살펴보자.

(17) ㄱ. 물어보지 마 다쳐. 맘대로 <u>해라</u>.

---

25) 한길(2002 : 188)에서는 또 격식체의 아주높임과 예사높임을 비격식체의 '반말+요'와 동일한 등급으로 처리하고, 격식체의 예사낮춤과 아주낮춤을 비격식체의 '반말'과 동일한 등급으로 처리하였다. 이것은 '반말어미+요' 형의 종결어미는 아주높임과 예사높임을 실현하는 종결어미와 혼용되고, 반말어미는 예사낮춤과 아주낮춤을 실현하는 종결어미와 혼용되는 사실을 보여준다.

    ㄴ. 사실은 지금 결혼 생각이 많이 멀어졌<u>습니다</u>. 그 이유 중에 직장이 매우 불안하다는. 그런 걸 느<u>꼈어요</u>.

(17)은 '일상 대화'에서 옮긴 일부로 각각 동일한 청자에게 동일한 장면에서 동일한 화자에 의한 발화이다. 그럼에도 불구하고 (17)의 각각은 이른바 격식체와 비격체가 혼용되고 있는데, 여기에서도 격식체와 비격식체의 구별에 대한 앞선 논자들의 설명이 전혀 적용되지 않는다. 즉 서정수(1984), 남기심·고영근(1995), 한길(2002) 등의 설명으로 (17)의 각각에서 사용된 '－어'와 '－어라', '－습니다'와 '－어요'의 혼용에 대한 구체적인 설명이 되지 않는다. 그리고 (9), (12), (13), (16) 등의 보기에서 격식체와 비격식체의 혼용에 대해서도 그들의 설명이 적용되지 않는다. 따라서 한국어 청자대우법의 체계를 이원적인 체계로 세우고자 하는 논자들이 격식체와 비격식체의 구분에 대해 제시한 설명들은 모두 비현실적인 구별에 지나지 않는다.

만약 이원적인 체계를 주장하는 논자들의 설명이 타당하다면, 그들의 설명이 현대 한국어에도 적용되고, 나아가 고대 한국어, 중세 한국어, 근대 한국어에서도 격식체와 비격식체라는 문체적 차이에 따른 종결어미가 구별될 수 있어야 할 것이다.[26] 왜냐하면 공적인 자리와 사적인 자리, 상하관계가 구분되는 자리와 대등한 관계가 위주인 자리, 잘 모르는 사이와 서로 잘 아는 사이, 그리고 의례적인 자리와 정감적인 자리 등등의 구별은 어느 시대에나 발화의 장면에 존재할 수 있기 때문이다. 하지만 지난 시대의 한국어에 대한 앞선 논의에서 격식체와 비격식체가 구분된 종결어미가 존재한다는 논의가 아직까지 나온 적이 없다. 현대 한국어의 청자대우법에만 격식체와 비격식체가 문체적 대립으로 존재하고, 지난 시대

---

26) 고대 한국어에 대해서는 서재극(1979), 김완진(1980), 유창균(1994), 최남희(1996) 등을 참조하고, 중세 한국어에 대해서는 허웅(1975), 안병희·이광호(1990) 등을 참조하고, 근대 한국어에 대해서는 홍윤표(1994), 전광현 외(1997), 홍종선 외(1998) 등을 참조함.

한국어의 청자대우법 체계에는 격식체와 비격식체가 문체적으로 대립하여 존재하지 않는다는 설명은 사실 객관성이 없다. 실제로 앞선 논자들의 설명에서 현대 한국어의 청자대우법 체계에만 격식체와 비격식체를 구별해야 할 합리적인 이유를 찾을 수 없다. 청자대우법의 체계를 이원적인 체계로 세우고자 하는 논자들이 '−어, −지', '−어요, −지요' 등과 같은 종결어미를 다른 종결어미와 차별적으로 기술하기 위해 격식체와 비격식체라는 문체적인 차이로 구별하였지만, 앞에서 <21세기 세종 말뭉치>의 구어 자료와 논자들이 직접 보기로 제시한 문장들에 대하여 하나씩 적용해 본 결과 이원적인 체계를 세운 논자들의 설명이 현실 언어에 전혀 부합하지 않는다.

따라서 한국어의 청자대우법을 이원적인 체계로 세우는 방법은 받아들일 수 없다. 그러므로 청자대우법의 체계를 일원적인 체계로 세우되 종전의 일원적인 체계에서 문제가 되는 '−어', '−지', '−어요', '−지요' 등과 같은 종결어미를 합리적으로 처리하는 방법을 모색해야 한다. 이를 위해 우리는 동일한 한 개의 문법 형태, 즉 종결어미에 의해 동시에 실현되는 마침법과 청자대우법의 관계를 고려해야 한다. 이러한 관점은 마침법의 체계에 따라 종결어미를 배열하는 방법과 같이 청자대우법의 등급 체계에 따라 종결어미를 배열하는 방법을 적용하는 것이다.

한국어의 마침법을 서술법, 의문법, 명령법, 청유법 등 4개의 하위 범주로 체계화할 때, 각 하위 범주에 속하는 종결어미의 형태 중에서 '−으오, −어, −지', '−어요', '−지요' 등의 형태는 모두 두 개 이상의 마침법을 실현한다. 따라서 이들 형태의 종결어미는 아래 (18)과 같이 두 개 이상의 마침법에 각각 포함시키는 방법이 일반적으로 수용되고 있다.

    (18)　마침법의 체계
        ㄱ. 서술법 : −습니다, −으오, −어, −지, −어요, −지요

ㄴ. 의문법 : 습니까, <u>으오</u>, 어, 지, 어요, 지요

ㄷ. 명령법 : 습시오, <u>으오</u>, 어, 지, 어요, 지요

ㄹ. 청유법 : 습시다, <u>으오</u>, 어, 지, 어요, 지요

(18)에서 '<u>으오</u>', '어', '지', '어요', '지요' 등의 종결어미는 억양의 차이에 따라 4개의 하위범주로 기능하기 때문에 마침법의 각 범주에 모두 포함시켰다. 마침법의 체계에 따른 종결어미의 분류를 (18)과 같이 배열하는 방법을 원용하여, 두 등급의 청자대우법을 실현하는 동일한 형태의 종결어미는 두 등급의 청자대우법 체계에 각각 포함시키는 방법을 취한다.

여기에서는 김태엽(1999)에서 세운 한국어 청자대우법의 체계[27]를 바탕으로, 두 등급에 걸쳐 실현되는 종결어미의 형태 '어, 지, 어요, 지요' 등을 그 각각의 등급에 포함시켜서 아래 (19)와 같이 나타낼 수 있다.[28]

(19) 한국어 청자대우법의 체계

등 급			서술법	의문법
ㄱ	높임[＋높임]	아주높임	습니다, <u>어요</u>	습니까, <u>어요</u>
		조금더높임	<u>으오</u>, <u>어요</u>	<u>으오</u>, <u>어요</u>
		조금높임	네, <u>어</u>, <u>지</u>	가, <u>어</u>, <u>지</u>
ㄴ	안높임[0높임]		다/ㄴ다, <u>어</u>, <u>지</u>	느냐, <u>어</u>, <u>지</u>

청자대우법의 체계를 이원적인 체계로 세우고자 하는 논자들이 앞에서 제시한 보기에서 종결어미 '어, 지'는 '세, ㄴ가, 어라, 너라, 다' 등과 혼용되고 '어요, 지요'는 '습니다, 습니까, 으오' 등의 종결어미와 각각 혼용되는 것으로 나타났다. 따라서 청자대우법의 등

---

27) 김태엽(1999)에서는 청자대우법의 체계를 안높임(평대)과 높임(존대)이 대립하고, 높임은 다시 그 높임관념의 정도 차이에 따라 몇 등급으로 차등화하였다.

28) 지면의 편의상 서술법과 의문법만 나타낸다.

급 체계에 따라 종결어미를 배열한 (19)에서 '-어, -지' 등의 종결어미는 안높임과 조금 높임에 각각 배열하고 '-어요, -지요' 등의 종결어미는 조금 더 높임과 아주 높임에 각각 배열시켰다. 우리가 (19)에서 세운 청자대우법의 체계는 한 등급만 실현하는 종결어미의 형태는 한 등급에 배열하고 두 등급을 실현하는 종결어미는 두 등급에 각각 배열하였다. 즉 한 개의 종결어미가 두 개 이상의 마침법을 실현할 때 (18)과 같이 그 각각의 하위 범주에 모두 배열하듯이, 두 등급의 청자대우법을 실현하는 종결어미는 (19)와 같이 그 두 등급에 각각 배열하였다.

한국어 청자대우법의 체계를 (19)와 같이 일원적인 체계로 세움으로써, 이원적인 체계와 같이 현실 언어에 부합하지 않는 격식체와 비격식체라는 문체적 차이로 기술할 필요가 없다. 즉 '-어', '-지', '-어요', '-지요' 등과 같은 종결어미와 다른 종결어미를 분리하여 따로 구분할 만한 객관적인 차이가 존재하지 않음에도 불구하고, 논자가 편의적으로 격식체와 비격식체로 구분하는 불합리성을 극복할 수 있으며, 그리고 종래의 일원적인 체계에서 등외라고 하는 별개의 영역을 따로 설정할 필요가 없게 되었다.

여기에서 다시 남기심·고영근(1995 : 334)에서 옮긴 (13)의 보기 문장에 종결어미로 선택된 '-습니다'와 '-나요'가 혼용되고 있는 것에 대해 좀 더 구체적으로 살펴보기로 한다. 종결어미 '-나요'에 대한 앞선 논의 중에서 허웅(1995)의 설명과 사전의 풀이를 함께 검토해 본다. 종결어미 '-나'는 '-어', '-지' 등과 같이 높임보조사 '-요'의 결합이 가능하여 이들 종결어미와 같은 부류로 분류되는데, 의문어미 '-나'에 대한 허웅(1995)의 설명과 표준국어대사전(1999)의 풀이는 다음과 같다.

허웅(1995 : 681~682)에서는 의문어미 '-나'에 대해 "움직씨에 쓰이는 '-느냐'와 그림씨와 잡음씨에 쓰이는 '-으냐'의 줄임이 합류한 씨끝이다."라고 설명하고 있는데, 만약 이 설명을 타당한 것으로 받아들이게 되면, (13)의 문장에 선택된 '−나요'에서 '−나'가 비단정적인 의미를 가진다는 남기심·고영근(1995)의 설명은 사실 설득력을 갖지 못한다. 그리고 표준국어대사전(1999 : 1044)에는 종결어미 '−나'에 대해 ① 하게 할 자리에 쓰여 물음을 나타내는 종결어미(보기 : 자네 언제 떠나나?), ② 자기 스스로에게 묻는 물음이나 추측을 나타내는 종결어미(보기 : 밖에는 비가 내리나 보다), ③ 해 할 자리에 쓰여 물음을 나타내는 종결어미, 군대처럼 상하 관계가 분명하고 격식이 중요한 사회에서 많이 쓴다(보기 : 뭐 하나?), ④ 자기 스스로에게 묻는 물음을 나타내는 종결어미(보기 : 이 일을 어떡하나?) 등과 같이 풀이하고 그 각각에 해당하는 보기를 덧붙이고 있다.

종결어미로 기능하는 '−나'에 대한 사전의 풀이 내용에 의하면 (13)의 문장에 선택된 '−나요'가 비단정적인 의미기능을 가진다고 말할 수 없다. 사전의 풀이 내용 ①, ③, ④에서 종결어미 '−나'가 비단정적 의미기능을 전혀 갖지 않으며, ②의 '−나'에 대한 보기의 문장인 "밖에는 비가 내리나 보다"에서 '−나 보다'가 추측의 의미기능을 갖지만 이 경우의 '−나'는 종결어미가 아니므로 (13)에 선택된 '−나요'의 '−나'가 갖는 기능과 같은 관점에서 볼 수 없다. 특히 ④의 풀이에서 종결어미로 기능하는 '−나'에 대해 격식이 중요한 사회에서 많이 쓴다고 설명하고 있어서, 이 '−나'가 오히려 이른바 격식체에 해당하는 종결어미라고 해석해야 할 것이다. 따라서 남기심·고영근(1995 : 334)에서 보기로 제시된 (13)의 문장에서 '−습니다'와 '−습니까'는 격식체의 종결어미이고, '−나요'와 '−지요'는 비격식체의 종결어미라는 설명은 객관적인 근거가 없다.

청자대우법을 격식체와 비격식체의 이원적인 체계로 세우고자 하는 앞선 논자들은 비격식체의 종결어미는 높임보조사 '−요'가 결합할 수 있다고 설명해 왔다. 그러므로 이른바 비격식체 종결어미에 결합한다는 높임보조사 '−요'의 발달에 대한 몇몇 논의에 대해 살펴보기로 한다. '−요'의 발달에 대해 매우 자세하게 논의한 최근의 고광모(2000, 2004)를 면밀하게 살펴볼 필요가 있다. 고광모(2000 : 262)에서는 '−요'의 발달에 대한 뿌리를 지정사 '−이오'에서 찾으면서, 신소설에 나타나는 자료에서 체언 뒤에 바로 '−오'가 결합하는 경우는 모두 '−이−'가 탈락한 것으로 보고 원래 형태는 '−이오'가 결합한 것으로 해석할 수 있다고 설명하였다. 그리고 고광모(2000)에서는 '−요'가 '−이오'에서 유래되었다는 김종택(1981)의 견해를 수용하면서 소문장 뒤에 결합하는 '−요'의 경우를 통해 '−이오'에서 '−요'가 형성되었음을 주장하였다. 이러한 고광모(2000)의 설명을 타당한 것으로 받아들이는 경우, 한국어에서 높임보조사 '−요'가 사용된 시기가 19세기 후반부터 20세기 초반이라 할 수 있다. 이로 보면 19세기 중반 이전까지의 한국어에서는 '−요'가 사용되지 않은 것으로 보아야 할 것이다. 그렇다면 그 이전까지의 한국어에는 이른바 비격식체의 종결어미가 존재하지 않았다는 설명이 가능해야 하겠는데, 현실적으로 이런 설명은 불가능하다. 왜냐하면 어느 시대 한국어의 발화 장면에도 사적인 장면, 정감적인 용법, 화자와 청자가 서로 친한 사이 등등의 구별이 있었을 것이기 때문이다.

그리고 지금까지 고대 한국어, 중세 한국어, 근대 한국어의 마침법과 청자대우법에 대한 앞선 논의에서 이른바 격식체와 비격식체의 종결어미가 변별적으로 사용되었다는 설명을 아직까지 보지 못하였다. 청자대우법을 이원적인 체계로 세우고자 하는 논자들이 제시한 격식체와 비격식체의 구별은 현대 한국어의 발화 장면에만 있는 것이 아니고, 어느 시대 한국어의 발화 장면에서도 공적인 장면과 사적인 장면, 서로 잘 모르는 사이와 친한 사이, 의례적 용법과 정감적 용법 등등의 구별은 있기 마련이다. 그럼에도 불구하고 현대 한국어의 발화 장면에만 그런 구별이 있고 다른 시대의 한국어에는 그런 발화 장면의 구별이 없다는 것은 논리적으로 맞지 않다. 따라서 현대 한국어의 청자대우법을 이원적인 체계로 세우는 방법은 타당성을 갖지 못한다.

이상에서 우리는 한국어의 청자대우법을 이른바 격식체와 비격식체로 구분하여 이원적인 체계로 세우는 방법에 대한 문제점을 여러 측면에서 살펴보고, 이원적인 체계가 한국어의 현실에 전혀 부합하지 않을 뿐 아니라 격식체와 비격식체로 구분해야 할 객관적인 근거가 뚜렷하지 않음을 확인하였다. 따라서 한국어 청자대우법의 체계는 일원적인 체계로 세우되, 두 등급을 실현하는 '−어', '−지', '−어요', '−지요' 등의 종결어미는 (19)와 같이 각각의 등급에 모두 배열하는 방법을 취함으로써 한국어 청자대우법의 체계를 더욱 합리적으로 세울 수 있는 것이다.

⑥ 종결어미의 형태 구조

한국어의 청자대우법은 주로 문장의 서술어에 결합하는 종결어미에 의해 실현된다. 따라서 종결어미의 형태 구조에 대한 객관적인 분석을 통해 청자대우법의 등급 체계를 기술하는 방법이 절실하게 필요하다. 실제로 대부분의 종결어미는 그 형태를 이루는 어미구조체가 어떻게 짜여 있느냐에 따라 청자대우법의 등급이 달리 실현된다. 그러므로 종결어미의 형태에 대한 정밀한 분석을 통해 추출되는 어미구조체의 구성 요소에 따라 그 종결어미에 의해 실현되는 청자대우법의 등급 체계를 세우는 방법이 바람직하다.

한국어의 청자대우법 등급 체계에 대해 논의해 온 대부분의 앞선 논자들은 종결어미의 의미 기능을 분석하는 데 많은 관심을 기울여 왔으나, 종결어미의 형태 구조에 대해서는 분석적인 관심을 기울인 논의가 그리 많지 않다. 우리가 여기에서 종결어미의 형태 구조에 주목하고자 하는 까닭은, 종결어미의 형태 구조에 대한 정밀한 분석을 통해 추출될 수 있는 어미구조체의 구성 요소에 따라 청자대우법의 등급이 차등적으로 실현되는 현상을 문법적으로 설명할 수 있기 때문이다.

아래 (1)의 문장에 결합한 종결어미를 살펴본다.

(1) ㄱ. 바람이 많이 붑니다.
   ㄴ. 바람이 많이 부네.
   ㄷ. 바람이 많이 분다.

(1)의 각 문장 서술어에 결합한 종결어미는 그 형태를 이루는 어미구조체의 구성 요소에 따라 청자대우법의 등급이 다르게 실현된다. 즉 (1ㄷ)의 문장 서술어에 결합한 종결어미의 형태 구조에는 말을 하는 화자가 말을 듣는 청자를 높여서 표현하는 대우 관념이 반영된 문법 요소가 전혀 분석되지 않는다. 즉 (1ㄷ)의 문장 서술어에 결합한 종결어미의 형태 '-ㄴ다'의 어미구조체는 'ㄴ+다'로 재분석될 수 있다. 이렇게 분석되는 'ㄴ'은 종결어미 '-는다'의 '-는-'과 같이 현재 시제를 실현하는 문법 요소이며, '-다'는 이 문장을 서술 문장으로 끝맺는 기능을 수행하는 문장종결소이다. 따라서 종결어미 '-ㄴ다'의 형태 구조에는 높임의 청자대우법을 실현하는 문법 요소가 관여하지 않았다. 하지만 (1ㄱ)과 (1ㄴ)의 두 문장 서술어에 결합한 종결어미의 형태 구조에는 그 문장을 듣는 청자에 대한 화자의 높임 대우 관념을 나타내는 문법 요소가 관여하고 있다. 즉 (1ㄱ)의 서술어에 결합한 종결어미 '-습니다'의 형태와 (1ㄴ)의 서술어에 결합한 종결어미 '-네'의 형태 구조에는 각각 청자에 대한 화자의 높임 대우 관념이 반영된 문법 요소가 관여하였다. 따라서 (1)의 각 문장 서술어에 결합한 종결어미의 형태에 의해 실현되는 청자대우법의 등급이 서로 나른 근거는, 각각의 문장 서술어에 결합한 종결어미의 형태를 이루는 어미구조체의 구성 요소를 통해 밝힐 수 있다.

(1ㄱ)의 서술어에 결합한 종결어미의 형태는 '-습니다'이고 (1ㄴ)의 서술어에 결합한 종결어미의 형태는 '-네'이다. (1)의 각 문장 서술어에 결

합한 종결어미의 형태에 대한 표면적인 관찰로는 이들 종결어미의 형태 구조에 따라 그 종결어미에 의해 실현되는 청자대우법의 등급 차이를 밝히기 어렵다. 따라서 우리는 (1)의 각 문장 서술어에 결합한 종결어미의 형태 구조를 이루는 작은 구성 요소를 찾아내기 위하여 재분석의 방법을 적용한다.

한국어 종결어미의 형태 구조에 대한 분석을 통해 청자대우법의 등급을 기술하는 방법에 각별한 관심을 가진 서정목(1983 : 215)에서는 "서법 형태소, 즉 평서, 의문, 명령, 청유 등에 관여하는 요소들은 그것들대로 따로 체계를 이루는 것으로 기술하고, 대우법 형태소, 즉 존경, 공손, 겸양에 관여하는 요소들은 그것들대로 따로 따로 체계를 이루는 것으로 기술하고자 하는 것이다. 즉 우리는 공손의 등급은 서법 형태소가 결정하는 것이 아니라 선어말어미들이 결정하는 것이고, 그 선어말어미들을 적절히 배합함으로써 화용상으로 필요한 공손의 등급을 조정하여 나타낼 수 있는 것이 국어 종결어미의 기제라고 본다"라는 설명을 하였다. 이러한 설명은 한국어 청자대우법의 등급 체계를 문장의 서술어에 결합한 종결어미의 형태 구조에 대한 분석을 통해 설명할 수 있음을 보여주는 합리적인 견해이다. 청자대우법을 실현하는 종결어미의 형태 분석에 대한 서정목(1983)의 설명은 문장의 서술어에 결합하는 종결어미의 형태 구조를 정밀하게 분석해 보면 그 타당성이 인정된다.

아래 (2)는 (1)의 각 문장 서술어에 결합한 종결어미의 형태를 이루는 어미구조체를 분석한 것이다.

> (2) ㄱ. '-습니다' → '습+느+이+다'
> ㄴ. '-네' → '느+이+ø'
> ㄷ. '-ㄴ다' → 'ㄴ+다'

(2)는 (1)의 각 문장에 결합한 종결어미의 형태를 재분석하여 그 어미구조체의 구성 요소를 추출해 낸 것이다. (1ㄱ)과 (1ㄴ)의 문장 서술어에 결합한 종결어미 '-습니다'와 '-네'의 형태를 이루는 (2)와 같은 어미구조체의 구성 요소에는 화자가 청자를 높여서 대우하는 문법 기능을 수행하는 문법 요소가 관여하고 있다. 하지만 (2ㄷ)의 종결어미 '-ㄴ다'의 형태에는 청자를 높여서 대우하는 문법 기능을 수행하는 문법 요소가 관여하지 않았다. 그래서 (1ㄱ)과 (1ㄴ)의 두 문장은 높임의 청자대우법을 실현한다. 하지만 (2ㄷ)에서 분석한 '-ㄴ다'의 형태를 이루는 어미구조체의 구성 요소에는 청자를 높여서 대우하는 문법 요소가 분석되지 않으므로, (1ㄷ)의 문장은 안높임의 청자대우법을 실현한다. (2)와 같은 분석 방법으로 '-습니다'와 '-네'의 형태 구조에서 분석될 수 있는 청자 높임의 문법 요소 '-이-'는 15~16세기 한국어에서는 '-이-'의 형태로 존재했다. 그러나 17세기 이후의 한국어는 'ㅇ'의 소실에 따라 '-이-'의 형태로 바뀌어 주로 문장을 끝맺는 기능을 수행하는 문장종결소와 융합된 형태로 존재하게 되었다. (1)의 각 문장에 결합한 종결어미의 형태를 이루는 어미구조체를 (2)와 같이 재분석함으로써 표면적으로 잘 구별되지 않는 종결어미의 형태에 대한 구조적인 차이를 나타냄으로써 청자대우법의 등급 차이를 설명할 수 있다.

청자대우법의 등급 체계를 세우면서 주로 종결어미의 의미 기능에 대해 관심을 가진 앞선 논의에서는, 종결어미의 형태 구조에 대한 관심은 비교적 적었다. 하지만 종결어미의 형태 구조에 대한 정밀한 분석을 통하지 않고는 청자대우법의 등급 체계에 대한 언어 내적인 객관적 증거를 밝히기 어렵다. 종결어미에 의해 실현되는 청자대우법의 등급 체계에 대한 문법적인 근거를 객관적으로 기술하기 위해서는 문장의 서술어에 결합하는 종결어미의 형태 구조에 대한 분석이 반드시 필요하다. 담화에서 말을 하는 화자가 말을 듣는 청자에 대한 높임의 대우 관념이 실현될 때는 반드시 그 대우 관념이 반영된 일정한 언어의 형태에 의존할 수밖에 없다. 그러므로 종결어미에 의해 실현되는 청자대우법의 등급 체계에 대한 기술은, 그 종결어미의 형태 구조에 대한 정밀한 분석이 어떤 방법으로든 뒷받침되어야 한다. 그러나 이 방법은 청자대우법을 실현하는 모든 종결어미의 형태에 모두 적용할 수 없는 한계가 있다. 즉 현대 한국어에서 사용되는 종결어미의 형태 중에는 원래부터 종결어미의 기능을 수행하는 형태도 있지만, 다른 문법 기능어에서 종결어미로 전용된 형태도 있다. 전자에 해당하는 종결어미의 형태 구조는 위의 (2)에서 나타낸 것과 같이 그 형태에 대한 정밀한 분석이 가능하지만, 후자에 해당하는 종결어미의 형태 구조는 (2)와 같은 분석이 사실 어렵다. 하지만 대부분의 종결어미는 그 형태 구조에 대한 정밀한 분석이 가능하기 때문에, (2)와 같이 종결어미의 형태 구조에 대한 정밀한 분석에 따라 청자대우법의 등급 체계를 객관적으로 기술할 수 있는 장점이 있다. 그러므로 (1)의 각 문장 서술어에 결합한 종결어미의 형태에 의해 실현되는 청자대우법의 등급 체계에 대한 설명을 좀 더 실증적으로 기술하기 위해 (2)와 같이 종결어미의 형태 구조를 정밀하게 분석할 필요가 있다. 따라서 한국어 청자대우법의 등급 체계를 설정하기 위해 문법적인 근거를 뒷받침하는 방법은, 그 문장의 서술어에 결합한 종결어미의 형태 구조를 분석하는 것이다.

그런데 종결어미 '-ㄴ다'와 '-다'는 앞쪽에 결합하는 용언에 따라 상보적으로 분포한다. 즉 종결어미 '-ㄴ다'의 형태는 동사 뒤에 선택되고 '-다'는 형용사나 지정사 뒤에 선택된다. 종결어미 '-다'와 '-ㄴ다'의 분포가 서로 상보적인 것은, 이 두 어미의 형태를 이루는 어미구조체의 구성 요소 차이로 설명이 가능하다. 즉 종결어미 '-ㄴ다'와 '-다'의 형태 구조상의 차이로 '-ㄴ다'의 형태에 '-ㄴ-'이 덧붙어 있는 차이뿐이다. 이 종결어미의 형태는 '-다'의 형태 구조에 없는 '-ㄴ-'이 관여하고 있어서 동사와 결합될 수 있는 문법적 기능을 수행한다. 그리고 '-ㄴ다'

는 어간 말음의 조건에 따라 '-는다'로 사용되므로, '-ㄴ다'와 '-는다'
는 동일한 문법적 가치를 가진다.

우리가 (2)를 통해 드러내고자 하는 것은, 종결어미의 형태 구조를 이
루는 어미구조체의 구성 요소에 청자대우법을 실현하는 구체적인 문법
요소가 관여하느냐 관여하지 않느냐에 따라 청자대우법의 등급 차이가
결정되는 사실을 밝히기 위함이다. (2ㄱ)과 (2ㄴ)의 '-습니다'와 '-네'에
서 분석한 종결어미의 형태 구조에는 청자를 높여서 대우하는 문법 요소
가 자연스럽게 분석되는데, (2ㄷ)의 '-ㄴ다'에서 분석한 종결어미의 형태
구조에는 청자를 높여서 대우하는 문법 요소가 분석되지 않는다. 종결어
미 '-ㄴ다'와 '-다'의 형태를 이루는 어미구조체의 구성 요소에 청자를
높여서 대우하거나 낮추어 대우하는 문법 요소가 관여하지 않음에도 불
구하고, 지금까지 청자대우법의 등급 체계를 논의해 온 많은 논자들은
'-ㄴ다'와 '-다'에 의해 실현되는 청자대우법의 등급을 모두 낮춤 등급
이라고 기술하였다. 실제로 최현배(1961)를 비롯하여 거의 대부분의 논자
들은 종결어미 '-다'와 '-ㄴ다'의 형태에 의해 실현되는 청자대우법을
낮춤 등급이라고 잘못 설정해 왔다. 위의 (2ㄴ)과 (2ㄷ)에서 분석한 종결
어미 '-네'와 '-ㄴ다'의 형태 구조에 화자가 말을 듣는 청자를 낮추어
대우하는 문법 요소가 전혀 관여하지 않는다. 그러므로 종결어미 '-네'
와 '-ㄴ다'에 의해 실현되는 청자대우법의 등급을 낮춤 등급이라고 설정
할 수 있는 근거가 없다. 최현배(1971)에서는 서술어미 '-네'의 형태는 예
사 낮춤의 청자대우법의 등급을 실현하는 것으로 기술하고, '-ㄴ다'의
형태는 아주 낮춤의 청자대우법의 등급을 실현하는 것으로 기술하였다.
말을 하는 화자가 말을 듣는 청자에 대하여 갖는 높임의 대우 관념은 반
드시 일정한 언어의 형태에 반영된다. 만약 한국어 청자대우법의 체계에
예사 낮춤의 등급과 아주 낮춤의 등급이 존재한다면, 이러한 낮춤의 등급
을 실현하는 일정한 문법 요소가 종결어미의 형태 구조에 관여하고 있는

사실이 객관적으로 확인될 수 있어야 할 것이다. 하지만 (2ㄴ)과 (2ㄷ)에서 분석한 종결어미 '-네'와 '-ㄴ다'의 형태를 이루는 어미구조체의 구성 요소에 화자가 말을 듣는 청자를 낮추어 대우하는 문법 요소는 분석되지 않는다. 실제로 종결어미 '-네'의 형태를 이루는 어미구조체를 통해 분석할 수 있는 문법 요소에는, 화자가 말을 듣는 청자를 낮추어 대우하는 것이 아니고 오히려 말을 듣는 청자를 조금 높여서 대우하는 문법 요소가 관여하는 사실을 확인할 수 있다.

종결어미의 형태를 이루는 어미구조체의 구성 요소에 어떤 문법 요소가 관여하느냐 관여하지 않느냐에 따라 그 종결어미에 의해 실현되는 청자대우법의 등급에 차이가 드러난다. (2ㄷ)에서 분석한 종결어미 '-ㄴ다'의 형태를 이루는 어미구조체의 구성 요소에는 화자가 청자에 대해 높여서 대우하는 문법 요소도 관여하지 않고 청자에 대해 낮추어 대우하는 문법 요소도 관여하지 않는다. 그러므로 종결어미 '-ㄴ다'에 의해 실현되는 청자대우법은 안높임 또는 평대이다. 최현배(1971)를 비롯하여 많은 앞선 논자들은 종결어미 '-ㄴ다'에 의해 실현되는 청자대우법을 아주 낮춤의 등급으로 기술해 왔는데, 이러한 기술 내용은 문법적으로 객관적인 근거가 없다. 앞의 (2)에서 몇 종결어미의 형태를 분석한 결과에 따르면, 서술어미 '-ㄴ다'의 형태에는 청자를 낮추어 대우하는 등급으로 기술해야 할 문법적인 근거를 찾을 수 없다. 종결어미의 형태를 (2)와 같이 분석함으로써 종결어미에 의해 실현되는 청자대우법의 등급 설정에 대한 문법적인 근거를 찾아낼 수 있다. 따라서 서술어미 '-ㄴ다'의 형태 구조에 대한 분석 결과에 근거하여 '-ㄴ다'에 의해 실현되는 청자대우법의 등급을 안높임 또는 평대로 설정하는 것이 객관적인 근거에 의한 기술이다.

그러면 다시 (2ㄴ)에서 분석한 종결어미 '-네'의 형태에 대하여 좀 더 자세하게 살펴보자. 대부분의 앞선 논의에서 '-네'의 형태에 의해 예사 낮춤 등급의 청자대우법이 실현되는 것으로 기술해 왔다. 그러나 종결어미 '-네'의 형태 구조를 (2)와 같이 정밀하게 재분석해 보면 낮춤 등급을 실현하는 문법 요소가 관여하지 않을 뿐 아니라, '-네'의 형태에는 오히려 화자가 청자를 약간 높여서 대우하는 등급을 실현하는 종결어미라는 사실이 드러난다. 서술어미 '-네'의 형태는 (2ㄴ)과 같은 재분석에 의해 '느+이+ø'의 어미구조체로 분석될 수 있는데, 이 어미구조체의 구성 요소에는 청자를 높여서 대우하는 문법 요소 '-이-'가 관여하고 있다. 하지만 이 어미구조체의 구성 요소에는 문장을 끝맺는 기능을 수행하는 문장종결소가 관여하지 않으므로, 청자높임소 '-이-'가 기능 변동하여 문장종결소 '-이'가 되었다. 종결어미의 형태를 이루는 어미구조체의 구성 요소에 청자높임소 뒤에 배열되어야 할 문장종결소가 관여하지 않으면, 청자높임소가 문장종결소의 기능까지 수행해야 한다. 문장을 끝맺는 기능을 수행하는 문법 요소가 종결어미의 형태를 이루는 어미구조체의 구성에 관여하지 않는 형태는 종결어미로 기능할 수 없기 때문이다. 따라서 종결어미 '-네'의 형태를 이루는 어미구조체의 구성 요소에 관여하는 청자높임소 '-이-'가 문장종결소 '-이'로 기능 변동함으로써, 이 '-네'의 형태는 종결어미로 기능하게 되어 마침법과 청자대우법을 동시에 실현할 수 있는 것이다.

　종결어미의 형태를 이루는 어미구조체의 구성 요소에 다른 선어말어미와 청자높임소 그리고 문장종결소 등이 모두 관여하는 형태의 보기는 (2ㄱ)에서 분석한 대로 '-습니다'와 같은 종결어미의 경우이다. 이 형태를 이루는 어미구조체의 구성 요소에는 선어말어미 '-습-'과 '-느-'가 관여하고 청자높임소 '-이-'가 관여하며 문장종결소 '-다'가 관여하고 있다. 그러나 (2ㄷ)에서 분석한 '-ㄴ다'의 형태를 이루는 어미구조체의 구성 요소에는 선어말어미 '-ㄴ-'과 문장종결소 '-다'는 관여하고 있지만, 청자높임소가 관여하지 않았다. 그래서 이 형태는 안높임 또는 평대 등급의 청자대우법을 실현한다. (2)에서 분석한 종결어미 '-습니다', '-네',

'−ㄴ다' 등의 형태를 이루는 각각의 어미구조체의 구성 요소를 중심으로
일반화된 종결어미의 유형을 나눌 수 있다.

  종결어미의 형태를 이루는 어미구조체의 구성 요소의 짜임을 'X+SL+ST'
와 같은 일반화된 기본형을 설정할 경우, 종결어미의 형태 구조를 이루는
어미구조체는 아래의 (3)과 같이 크게 세 가지로 구분할 수 있다.[29]

> (3) ㄱ. X+이+ST
>   ㄴ. X+이+ø
>   ㄷ. X+ø+ST

  종결어미의 형태를 이루는 어미구조체의 유형을 (3)과 같이 일반화함으
로써 청자대우법을 실현하는 종결어미의 형태 구조를 분석하여 청자대우
법의 등급 체계를 객관적으로 설명할 수 있다. (3ㄱ)은 다른 선어말어미,
청자높임소, 문장종결소 등이 모두 관여하는 어미구조체로 이루어진 종결
어미의 형태 구조를 나타낸 유형이고, (3ㄴ)은 다른 선어말어미와 청자높
임소는 관여하지만 문장종결소가 관여하지 않는 어미구조체로 이루어진
종결어미의 형태 구조를 나타낸 유형이며, (3ㄷ)은 다른 선어말어미와 문
장종결소는 관여하고 있지만 청자높임소가 관여하지 않은 어미구조체로
이루어진 종결어미의 형태 구조를 나타낸 유형이다.

  즉 (3ㄱ)의 유형에 해당하는 어미구조체에 의해 이루어진 종결어미의
형태는 아주 높임 등급의 청자대우법을 실현하고, (3ㄴ)의 유형에 해당하
는 어미구조체에 의해 이루어진 종결어미의 형태는 조금 높임 등급의 청
자대우법을 실현한다. 그리고 (3ㄷ)의 유형에 해당하는 어미구조체에 의해
이루어진 종결어미의 형태는 안높임 등급의 청자대우법을 실현한다. 다시
말하면 (3ㄱ)의 유형에 해당하는 어미구조체에 의해 이루어진 종결어미의

---

29) 이것은 더 많은 여러 구조체로 분석할 수 있지만, 여기서는 단순화한 것을 나타낸다.

형태 구조에는 청자높임소 '−이−'가 원래의 높임 기능을 온전하게 수행
할 수 있으므로, 이 형태는 아주 높임 등급의 청자대우법을 실현한다. 그
러나 (3ㄴ)의 유형에 해당하는 어미구조체에 의해 이루어진 종결어미의
형태 구조에는 청자높임소가 관여하고 있기는 하지만, 그 뒤에 배열되어
야 할 문장종결소가 없기 때문에 문장종결소의 기능까지 담당해야 하므
로, 청자높임소가 원래의 높임 기능을 온전하게 수행하지 못한다. 즉 (3ㄴ)
과 같이 'X＋이＋ø'의 어미구조체로 재분석되는 종결어미의 형태 구조에
관여하는 청자높임소는 청자에 대한 높임 기능과 문장을 끝맺는 기능을
동시에 수행해야 하는 이중적인 기능부담량을 감당하고 있으므로, 원래의
높임 기능보다 조금 떨어진다. (3ㄱ)으로 분석되는 어미구조체에 의해 이
루어진 종결어미의 형태 구조에서 청자높임소 '−이−'는 청자를 높여서
대우하는 기능만 완전하게 수행하지만, (3ㄴ)으로 분석되는 어미구조체에
의해 이루어진 종결어미의 형태 구조에서 청자높임소가 청자 높임의 기
능과 문장 종결의 기능을 동시에 수행해야 하므로 청자에 대한 높임 기능
을 완전하게 수행하지 못한다. 한 개의 문법 형태가 한 가지의 문법 기능
을 수행하는 경우와 두 가지의 문법 기능을 수행하는 경우에 원래의 문법
기능부담량이 떨어진다. (3ㄴ)과 같이 'X＋이＋ø'의 어미구조체로 분석되
는 종결어미의 형태 구조에 관여하는 청자높임소는 청자 높임의 기능과
문장 종결의 기능을 동시에 수행해야 하므로, (3ㄱ)으로 분석되는 어미구
조체에 관여하는 청자높임소에 비해 청자 높임의 기능이 상대적으로 낮
아지게 된다. 그 결과 (3ㄴ)의 'X＋이｜ø'와 같은 어미구조체로 분석되는
종결어미의 형태에 의해 실현되는 청자대우법의 등급은 (3ㄱ)의 어미구조
체로 분석되는 종결어미의 형태에 의해 실현되는 청자대우법의 등급보다
낮은 등급의 청자대우법을 실현하게 되는 것이다.

　이런 현상은 한 문법 형태가 수행하는 기능부담량의 한계성에 그 원인
이 있는 것으로 해석한다.[30] 여기에서 기능부담량의 한계성이란 한 개의

문법 형태가 수행하는 문법적 기능부담량에는 일정한 한계가 있다는 말이다. 실제로 (2ㄱ)에서 분석한 종결어미 '-습니다'의 형태를 이루는 어미구조체에 관여하는 청자높임소 '-이-'는 그 뒤에 문장종결소 '-다'가 관여하므로 청자높임소의 기능이 온전하게 수행된다. 하지만 (2ㄴ)에서 분석한 '-네'의 형태를 이루는 어미구조체에 관여하는 청자높임소 '-이-'는 뒤에 문장종결소가 관여하지 않아서 청자 높임의 기능과 문장종결소의 기능을 동시에 수행하는 '-이'로 기능 변동한다.

(2ㄴ)에서 분석한 서술어미 '-네'의 형태와 동일한 어미구조체의 유형에 속하는 종결어미의 형태에는 '-게', '-세' 등이 있다. 아래의 (4)에서 이들 종결어미의 형태를 이루는 어미구조체를 분석해 본다.

> (4) ㄱ. '-네' → '느+이+ø'
> ㄴ. '-게' → '거+이+ø'
> ㄷ. '-세' → '사+이+ø'

(4)에 열거한 종결어미의 형태는 모두 'X+이+ø'와 같은 어미구조체의 유형으로 재분석될 수 있다. 이들 종결어미의 형태를 이루는 어미구조체에는 다른 선어말어미와 청자높임소가 관여하지만, 문장종결소가 관여하지 않았다. 이런 유형의 어미구조체에 의해 이루어진 종결어미의 형태는 청자높임소와 문장종결소가 모두 관여하는 어미구조체에 의해 이루어진 종결어미의 형태에 비하여 낮은 등급의 청자대우법을 실현한다. 이러한 현상은 한 개의 문법 형태가 수행하는 문법적 기능부담량의 한계성 때문인데, 이들 종결어미의 형태를 이루는 어미구조체의 구성에 관여하는 청자높임소

---

30) 한 문법 형태가 수행하는 문법적 기능부담량에 일정한 한계가 있다고 할 때, 한 개의 문법 형태는 하나의 문법적 기능을 수행하는 것이 적정한 기능부담량이라고 볼 수 있다. 그렇지 않고 한 개의 문법 형태가 둘 이상의 문법적 기능을 수행하게 되면 본디 제 기능을 온전하게 수행하기 어렵게 된다(김태엽, 2001).

'-이-'는 '-이'로 기능 변동함으로써 종결어미로 기능하게 된다.

(4)에서 분석한 종결어미가 만약 조금 낮춤 등급의 청자대우법을 실현하는 형태라면, 이들 종결어미의 형태를 이루는 어미구조체의 구성 요소에 청자를 낮추어 대우하는 문법 요소가 관여하고 있음이 확인되어야 할 것이다. 그러나 우리는 아직까지 한국어에 청자를 낮추어 대우하는 문법 요소가 존재한다는 논의를 접해보지 못했다. (4)에서 분석한 종결어미의 형태들이 청자에 대해 낮춤 등급의 청자대우법을 실현하지 않는 사실을 확인하기 위해, 이들 형태의 종결어미가 청자를 나타내는 2인칭대명사와 호응하는 양상을 아래 (5)에서 살펴보기로 한다.

(5)　ㄱ. 당신도 같이 갑시다.
　　　ㄴ. 자네도 같이 가세.
　　　ㄷ. 너도 같이 가자.

(5)'　ㄱ. *당신도 같이 가자.
　　　ㄴ. *너도 같이 가세.
　　　ㄷ. *자네도 같이 가자.

(5)의 3개 문장 서술어에 결합한 종결어미의 형태는 모두 청자로 상정되는 2인칭대명사와 각각 호응한다. (5ㄱ)의 문장 서술어에 결합한 종결어미 '-습니다'는 2인칭대명사의 높임형 '당신'과 호응하고, (5ㄴ)의 문장 서술어에 결합한 종결어미 '-세'는 2인칭대명사의 높임형 '자네'와 호응하며, (5ㄷ)의 문장 서술어에 결합한 종결어미 '-자'는 2인칭대명사의 기본형 '너'와 호응한다. 한국어의 2인칭대명사에는 기본형과 높임형은 존재하지만, 낮춤형은 존재하지 않는다. 2인칭대명사 '너'는 기본형이고, '자네', '당신', '어르신' 등은 모두 높임형이다. 2인칭대명사 '자네'는 청자를 조금 높여서 대우할 때 선택되고 '당신'은 청자를 조금 더 높여서

대우할 때 선택되며 '어르신'은 청자를 아주 높여서 대우할 때 선택된다. (5ㄴ)의 문장에서 종결어미 '-세'는 2인칭대명사의 높임형 '자네'와 호응하기 때문에, (5ㄴ)은 청자를 조금 높여서 대우하는 문장이다. 따라서 (4)에서 분석한 종결어미의 형태 '-네', '-게', '-세' 등은 모두 2인칭대명사의 기본형 '너'와 호응하지 않고 높임형 '자네'[31]와 호응한다. 이것은 문장의 서술어에 결합하는 '-네, -게, -세' 등의 종결어미에 의해 실현되는 청자대우법이 낮춤 등급이 아니라 조금 높임의 등급이라는 문법적인 근거가 된다.

한국어에서 2인칭대명사는 문장 안에서 화자의 말을 듣는 청자로 선택되는 것이 정상적이다. 따라서 위의 (5)와 같이 문장의 주어로 선택되는 2인칭대명사에 의해 실현되는 청자대우법의 등급은 그 문장의 서술어에 결합한 종결어미에 의해 실현되는 청자대우법의 등급과 서로 자연스럽게 호응한다. 만약 그렇지 않으면 정상적인 문장으로 받아들여지지 않는 사실이 (5)'에서 드러난다. 따라서 문장의 주어로 선택된 2인칭대명사에 의해 실현되는 청자대우법의 등급이 그 문장 서술어에 결합한 종결어미에 의해 실현되는 청자대우법의 등급과 일치하지 않으면 정상적인 문장이 되지 못한다.

    (6) ㄱ. ＊자네도 같이 갑시다.
           ㄴ. ＊너도 같이 가세.
           ㄷ. ＊당신도 같이 가자.

(6)의 각 문장이 정상적으로 받아들여지지 않는 것은, (5)'와 같이 이들 문장의 주어로 선택된 2인칭대명사에 의해 실현되는 청자대우법의 등급과 각 문장의 서술어에 결합한 종결어미에 의해 실현되는 청자대우법의

---

31) 2인칭대명사 '자네'가 기본형 '나'에 대한 높임형이라는 사실을 밝힌 논의는 최현배 (1961), 임홍빈(1992), 김태엽(1995, 1999, 2006) 등이 있다.

등급이 서로 호응하지 않기 때문이다. (5ㄴ)의 문장 서술어에 결합한 종결어미 '-세'에 의해 실현되는 청자대우법의 등급에 대해 다시 살펴본다. 대부분의 앞선 논의에서 종결어미 '-세'가 예사 낮춤 등급의 청자대우법을 실현하는 것으로 기술해 왔다. 그러나 (5)와 (5)', (6)의 문장을 통해 2인칭대명사의 높임형 '자네'가 2인칭대명사의 기본형 '너'보다 더 높은 청자대우법의 등급을 실현하는 것이 객관적으로 드러난다. 그리고 2인칭대명사의 높임형 '자네'와 주로 호응하는 종결어미가 (4)에서 분석적으로 나타낸 종결어미 '-게', '-세', '-네' 등이라는 사실에 주목해야 한다. 이들 종결어미의 형태를 이루는 어미구조체의 유형이 'X+이+ø'라는 점을 생각하면, '-게', '-세', '-네' 등의 형태가 청자를 조금 높여서 대우할 때 선택되는 종결어미라는 것이 분석적으로 확인된다. 즉 (4)에서 분석한 종결어미의 형태들이 한 문장 안에서 2인칭대명사 '자네'와 주로 호응하는 점으로 보아, 이들 종결어미의 형태에 의해 실현되는 청자대우법은 조금 높임 등급이라고 설명해야 한다.

　이상에서 종결어미의 형태 구조에 대한 정밀한 분석을 통해 그 형태를 이루는 어미구조체를 추출하고, 어미구조체의 구성 요소에 청자를 높여서 대우하는 문법 요소의 관여 여부에 따라 그 종결어미에 의해 실현되는 청자대우법의 등급을 결정하는 방법이 문법적으로 객관성을 가진다. 물론 일부 기능 전용된 종결어미를 제외하고 한국어의 모든 종결어미의 형태에 대한 정밀한 분석이 가능하며, (4)와 같이 정밀한 분석이 가능한 대부분의 종결어미에 대해 이런 방법의 적용이 타당성을 갖는다.

⑦ 앞선 업적을 살펴봄

한국어의 청자대우법이 주로 문장의 서술어에 결합하는 종결어미에 의해 실현되지만, 경우에 따라서 다른 문장의 구성 요소에 의해 실현되기도 한다. 하지만 종결어미는 모든 문장의 서술어에 반드시 결합하는데, 다른 요소는 문장에 따라 선택되지 않는 경우가 있다. 그래서 청자대우법의 등급 체계에 대한 논의는 문장의 서술어에 결합하는 종결어미의 형태 구조에 관심을 기울이는 것이다.

지금까지 타인대우법 중에서 청자대우법에 대한 논의가 가장 많이 이루어진 것은, 담화에서 화자가 직접 상대하는 청자에 대한 비중이 가장 높기 때문이다. 일반적으로 화자가 발화할 때 청자를 직접 상대하는 상관적 장면을 전제하게 되는데, 주체대우법과 객체대우법이 실현되는 문장에 등장하는 문장의 주체와 객체가 발화의 장면에 반드시 동반하지 않는 경우가 많다. 따라서 실제 담화에서 화자가 청자에 대해 가지는 관심이 문장의 주체나 객체에 대해 가지는 관심에 비해 상대적으로 큰 것이 당연하다. 그리고 주체대우법과 객체대우법은 문장의 주체와 객체를 높여서 대우하는 경우와 높이지 않고 대우하는 경우로 크게 두 가지로만 구분된다. 하지만 청자대우법은 청자를 높여서 대우하는 경우와 높이지 않고 대우하는 경우로 크게 구분되기는 하지만, 높여서 대우하는 경우는 다시 화자의 청자에 대한 높임의 대우 관념에 따라 몇 등급으로 구분된다. 이것은 청자대우법의 실현이 주체대우법과 객체대우법의 실현에 비해 더 정밀하게 실현되는 사실을 보여주는 것이다.

한국어의 청자대우법에 관한 논의는 지금까지 매우 활발하였다. 최현배(1961)에서 문장의 서술어에 결합하는 종결어미에 따라 청자대우법의 체계를 기술해 온 것은 물론, 거의 대부분의 논자들이 이러한 방법으로 청자대우법의 체계를 논의해 왔다. 그리고 청자대우법의 체계를 세운 논자들은, 대부분 청자대우법을 실현하는 종결어미의 형태 구조에는 관심을 기울이지 않고 종결어미의 의미 기능이나 화자와 청자 사이의 사회적 관계 등에 주로 관심을 기울였다. 다시 말하면 담화에서 말을 듣는 청자와 말하는 화자 사이의 여러 가지 사회적·심리적인 관계에 따라 청자대우법의 등급 체계를 기술하는 방법을 취한 경우가 많다. 그 결과 문장에서 청자대우법을 실현하는 종결어미의 형태 구조에 대한 분석을 시도하기보다 종결어미의 의미 기능 및 화자와 청자 사이의 관계 등에 기대어 청자대우법의 등급 체계를 세우려고 하였다. 즉 그들은 종결어미에 대한 문법적 층위의 분석보다 의미적 층위의 분석에 더 많은 관심을 가졌다. 따라서 종결어미에 대한 의미자질의 분석에 기대어 청자대우법의 등급 체계를 기술하는 방법을 취하게 되었다. 종결어미가 가지는 의미자질에 [높임] 자질이 있느냐 없느냐의 기준에 따라 청자대우법의 등급을 분류하는 것이 앞선 논자들의 공통적인 방법이었다. 한 개의 종결어미가 [높임] 자질을 가지면 높임 등급의 청자대우법을 실현하는 것으로 기술하고, [높임] 자질을 갖지 않으면 낮춤 등급의 청자대우법을 실현하는 것으로 기술하였다. 이런 방법을 적용한 나머지 종결어미가 가지는 [높임] 자질의 유무에 따라 청자대우법의 체계를 높임 등급 아니면 낮춤 등급이라는 양분적인 등급으로 기술하게 된 것이다. 이와 같이 앞선 논자들은 종결어미가 가지는 [높임] 자질의 유무에 따라 청자대우법의 체계를 세우는 데 관심을 집중하면서 종결어미의 형태 구조에 대해서는 관심을 가지지 않게 된 것이다.

하지만 문장의 서술어에 설합하는 종결어미의 의미 기능은 그 종결어미의 형태 구조에 의해 결정된다. 따라서 청자대우법의 등급 체계에 대한 문법적 층위의 객관적인 기술을 위해서는 종결어미의 형태를 이루는 어미구조체의 구성 요소에 대한 정밀한 분석이 반드시 필요하다.

널리 알려져 있는 바와 같이 한국어는 언어 유형론적으로 교착어에 속한다. 따라서 한국어의 여러 가지 문법적인 현상을 객관적으로 기술하기 위해서는 그 문법 범주를 실현하는 문법 형태에 대한 세심한 관찰과 정밀한 분석이 반드시 이루어져야 할 것이다. 실제로 문장의 서술에 결합하는 종결어미의 형태 구조에는 화자가 청자에 대해 나타내는 여러 가지의 대우 관념이 반영된다. 즉 종결어미의 형태 구조를 이루는 어미구조체의 구성 요소에 청자에 대한 화자의 대우 관념이 반영되어 나타나기 마련이다. 그러므로 청자대우법의 등급 체계를 객관적으로 세우기 위한 중요한 방법의 하나는 종결어미의 형태 구조에 대한 정밀한 분석이 반드시 전제되어야 한다. 지금까지 청자대우법의 등급 체계에 대한 논의의 거의 대부분이 종결어미가 가지는 [높임] 자질의 유무에 따라 기술해 왔기 때문에, 청자대우법의 등급 체계가 높임 등급과 낮춤 등급으로 구분되는 양분적인 체계로 기술된 것이다.[32] 따라서 종결어미의 형태 구조에 대한 정밀한 분석을 시도하지 않은 채 종결어미의 의미 기능에만 기대어 청자대우법의 등급을 체계화함으로써 실제로 존재하지 않는 낮춤 등급을 설정하게 되었다.

한국어 청자대우법의 체계에 대한 앞선 논의는 크게 3가지의 부류로 나눌 수 있다. 첫째 부류는 청자대우법의 체계를 높임 등급과 낮춤 등급의 양분적인 대립 체계로 기술하는 방법이고, 둘째 부류는 청자대우법의 체계를 격식체와 비격식체의 문체적인 차이에 따라 이원적인 체계로 기술하는 방법이며, 셋째 부류는 청자대우법의 체계를 안높임 등급을 기준으로 높임 등급이 대립하는 체계로 기술하는 방법 등이다. 첫째 부류에 속하는 논의에는 최현배(1961)를 비롯하여 많은 논자들이 있는데, 이들은 종결어미의 의미 기능을 [높임] 자질의 유무에 따라 기술함으로써 [높임] 자질을 가지지 않는 종결어미는 낮춤 등급의 청자대우법을 실현하는 것으로 체계화하였다. 둘째 부류에 속하는 논의에는 고영근(1974), 서정수(1984)

---

32) 서술어에 결합하는 종결어미가 [높임] 자질을 갖지 않는다고 낮춤 등급을 실현하는 것이 아님에도 불구하고, 대부분의 앞선 논자들은 한국어 청자대우법을 높임과 낮춤의 대립적인 체계로 기술해 왔다.

를 비롯하여 몇몇 논자들이 있는데, 이들은 종결어미의 형태를 격식체와 비격식체라는 문체적 차이로 구분함으로써 이원적인 체계의 청자대우법을 기술하고자 하였다. 그리고 셋째 부류에 속하는 논의에는, 첫째 부류에 속하는 논의에서 청자대우법을 높임과 낮춤의 대립적인 체계로 세운 것과 달리, 안높임(평대)을 기준으로 높임(존대)과 대립을 이루는 체계로 기술함으로써 실제로 존재하지 않는 낮춤 등급을 설정하지 않았다.

각 부류에 속하는 대표적인 몇몇 논의를 살펴보기로 한다. 첫째 부류의 논의에 속하는 것으로는 최현배(1961), 김민수(1964), 강윤호(1968) 등이 있다.

    (1) 최현배(1961)
        아주높임 : 합쇼체
        예사높임 : 하오체
        예사낮춤 : 하게체
        아주낮춤 : 해라체
        등외 : 반말

    (2) 김민수(1964)
        극존칭 : 하나이다
        보통존칭 : 합니다
        존경 : 하오
        하대 : 하게
        보통하대 : 해
        극하대 : 해라

    (3) 강윤호(1968)
        극존대체 : 하소서
        보통존대체 : 합쇼
        보통비대체 : 하게
        극비대체 : 해라

  (1)~(3)은 한국어의 청자대우법을 높임과 낮춤의 대립적인 체계로 세운 대표적인 보기인데, 이러한 체계에는 현실 언어에 존재하지 않는 낮춤 등급을 설정한 문제점을 안고 있다. (1)~(3)과 같이 낮춤 등급을 설정한 논의의 대부분은 종결어미를 [높임] 자질의 있고 없음에 따라 분류함으로써 높임과 낮춤이 양분적으로 대립하는 청자대우법의 체계를 세웠다. 실제로 이 부류에 속하는 논의에서는 청자를 대우하는 체계에 높임 등급을 설정하면 이것에 대립하는 낮춤 등급이 설정되어야 한다는 관점을 가지고 있다. 하지만 형용사 '높다'와 '낮다'는 양분 대립어가 아니고 극성 대립어이다. 양분 대립어는 '살다와 죽다', '남자와 여자' 등의 대립어와 같이 서로 상보적으로 대립하는 관계를 가진다. 극성 대립어는 '크다와 작다', '길다와 짧다', '높다와 낮다' 등의 대립어와 같이 일정한 중간 영역을 기준으로 +극과 −극으로 대립하는 관계를 가진다. 이를테면 '나무가 크지도 않고 작지도 않다.', '막대기가 길지도 않고 짧지도 않다.', '지붕이 높지도 않고 낮지도 않다.' 등과 같은 문장이 성립된다. 그러나 양분 대립어에 속하는 것들은 대립하는 두 어휘소를 모두 부정하는 문장이 성립하지 않는다. 이를테면 '그 사람은 죽지도 않고 살지도 않았다.', '그 사람은 남자도 아니고 여자도 아니다' 등과 같은 문장은 정상적인 문장으로 받아들여지지 않는다. 첫째 부류에 속하는 대표적인 업적 (1)~(3)에는 높임 영역과 낮춤 영역은 설정하면서 중간 영역은 설정하지 않았다. 따라서 (1)~(3)과 같이 청자대우법의 체계를 높임 등급과 낮춤 등급이 대립하는 관계로 기술하는 방법은 현실 언어에 부합하지 않으며, 이것은 극성대립어에 속하는 형용사 '높다'와 '낮다'의 대립적 의미에도 맞지 않는다.

  둘째 부류에 속하는 대표적인 업적에는 고영근(1974), 서정수(1984), 한길(2002) 등이 있다.

(4) 고영근(1974)

　　ㄱ. 사원적 체계 : 합쇼체 : ─습니다

　　　　　　　　　　하오체 : ─으오

　　　　　　　　　　하게체 : ─게

　　　　　　　　　　해　라 : ─ㄴ다/다

　　ㄴ. 이원적 체계 : '요'통합가능형 : ─어, ─지

　　　　　　　　　　'요'통합형 : ─어요, ─지요

(5) 서정수(1984)

	격식체	비격식체
존　대	아주높임(합쇼체)	두루높임
	예사높임(하오체)	
비존대	예사낮춤(하게체)	두루낮춤
	아주낮춤(해라체)	

(6) 한길(2002)

	격식체	비격식체	
높임	아주높임	반말+요	높　임
	예사높임		
같음	높낮이 없음	반말	안높임
낮춤	예사낮춤		
	아주낮춤		

　　(4)~(6)은 한국어 청자대우법을 격식체와 비격식체의 문체적 차이로 나누는 이원적인 체계를 세운 보기이다. 이러한 체계에서는 '─어', '─지' 등의 종결어미와 '─다', '─느냐' 등의 종결어미를 구분하여, 전자와 같은 종결어미를 비격식체라 하고 후자와 같은 종결어미를 격식체라 하였다. 그리고 고영근(1974)에서 세운 (4)를 제외하고 서정수(1984)가 세운 (5)와 한길(2002)에서 세운 (6)에서는 격식체와 비격식체를 각각 높임 등급과 낮춤 등급으로 구분하는 점에서, 첫째 부류에 속하는 체계에서 드러난 문

제점을 둘째 부류에 속하는 체계에서도 그대로 안고 있다. 또한 둘째 부류에 속하는 체계에서는 '-어', '-지'와 같은 이른바 비격식체에 속하는 종결어미에 의해 실현되는 청자대우법의 등급을 두루낮춤이라고 규정한 것은 낮춤 등급이 성정될 수 없으므로 객관성을 갖지 못한다. 하지만 (6)에서 '-어', '-지' 등의 종결어미에 의해 안높임 등급의 청자대우법을 실현한다고 규정한 것은 설득력을 가지고 있지만, 이들 종결어미에 의해 높임 등급을 실현하는 경우가 있는 사실은 지나치고 있다. 왜냐하면 '-어', '-지' 등의 종결어미가 문장 안에서 청자를 나타내는 2인칭대명사의 높임형인 '자네'와 자연스럽게 호응하는 문장이 정상적으로 받아들여지기 때문이다. 이를테면 '자네는 언제 떠날 계획이지?' '자네도 많이 먹지.' 등과 같은 문장에서 2인칭대명사 '자네'와 '-지'에 의해 실현되는 청자대우법의 등급이 서로 일치하는 것으로 보인다. 결국 둘째 부류에 속하는 체계에는 크게 두 가지 문제점을 안고 있다. 하나는 청자대우법의 체계를 기술하면서 현실 언어에 부합하지 않는 격식체와 비격식체로 구분하는 점이고, 나머지 하나는 첫째 부류에 속하는 체계와 같이 낮춤 등급의 청자대우법을 설정한 것이다. 따라서 둘째 부류에 속하는 체계는 크게 두 가지 측면의 문제점을 안고 있어서 타당성을 갖지 못한다.

셋째 부류에 속하는 논의에는 박창해(1964), 허웅(1969), 김종택(1981), 김태엽(1999) 등이 있다.

    (7) 박창해(1964, 1990)
       ㄱ. 정식용어 : -읍니다
       ㄴ. 정식용어의 반말 : -우, -오, -아요
       ㄷ. 중간용어 : -어
       ㄹ. 평교용어 : -다
       ㅁ. 평교용어의 반말 : -아

(8) 허웅(1969)
     갑니다
     가오, -가(아)
     가네, -가(아)
     간다

(9) 김종택(1981)

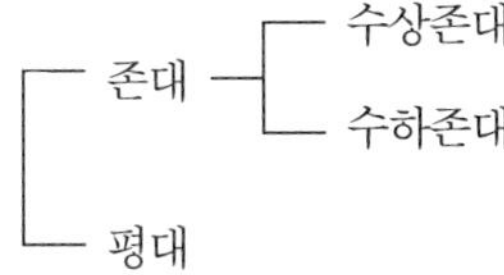

(10) 김태엽(1999)
     높 임[+높임] : 아주 높임 : -습니다
                    조금더높임 : -으오
                    조금 높임 : -네
     안높임[0높임] : 안높임 : -다/ㄴ다

  (7)~(10)에서는 모두 낮춤 등급을 청자대우법의 체계에 설정하지 않은 공통점을 가지고 있다.[33] (10)의 체계에서 안높임 등급을 실현하는 서술어미 '-다/ㄴ다'가 문장에서 청자를 나타내는 2인칭대명사의 기본형 '너'와 자연스럽게 호응하고, 조금 높임 등급을 실현하는 서술어미 '-네'가 문장에서 2인칭대명사의 높임형 '자네'와 자연스럽게 호응한다. 그러므로 서술어미 '-다/ㄴ다'는 안높임(평대)의 청자대우법을 실현하는 것이다. (7)~(10) 가운데 허웅(1969)에서 세운 (2)의 체계는 당시에는 크게 주목을 받지 못하였지만, 오늘날 우리의 관점에서 보면 매우 합리적인 등급 체계라고 평가할 수 있다. 그 당시 청자대우법의 체계를 세운 거의 모든 논자들이 높

---

33) 중세 한국어에 대한 청자대우법의 체계를 세운 권재일(1998)에서도 낮춤 등급을 설정하지 않았다.

임 등급에 대립하는 낮춤 등급을 설정하였으나, 허웅(1969)에서는 (8)과 같이 낮춤 등급을 설정하지 않고 청자에 대한 대우 등급의 차이를 단순하고 분명하게 제시해 주고 있다. (7)~(10)에서 청자대우법의 체계에 낮춤 등급을 설정하지 않은 점은 모두 일치되는 견해를 보여주지만, 청자대우법의 등급 구분에서는 서로 약간의 차이가 있다. 즉 (9)에서는 3등급으로 구분하였고, (8)와 (10)에서는 4등급으로 구분하였으며, (7)에서는 5등급으로 구분하였다. 이런 차이에도 불구하고 셋째 부류에 속하는 (7)~(10)의 체계가 우리의 주목을 받는 점은, 한국어의 청자대우법을 높임과 낮춤의 대립 체계로 기술해 온 첫째 부류와 둘째 부류에 속하는 (1)~(6)의 체계에 대한 근본적인 반성을 통해 청자대우법의 등급 체계에 낮춤 등급을 설정하지 않았다. (7)~(10)의 체계와 같이 첫째 부류와 둘째 부류에 속하는 체계들이 안고 있는 문제점을 극복하게 되는 획기적인 발상의 전환이라고 말할 수 있다. 청자대우법의 체계에 낮춤 등급을 설정하지 않은 견해는 일찍이 박창해(1964, 1990)에서 찾아볼 수 있다. 즉 (7)의 체계에서 정식용어와 평교용어를 구분하고, '−읍니다'를 정식용어로 기술하고 '−다'를 평교용어로 기술하였다. 여기에서 평교용어란 청자를 높이지도 않고 낮추지도 않으면서 대우하는 안높임(평대)을 말하는데, (9)의 평대와 (10)의 안높임을 실현하는 종결어미가 곧 평교용어라고 할 수 있다. (7)의 체계에서 평교용어라고 기술한 종결어미 '−다'는 청자가 손자이거나 제자이거나 또는 화자보다 나이가 아주 적은 사람이거나 화자가 높이지 않고 대우할 청자이면 누구에게나 사용할 수 있다. 첫째 부류에 속하는 체계에는 청자가 손자이거나 제자이거나 화자보다 나이가 아주 적은 사람에게는 낮추어 대우하는 것으로 처리함으로써 종결어미 '−다'가 아주낮춤 등급의 청자대우법을 실현하는 것으로 기술하였다. 하지만 (7)과 같이 나타낸 박창해(1964, 1990)의 (2)에서는 '−다'를 평교용어라고 규정함으로써 청자가 손자이든 제자이든 나이가 화자보다 아주 적은 사람이든 안높임(평대)의 등급을 실현하는 것이 종결어미 '-다'임을 객관적으로 기술한 탁견이라고 할 수 있다.

　이상에서 살펴본 바와 같이 첫째 부류에 속하는 체계에는 청자대우법의 등급 체계에 실제로 존재하지 않는 낮춤 등급을 설정한 문제점을 안고 있고, 둘째 부류에 속하는 체계에는 실제로 존재하지 않는 낮춤 등급을 설정한 문제점과 현실 언어에 전혀 부합하지 않는 격식체와 비격식체로 구분하여 이원적인 체계를 세운 문제점을 안고 있다. 셋째 부류에 속하는 체계에는 청자대우법의 등급 구분은 서로 일치하지 않는 점이 있지만, 실제로 존재하지 않는 낮춤 등급을 설정하지 않은 점에서는 서로의 견해가 일치한다. 따라서 현실 언어에 가장 부합하고 논리적으로 타당성을 가진 청자대우법의 체계는 셋째 부류에 속하는 체계라고 말할 수 있다.

⑧ 한국어 청자대우법의 체계

　한국어의 대우법에 대한 논의가 지금까지 실로 많이 이루어졌다. 그 가운데서도 특히 타인대우법에 해당하는 청자대우법에 관한 논의가 가장 많이 이루어졌다. 많은 논자들에 의해 청자대우법에 대한 논의가 이루어진 만큼 이 분야에 대한 연구 업적 또한 적지 않다. 아직 논자들에 의해 청자대우법에 대한 논의가 활발하게 이루어지고 있지만, 앞 절에서 살펴본 대로 청자대우법의 체계에 대한 논자들의 견해가 일치되지 않은 부분이 많다. 그 이유는 다음의 몇 가시로 요약할 수 있다.

　첫째는 앞선 논자들에 의해 세워진 한국어 청자대우법의 체계에 언어 현실이 제대로 반영되지 않았다. 둘째는 한국어의 대우법에 대한 연구 중에서 아직도 해결되지 않은 부분이 있거나 또는 연구된 내용에 문제점을 안고 있다. 셋째는 급격한 현대 사회의 변천으로 말미암아 그동안 이루어진 한국어 청자대우법의 연구 방법과 연구 대상이 유동적이어서 서로 다른 연구 결과가 계속 나오고 있다.

한국어에는 한국의 역사, 문화, 전통, 관습, 정신 등이 보이지 않게 반영되어 있으며, 우리 한국 사람들의 심성 세계가 알게 모르게 녹아 있을 것이다. 한국어에 반영되어 녹아 있을 우리 한국 사람들의 공통적인 가치와 보편적인 심성 세계를 모두 들추어내는 것은 불가능한 일이다. 그러나 일찍부터 한국어에 발달해 있는 대우법이라는 문법 범주는 한국의 언어 예절이 반영되어 있다. 우리 한국 사람들은 타인의 인격을 존중하는 심성을 가지고 있기 때문에, 타인에 대해서는 예의를 갖추기 위해 주로 높여서 대우하고 화자 자신에 대해서는 낮추어 대우하는 것을 보편적인 언어 예절로 여겨왔다. 그래서 한국어의 대우법은 타인을 대우하는 타인대우법과 화자 자신을 대우하는 자기대우법으로 크게 구분된다.

한국어의 청자대우법을 체계화하기 위한 과제는 다음과 같다.

한국 사람들은 말을 할 때 청자가 누구냐에 따라, 그 청자와 화자와의 관계에 따라 그리고 발화 장면의 차이에 따라 문장의 서술어에 결합하는 종결어미의 종류를 다르게 선택한다. 이것은 종결어미의 형태에 따라 청자에 대한 화자의 대우 관념에 차이가 드러나기 때문이다. 따라서 청자대우법의 체계를 합리적으로 세우기 위해서는 먼저 종결어미의 형태 구조에 대한 정밀한 분석이 필요하다. 하지만 문장의 서술어에 결합하는 종결어미의 형태 구조에 대한 분석만으로 청자대우법의 등급 체계가 완벽하게 기술될 수 있는 것은 아니다. 담화의 장면에서 청자가 문장에 등장하기도 하지만 청자가 문장 밖에 있는 경우가 있기 때문에, 화자에 의해 발화되는 문장에는 여러 언어 외적인 조건이 다양하게 관여할 수 있다. 현대 한국어에서 원래부터 종결어미로 기능하는 형태는 그 형태 구조에 대한 정밀한 분석이 대부분 가능하지만, 본디 다른 기능을 수행하던 문법 형태가 그 기능이 전용되어 종결어미로 사용되는 형태는 그 구조에 대한 정밀한 분석이 쉽지 않다. 이런 종류의 종결어미는 그 형태 구조에 대한 분석만으로 청자대우법의 등급을 객관적으로 설명할 수 없으므로, 그 종결어미가 선택되는 발화 장면의 언어 외적인 여러 조건을 고려함으로써 청자대우법의 등급을 합리적으로 설명할 수 있다.

따라서 청자대우법의 체계는 언어 내적인 조건과 언어 외적인 조건을 모두 고려함으로써 청자대우법의 등급 체계를 더욱 합리적으로 기술할 수 있을 것이다. 청자대우법의 체계를 합리적으로 세우려면, 문법적으로 실증적인 근거를 뒷받침할 수 있는 것으로는 청자대우법을 실현하는 종결어미의 형태 구조에 대한 정밀한 분석이다. 그리고 화자와 청자 사이의 사회적·심리적 관계 및 발화 장면의 차이 등에 대한 객관적인 분석이 뒷받침되어야 할 것이다.

그래서 우리는 청자대우법의 등급 체계를 합리적으로 기술하기 위한 과제를 아래 (1)과 같이 제시하고, 이 두 과제를 풀어나감으로써 객관적인 청자대우법의 등급 체계를 세우고자 한다.

> (1) 한국어 청자대우법의 체계를 기술하기 위한 과제
> ㄱ. 언어 내적인 형태 분석
> ㄴ. 언어 외적인 요인 분석

문장의 서술어에 결합하는 종결어미는 마침법과 청자대우법을 동시에 실현하는 문법 형태이다. 이런 까닭으로 청자대우법과 마침법은 서로 긴밀한 관련성을 갖는 문법 범주이다 따라서 한국어 청자대우법의 체계를 논의할 때는 마침법을 함께 고려하고, 마침법의 체계를 논의할 때는 청자대우법을 함께 고려한다.

한국어 마침법의 체계에 대한 논의도 매우 다양하다. 하지만 문법론적 층위의 기준과 의미론적 층위의 기준에 따른 마침법의 하위 체계는 대개 서술법, 의문법, 명령법, 청유법 등의 4가지로 구분된다. 한국어의 마침법

을 이렇게 4가지의 하위 범주로 분류한 논의에는 주시경(1910), 최현배(1971), 허웅(1984), 권재일(1992) 등이 대표적인 업적인데,[34] 여기에서 마침법의 4가지 하위 범주에 따라 종결어미의 형태 구조를 분석한다.

먼저 서술법을 실현하는 종결어미를 분석한다.

> (2) ㄱ. 눈이 많이 내립니다.
> ㄴ. 눈이 많이 내리네.
> ㄷ. 눈이 많이 내린다.

(2)의 문장을 모두 서술문으로 판단하는 것은, 각 문장 서술어에 결합한 종결어미가 청자인 상대방에게 화자가 아무것도 요구하지 않으면서 문장을 끝맺는 기능을 수행하기 때문이다. 문장 서술어에 결합하는 종결어미에 의해 실현되는 마침법의 기능과 청자대우법의 기능은, 그 종결어미의 형태를 이루는 어미구조체의 구성 요소에 따라 두 가지 문법 기능을 구별하여 그 각각의 기능을 수행하는 것을 설명할 수 있다. 이것은 종결어미의 형태 구조를 이루는 어미구조체의 구성 요소에는 문장을 끝맺는 기능을 수행하는 문장종결소와 청자를 대우하는 문법적 기능을 수행하는 청자높임소가 관여하기 때문이다. 하지만 본디부터 종결어미로 기능하지 않고 다른 기능어로 쓰이던 문법 형태가 기능 전용되어 종결어미로 기능하는 형태는 문장종결소와 청자높임소의 분석이 어려운 경우가 있다.

종결어미의 형태를 이루는 어미구조체의 구성 요소에는 일반적으로 선어말어미, 청자높임소, 문장종결소 등이 모두 관여하는 경우도 있고 또 부분적으로 관여하는 경우도 있다. 따라서 우리는 앞에서 종결어미의 형태를 이루는 어미구조체의 일반적인 양식을 'X+SL+ST'와 같이 나타내었다. 종결어미의 형태를 이루는 어미구조체의 일반적인 구성 양식에 따

---

34) 마침법의 하위 범주화에 대한 기준은 권재일(1992)을 참조.

르면 (2ㄱ)의 문장 서술어에 결합한 종결어미 '-습니다의 형태'는 'X+이+ST'와 같은 유형의 어미구조체로 분석될 수 있고, (2ㄴ)의 문장 서술어에 결합한 종결어미 '-네'의 형태는 'X+이+ø'와 같은 유형의 어미구조체로 분석될 수 있으며, (2ㄷ)의 문장 서술어에 결합한 종결어미 '-ㄴ다'의 형태는 'X+ø+ST'와 같은 유형의 어미구조체로 분석될 수 있다. 즉 (2ㄱ)의 문장 서술어에 결합한 종결어미 '-습니다'의 형태를 이루는 어미구조체는 선어말어미와 청자높임소와 문장종결소가 모두 갖추어져 있는 '습+느+이+다'의 구성인데, 이 어미구조체의 구성 요소에 관여하는 청자높임소 '-이-'가 온전한 기능을 수행하므로 이 종결어미는 아주 높임의 청자대우법을 실현한다. 하지만 (2ㄴ)의 문장 서술어에 결합한 종결어미 '-네'의 형태를 이루는 어미구조체의 구성 요소에는 선어말어미와 청자높임소는 관여하고 있지만 문장종결소가 관여하지 않았다. 이러한 구성의 어미구조체에 관여하는 청자높임소 '-이-'는 청자에 대한 높임 기능을 온전하게 수행하지 못하는데, 이것은 청자높임소 '-이-'가 문장을 끝맺는 기능을 수행하는 문장종결소 '-이'로 바뀌면서 청자 대우 기능이 축소되기 때문이다. 청자높임소 '-이-'가 문장종결소의 기능을 갖는 '-이'로 기능 변동함으로써 청자대우법의 기능과 마침법의 기능을 동시에 수행하는 종결어미가 된다. 따라서 (2ㄴ)의 서술어에 결합한 종결어미 '-네'의 형태를 이루는 어미구조체의 구성에 관여하는 청자높임소에 의해 실현되는 청자대우법의 등급이 낮아진다. 이런 현상을 앞에서 우리는 문법 형태소가 수행하는 문법 기능부담량의 한계성에 그 원인이 있는 것으로 해석하였다. 따라서 (2ㄱ)의 문장 서술어에 결합한 종결어미 '-습니다'의 형태를 이루는 어미구조체의 구성과 같이 청자높임소 뒤에 문장종결소가 관여하고 있는 경우는 청자를 가장 높여서 대우하는 청자대우법을 실현하게 되고, (2ㄴ)의 문장 서술어에 결합한 종결어미 '-네'의 형태를 이루는 어미구조체의 구성과 같이 청자높임소 뒤에 문장종결소가 관여하고

있지 않은 경우에는 청자를 조금 높여서 대우하는 청자대우법을 실현하게
된다. 그리고 (2ㄷ)의 문장 서술어에 결합한 종결어미 '-ㄴ다의 형태'를
이루는 어미구조체의 구성과 같이 청자높임소가 관여하지 않고 문장종결
소만 관여하는 경우에는 청자에 대해 화자의 높임 대우 관념이 전혀 반영
되지 않기 때문에 안높임 등급의 청자대우법을 실현하게 된다. 이렇게 (2)
의 각 문장 서술어에 결합한 종결어미는 그 형태 구조를 이루는 어미구조
체의 구성 요소에 따라 청자대우법의 등급이 각각 다르게 실현되는 점이
확인된다. 따라서 종결어미의 형태 구조를 이루는 어미구조체의 구성 요
소에 관여하는 요소 중에서 청자높임소와 문장종결소의 관여 여부에 따
라 청자대우법의 등급이 달라지는 사실은, (2)의 각 문장 서술어에 결합한
종결어미의 형태 구조에 대한 정밀한 분석을 통해 확인이 가능하다.

다음에는 명령법을 실현하는 종결어미를 분석한다.

> (3) ㄱ. 회사에 어서 가십시오.
> 　　ㄴ. 회사에 어서 가게.
> 　　ㄷ. 회사에 어서 가거라.

(3)의 세 문장은 모두 화자가 말을 듣는 청자에게 문장의 명제 내용을
행동 수행으로 옮겨줄 것을 요구하는 명령문이다. 이들 각 문장 서술어에
결합한 명령어미의 형태 구조에 대해서도, (2)의 각 문장 서술어에 결합한
서술어미의 형태 구조에 대한 분석 방법과 같이 각각의 형태를 이루는 어
미구조체를 분석할 수 있다. (3)의 각 문장 서술어에 결합한 명령어미의
형태를 이루는 어미구조체의 구성 요소에도 선어말어미, 청자높임소, 문
장종결소 등이 관여하는데, 이들 문법 요소의 관여 여부에 따라 청자대우
법의 등급이 다르게 실현된다.

(3ㄷ)의 문장 서술어에 결합한 명령어미 '-거라'의 형태를 이루는 어미

구조체는 '거+ø+라'와 같은 구성으로 분석되는데, 이 어미구조체의 구성 요소에는 청자높임소가 관여하지 않으므로 안높임 등급의 청자대우법을 실현한다. 명령어미 '-거라'의 형태 구조를 이루는 어미구조체의 구성 요소에 관여하는 '-거-'는 [+예정] [-완료] 등의 의미 자질을 가지는 것으로 파악된다. 따라서 '-거라'는 아직 일어나지 않은 명제 내용을 행동수행으로 옮겨줄 것을 요구하는 명령어미이다. 이 '-거라'의 형태 구조에 관여하는 '-거-'는 명령어미 '-아/어라', '-너라' 등의 형태 구조에 관여하는 '-아/어-', '-너-'와 계열관계를 이룬다. 그러므로 명령어미 '-거라', '-아라', '-어라', '-너라' 등의 형태 구조에 관여하는 '-거-', '-아/어-', '-너-' 등은 모두 아직 일어나지 않은 문장의 명제 내용을 행동수행으로 옮겨줄 것을 요구하는 의미로 분석된다. 한편 서태룡(1985)에서는 이른바 간접명령어미 '-으라'의 형태를 재분석하여 '-을'과 '-아'를 추출하고, '-을'의 의미특성을 [+예정] [-기정] [-완료] 등의 자질로 분석하면서 아직 이루어지지 않은 행위를 나타낸다고 설명하였다. 직접명령어미로 불리는 '-거라'의 형태에서 '-라'를 다시 '을+아'와 같이 분석할 수 있느냐 없느냐에 대한 문제는 충분한 고찰이 필요하지만,35) 여기서는 더 이상 논의하지 않는다.

(3ㄴ)의 문장 서술어에 결합한 명령어미 '-게'의 형태를 이루는 어미구조체의 구성 요소에는 선어말어미와 청자높임소만 관여하고 있고 본디부터 문장종결소는 관여하지 않았다. 명령어미 '-게'의 형태를 이루는 어미구조체의 구성 요소를 '거+이+ø'와 같은 구성으로 분석할 수 있는데, 이 어미구조체의 구성 요소로 관여하는 청자높임소 '-이-'는 문장종결소가 없는 어미구조체에서 어말어미 '-이'로 기능 변동하여 청자 높임의 기능과 문장 종결의 기능을 동시에 수행하게 된다. 따라서 이 형태는 '-거

---

35) '-거라'의 '라'가 '을+아'로 분석된다면, 이 경우의 '을'이 '-거라'의 '거'가 가지는 [+예정] [-완료]라는 의미 자질과 겹쳐지는 것으로 볼 수 있다.

라'와 달리 청자를 조금 높여서 대우하는 청자대우법을 실현한다. 명령어미 '-게'의 형태에서 분석되는 문법 요소 '-거-'는 (3ㄷ)의 명령어미 '-거라'에서 분석되는 '-거-'와 동일한 의미자질을 가지므로, 이것은 앞으로 일어날 행위에 대해 요구하는 경우에 선택되는 문법 요소이다. 그리고 (3ㄱ)의 문장 서술어에 결합한 명령어미 '-습시오'의 형태 구조는 어미구조체의 구성 요소에는 선어말어미, 청자높임소, 그리고 문장종결소가 모두 관여하는 어미구조체의 양식인 'X+SL+ST'의 각 요소를 모두 갖추고 있다. 따라서 명령어미 '-습시오'의 형태는 청자를 아주 높여서 대우하는 청자대우법을 실현한다. 즉 명령어미 '-습시오'의 형태를 이루는 어미구조체 '습+시+오'의 구성에서 '-습-'은 역사적으로 객체높임소에서 청자 높임의 기능으로 바뀐 문법 요소이며 그리고 '-시-'는 다시 '사+이'로 재분석될 수 있다. 이 경우 '-시-'에서 재분석된 '-사-'는 15세기 한국어에서 높임의 청유어미 '-사이다'의 형태 구조에 관여하는 '-사-'에 소급될 수 있고, '-이-'는 15세기 한국어에서 청자높임소로 기능한 '-이-'에 소급되는 문법 형태이고, '-오'는 문장종결소이다.

명령어미 '-습시오'의 형태를 이루는 어미구조체의 구성 요소에 관여하는 '-시-'를 재분석하여 얻을 수 있는 '-사-'가 15세기 한국어에서 높임의 청유어미로 기능하였는데, 이것이 과연 현대 한국어에서 명령어미의 형태를 이루는 어미구조체의 구성 요소로 관여할 수 있느냐에 주목할 필요가 있다. 사실 마침법의 하위 범주에 속하는 명령법과 청유법의 관계는 다른 하위 범주와 달리 매우 유사한 특징을 가진다. 명령법과 청유법은 그 의미자질의 차이가 크지 않다. 즉 명령법과 청유법의 의미자질은 [-요구] [+행동수행]이라는 공통되는 자질을 가지면서, 오직 화자가 요구하는 [+행동수행]이 청자에 대해서만 요구하느냐 아니면 청자와 화자에 대해 함께 요구하느냐의 차이가 있을 뿐이다. 그러니까 화자가 청자에게 어떤 행동수행을 요구하는 점에서는 명령법과 청유법이 구별되지 않는 동일한 의미적 자질을 가진다.

Lyons(1977)에는 영어의 문장을 크게 서술법, 의문법, 명령법 등의 3가지로 나누었다. Lyons(1977)에서는 청유법을 명령법에 포함시켜서 영어의 마침법을 크게 3가지로 분류하였는데, 이러한 분류 방법은 청유법과 명령법은 화자의 요구 내용이 [+행동수행] 자질이라는 동일한 의미자질을 가지기 때문이다. 하지만 명령법과 청유법이 전적으로 동일한 의미자질을 가지는 것이 아니므로, 한국어에서는 이 두 범주를 분리하여 설정하고 있다. 따라서 명령어미 '-습시오'의 형태를 이루는 어미구조체의 구성 요소로 관여하는 '-시-'에 대한 재분석을 통해 얻을 수 있는 '-사-'가 15세기 한국어의 청유어미를 이루는 구성 요소에까지 소급되는 것으로 해석할 수 있다. 명령어미 '-습시오'에서 분석되는 '-시-'에 대한 재분석으로 얻을 수 있는 '-사-'의 의미자질은 화자가 청자에 대해 [+행동수행]을 요구하는 데 있으므로, 이 문법 요소는 명령법과 청유법에 공통되는 의미자질이라 할 수 있다.

(3)의 각 문장 서술어에 결합한 명령어미의 형태에 대한 재분석을 통해 그 형태의 어미구조체에 관여하는 구성 요소를 살펴보았는데, 서술어미의 형태를 이루는 어미구조체의 일반적인 구성 유형과 일치한다. 그러므로 명령어미의 형태를 이루는 어미구조체의 구성 요소에 청자높임소의 관여 여부에 따라 명령어미에 의해 실현되는 청자대우법의 등급이 달라지는 것이다.

아래 (4)에서 청유법을 실현하는 종결어미를 분석한다.

> (4) ㄱ. 집에 어서 갑시다.
> ㄴ. 집에 어서 가세.
> ㄷ. 집에 어서 가자.

(4)의 각 문장에는 청유어미 '-습시다', '-세', '-자' 등의 형태가 서술어에 결합하였다. 이들 청유어미의 형태를 이루는 어미구조체를 정밀하게 분석하면 앞에서 살펴본 서술어미와 명령어미의 형태를 이루는 어미구조체의 구성 유형과 동일하게 나타난다.

(4ㄱ)의 문장 서술어에 결합한 청유어미 '-습시다'를 분석하면 '습+시+다'와 같이 어미구조체의 구성 요소가 쉽게 드러나는데, 이 어미구조체에 관여하는 '-시-'는 다시 '사+이'로 재분석된다. 청유어미 '-습시다'의 형태를 이루는 어미구조체의 구성에서 '-습-'은 15세기 한국어에서 객체높임소로 기능하던 문법 형태인데, 이것은 근대 한국어에 와서 청자를 높여서 대우하는 기능으로 바뀐 문법 요소이다. 그리고 '-시-'의 재분석으로 얻을 수 있는 '-사-'는 15세기 한국어의 청유어미 '-사이다'의 구성에 관여한 '-사-'에 소급되는 문법 요소이다. 또 이 '-사-'와 함께 분석되는 '-이-'는 15세기 한국어의 청자높임소 '-이-'에 소급되는 문법 요소이다. 그리고 '습+사+이+다'의 어미구조체의 구성 요소 '-다'는 문장을 끝맺는 기능을 수행하는 문장종결소이다. 청유어미 '-습시다'의 형태를 이루는 어미구조체의 구성 요소에서는 청자높임소 '-이-'의 기능이 온전하게 수행되므로, 이 형태는 아주 높임 등급의 청자대우법을 실현한다. 그리고 (4ㄴ)의 문장 서술어에 결합한 청유어미 '-세'는 '사+이+ø'와 같은 구성의 어미구조체로 분석될 수 있는데, 이 어미구조체에 관여하는 '-사-'는 (4ㄱ)의 '-습시다'를 이루는 어미구조체에 관여하는 '-사-'와 마찬가지로 15세기 한국어의 청유어미 '-사이다'의 형태 구성에서 분석되는 '-사-'에 소급된다. 그리고 이 어미구조체의 구성 요소로 관여하는 '-이-'는 원래는 청자높임소지만, 이 어미구조체의 구성 요소에 문장종결소가 관여하지 않으므로 청자높임소 '-이-'가 어말어미 '-이'로 기능 변동한 것이다. 이러한 기능 변동으로 말미암아 '-이'는 청자 높임의 기능과 문장 종결의 기능을 동시에 실현하게 되므

로, 이 형태는 조금 높임의 청자대우법을 실현한다.

(4ㄷ)의 문장 서술어에 결합한 청유어미 '-자'의 형태를 살펴본다. 이 형태를 과연 더 작은 구성 요소로 재분석할 수 있을까가 문제이다. 고대 한국어에서부터 말을 듣는 청자에 대해 화자의 희망이나 바람을 나타내는 형태에 향찰문자 '＊-져(齊)'가 사용되었는데, 이 형태는 15세기 한국어에서 흔하게 찾아볼 수 있다.[36] 15세기 한국어에 사용되던 의문어미 '-녀', '-려' 등이 후대에 '-냐', '-랴' 등으로 바뀌듯이 그때 화자의 희망이나 바람을 나타내던 어말어미 '-져'도 역시 후대에는 '-쟈'로 바뀌고, 이것이 다시 단모음화에 의해 '-자'로 바뀐 것으로 볼 수 있다. 청유어미 '-자'의 형태를 이루는 어미구조체의 구성 요소에는 어떤 선어말어미도 관여하지 않고 다만 문장을 끝맺는 기능을 수행하는 문장종결소만 관여하기 때문에 이 형태는 안높임 등급의 청자대우법을 실현한다.

앞의 (2)~(4)에서 살펴본 서술어미, 명령어미, 청유어미 등의 형태를 이루는 어미구조체의 구성 요소로 관여하는 문법 요소에 따라 청자대우법의 등급 차이가 구별될 수 있다. 하지만 마침법 중에서 의문어미의 형태는 다른 종결어미의 형태와 조금 다른 면이 있기는 하지만, 대체로 의문어미의 형태를 이루는 어미구조체의 구성 요소로 관여하는 문법 요소에 따라 청자대우법의 등급을 구분할 수 있다.

· 아래 (5)에서 의문법을 실현하는 종결어미를 분석한다.

(5) ㄱ. 비가 많이 옵니까?
　　ㄴ. 비가 많이 오는가?
　　ㄷ. 비가 많이 오느냐?

---

[36] 고대 한국어에서 원망형 '＊-져'와 현대 국어의 경북 방언의 원망형 '-고 접-'과의 역사성에 대한 논의는 김태엽(1991)을 참조하고, 15세기 한국어에서 '-져'가 원망형으로 쓰인 보기는 허웅(1975)을 참조한다.

(5)의 각 문장 서술어에 결합한 의문어미의 형태는 '-습니까', '-는가', '-느냐' 등이다. 이들 의문어미의 형태를 이루는 어미구조체의 구성 요소를 차례대로 분석해 본다. (5ㄱ)의 문장 서술어에 결합한 의문어미 '-습니까'의 형태는 '습+니+까'와 같은 어미구조체로 분석될 수 있다. 이 어미구조체에서 '-습-'은 15세기 한국어에서 객체높임소로 기능하다가 근대 한국어 이후 그 기능이 전용되어 청자 높임의 기능을 수행하는 문법 요소이다. 그리고 이 어미구조체의 중간에 위치한 '-니-'는 '느+이'로 재분석될 수 있다. 이 '-니-'를 재분석하여 얻을 수 있는 '느+이'의 앞쪽에 배열된 '-느-'는 현재의 사태를 지각하는 [현재지각]의 의미기능을 가진 직설의 서법소이고, '-이-'는 청자를 높여서 대우하는 청자 높임소이다. 의문어미 '-습니까'의 형태를 이루는 어미구조체의 구성 요소로 관여하는 '-까'는 문장을 끝맺는 기능을 수행하는 의문의 문장종결소이다.

그리고 (5ㄴ)의 문장 서술어에 결합한 의문어미 '-는가'의 형태를 분석하면 '느+ㄴ+가'의 어미구조체가 추출될 수 있다. 의문어미 '-는가'의 형태를 이루는 어미구조체 '느+ㄴ+가'에서 '-느-'는 [현재지각]의 의미기능을 가진 선어말어미이다. 하지만 이 어미구조체의 구성에 관여하는 '-ㄴ-'에 대해서는 그 기능을 분명하게 밝히기가 쉽지 않다. 왜냐하면 이 경우의 '-ㄴ-'과 계열관계를 이루는 다른 보기를 중부 방언에서 찾아볼 수 없기 때문이다. 그래서 우리는 이것을 해결하기 위해 경북 방언의 경우를 아래의 (6)과 (7)에서 살펴보기로 한다.

> (6) ㄱ. 이게 책이가?
>   ㄴ. 이게 뭔 책이고?

> (7) ㄱ. 이게 책인가/ *인고?
>   ㄴ. 이게 뭔 책인고/ *인가?

(6ㄱ)과 (6ㄴ)에서 문장을 끝맺는 기능을 수행하는 의문어미의 형태는 각각 '-가'와 '-고'이다. 하지만 (7ㄱ)과 (7ㄴ)의 문장에 결합한 의문어미는 각각 그 문장을 끝맺는 기능을 수행하는 문장종결소 '-가'와 '-고'의 앞에 '-ㄴ-'이 결합되어 있는 'ㄴ+가'와 'ㄴ+고'의 어미구조체로 분석된다. (6)과 (7)의 문장에 의해 실현되는 청자대우법의 등급은 차이가 분명하게 나타나는데, 이것은 이들 문장의 서술어에 결합한 의문어미의 형태 구조에서 그 원인을 찾을 수밖에 없다. 즉 (7)의 각 문장 서술어에 결합한 의문어미의 형태에는, (6)의 각 문장 서술어에 결합한 의문어미의 형태에는 관여하지 않는 '-ㄴ-'이 더 결합한 것을 볼 수 있다. (6)의 각 문장과 (7)의 각 문장이 청자대우법의 등급에 차이가 있는 것은 (6)과 (7)의 각 문장 서술어에 결합한 의문어미의 형태 차이 외의 다른 형태적인 원인을 찾을 수 없다. 그렇다면 (7)의 두 문장 서술어에 결합한 의문어미 '-ㄴ가'의 형태와 '-ㄴ고'의 형태 구조에 관여하는 '-ㄴ-'이 청자에 대한 높임의 대우 기능을 수행하는 문법 요소로 처리하지 않을 수 없다.

　(7)의 두 문장 서술어에 결합한 의문어미 '-ㄴ가'와 '-ㄴ고'의 형태 구조에 관여하는 'ㄴ'은 중부 방언에 사용되는 '-는가'의 형태에 관여하는 'ㄴ'과 관련을 가진 것으로 판단된다. 왜냐하면 (7)의 각 문장과 같이 경북 방언에 사용되는 의문어미 '-ㄴ가', '-ㄴ고'와 중부 방언에 사용되는 의문어미 '-는가'가 동일한 등급의 청자대우법을 실현하는 형태이기 때문이다.

　　(8)　ㄱ. 어디 가니/ 느냐?
　　　　ㄴ. 어디 가는가?

　중부 방언에 사용되는 (8ㄱ)의 문장은 안높임 등급의 청자대우법을 실현하고 (8ㄴ)의 문장은 조금 높임 등급의 청자대우법을 실현한다. 이것은 경북 방언에 사용되는 (6)의 문장은 안높임 등급의 청자대우법을 실현하는 반면, (7)의 문장은 조금 높은 등급의 청자대우법을 실현하는 현상과 다르지 않다. (7)의 두 문장 서술어에 결합한 의문어미 '-ㄴ가'와 '-ㄴ고'의 형태에서 '-ㄴ-'을 분리할 수 있듯이, (8ㄴ)의 문장 서술어에 결합한 의문어미 '-는가'의 형태를 '느+ㄴ+가'와 같은 어미구조체로 분석할 수 있을 것이다. 의문어미 '-는가'의 형태를 이루는 어미구조체에 관여하는 '-느-'는 [현재지각]의 의미기능을 가지는 직설의 서법소이고, '-가'는 의문의 문장종결소이며, 'ㄴ'은 청자높임소로 볼 수 있다. 만약 의문어미 '-는가'의 형태를 이루는 어미구조체의 구성에 관여하는 '-ㄴ-'을 청자높임소로 처리하지 않는다면, '-는가'가 청자를 조금 높여서 대우하는 의문어미의 형태라는 사실을 뒷받침할 만한 문법적인 근거를 찾을 수 없다. 따라서 우리는 이 글에서 한국어의 의문어미 '-은가'와 '-는가'의 형태 구조에 관여하는 '-ㄴ-'에 대한 문법적 기능을 청자높임소로 규정한다. 앞에서 살펴본 '-ㄴ가', '-ㄴ고', '-는가' 등의 의문어미의 형태 구조에 관여하는 '-ㄴ-'을 청자높임소로 규정함으로써, 앞에서 살펴본 (5)의 문장 보기로 제시한 3개의 문장에 의해 실현되는 청자대우법의 등급 차이를 문법적 층위에서 설명이 가능하게 된다.

한국어 청자대우법의 체계를 높임과 낮춤의 대립적인 체계로 기술해 온 과거의 많은 논자들은 종결어미의 형태 구조에 대한 분석에는 관심을 크게 기울이지 않았다. 종결어미의 형태 구조에 대한 정밀한 분석을 하지 않은 채 종결어미에 의해 실현되는 청자대우법의 체계를 세우는 것은 종결어미의 문법적 기능을 정상적으로 기술하기 어렵다. 사실 한국어가 첨가어라는 언어 유형론적 특징을 가지고 있으므로, 어떤 문법 형태에 대해서도 정밀한 분석을 통해 그것의 문법적 기능을 기술하는 구체적인 방법이 바람직하다. 따라서 종결어미의 형태 구조에 대한 분석을 통해 얻어진 어미구조체의 구성에 관여하는 여러 문법 요소에 따라 청자대우법의 등급을 설명하는 것이 객관적이라 할 수 있다.

앞에서 우리는 청자대우법을 실현하는 서술어미, 명령어미, 청유어미, 의문어미 등의 형태를 차례로 분석하였다. 그 결과 한국어의 종결어미를 이루는 어미구조체가 'X+SL+ST'와 같은 유형의 어미구조체로 분석될 수 있었다. 따라서 종결어미에 의해 실현되는 청자대우법의 체계를 객관적으로 기술하기 위해서는 먼저 종결어미의 형태 구조를 정밀하게 분석하는 것이 문법적으로 타당한 방법이 될 수 있다. 하지만 모든 종결어미의 형태가 이러한 어미구조체의 구성 유형과 같이 분석될 수 있는 것은 아니다. 대부분의 종결어미의 형태가 'X+SL+ST'와 같은 구성 유형의 어미구조체로 분석이 가능하지만, 어떤 형태의 종결어미는 이러한 구성 유형의 어미구조체로 분석되지 않는다. 후자에 해당하는 형태는 본디 다른 기능어에서 종결어미로 기능이 전용된 것인데, 이것들에 대해서는 그 종결어미가 선택되는 언어 외적인 발화 상황을 고려함으로써 청자대우법의 등급을 결정하는 방법을 적용한다.

문법적 층위에서 종결어미의 형태를 정밀하게 분석하여 그 어미구조체의 구성 요소를 객관적으로 추출해 냄으로써, 한국어 청자대우법의 등급 체계에 낮춤 등급이 존재하지 않는 사실을 분명하게 확인할 수 있다. 종결어미의 형태에 대한 정밀한 분석을 통해 얻을 수 있는 어미구조체의 구성에 관여하는 문법 요소에 따라 안높임 등급과 높임 등급이 확인될 수 있지만, 낮춤 등급이라는 것은 문법 요소에 의해 전혀 확인되지 않는다. 즉 종결어미의 형태 구조에 청자를 높여서 대우하는 문법 요소는 분석이 가능하지만, 어떤 종결어미의 형태 구조에도 청자를 낮추어 대우하는 기능을 수행하는 문법 요소는 확인되지 않는다. 따라서 종결어미의 형태 구조를 이루는 어미구조체의 구성 요소를 정밀하게 분석하는 일이 매우 중요하다. 청자대우법의 등급적인 측면에서 높임 등급을 실현하는 종결어미는 그 형태를 이루는 어미구조체의 구성 요소에 청자에 대한 높임의 문법 요소가 관여하고, 안높임 등급을 실현하는 종결어미의 형태를 이루는 어미구조체의 구성에는 청자에 대한 높임의 문법 요소가 관여하지 않는다. 그리고 높임 등급은 실현하는 종결어미는 화자가 청자에 대해 가지는 높임 관념의 정도에 따라 아주 높임의 등급과 조금 더 높임의 등급 그리고 조금 높임의 등급 등으로 구분될 수 있다. 따라서 종결어미의 형태를 가능한 정밀하게 분석함으로써 그 종결어미에 의해 실현되는 청자대우법의 등급을 분명하게 확인할 수 있다.

청자대우법의 등급 체계에서 기본이 되는 등급은 화자가 청자에 대해 높임의 대우 관념을 가지지 않는 등급인데, 이것은 곧 안높임 등급 또는 평대이다. 청자대우법의 등급 체계에서 기본 등급이라 할 수 있는 안높임 등급 또는 평대는 청자대우법의 실현이 무표적이라고 말할 수 있다. 여기서 무표적이란 특정한 등급의 청자대우법이 실현되지 않음을 말하는데, 이것은 청자에 대한 화자의 높임 대우 관념이 드러나지 않는 청자대우법이다. 하지만 화자가 청자에 대한 높임의 대우 관념이 반영된 종결어미의 형태는 그 문장의 서술어에 결합하여 높임 등급의 청자대우법을 실현한다. 따라서 높임 등급의 청자대우법은 유표적이라고 말할 수 있다. 유표적이란 특정한 높임 등급의 청자대우법이 실현됨을 말하는데, 이것은 청자에 대한 화자의 높임 대우 관념이 드러나는 청자대우법이다. 따라서 안높임 등급의 청자대우법이 실현되는 경우를 무표적인 청자대우법의 실현이라고 한다면, 높임 등급의 청자대우법이 실현되는 경우는 유표적인 청자대우법의 실현이라고 할 수 있다.

한국어 청자대우법의 등급 체계는 안높임 등급을 기준으로 하여 이것에 대립하는 높임 등급을 설정할 수 있다. 대부분의 종결어미는 그 형태 구조에 대한 분석으로 얻어진 어미구조체의 구성 요소를 통해 그 종결어미가 안높임 등급을 실현하는지 높임 등급을 실현하는지가 비교적 분명하게 드러난다. 그러나 두 개 이상의 마침법을 실현하는 종결어미나 다른 문법 기능어에서 종결어미로 기능이 전용된 경우에는 그 형태 구조의 분석을 통해 청자대우법의 등급이 드러나지 않으므로, 문장에서 그 형태가 선택되는 발화의 여러 상황과 조건을 고려하여 청자대우법의 등급을 확인한다.

아래 (9)의 문장에 결합한 종결어미를 살펴본다.

(9) ㄱ. 비가 많이 오오?
     ㄴ. 너는 어디 가는데.
     ㄷ. 나도 그 친구를 만났거든.

(9)의 각 문장 서술어에 결합한 종결어미의 형태 구조에 대해 분석을 하더라도 이들 종결어미의 형태에 의해 실현되는 청자대우법의 등급이 선명하게 드러나지 않는다. 왜냐하면 (9ㄱ)의 문장 서술어에 결합한 종결어미 '-으오'는 역사적으로 다른 문법 기능어에서 기능 변화한 형태로 알려져 있으며,37) (9ㄴ)의 문장 서술어에 결합한 종결어미 '-는데'와 (9ㄷ)의 문장 서술어에 결합한 종결어미 '-거든'은 본디 연결어미로 기능하던 형태인데 그 기능이 전용되어 이들 문장에서는 종결어미로 기능한다.38)

종결어미는 그 형태에 대한 재분석을 통해 그 형태를 이루는 어미구조체의 구성 요소를 정밀하게 분석해 낼 수 있으나, (9)의 각 문장 서술어에 결합한 종결어미들은 그 형태 구조에 대한 분석을 통해 'X+SL+ST'와 같은 일반 종결어미의 형태 구조와 같은 어미구조체가 추출되지 않는다. 따라서 (9)의 각 문장 서술어에 결합한 종결어미들은 실제 담화에서 그

---

37) 최명옥(1976)에는 현대 국어의 '-오'와 '-소'가 '-스외>쇠'의 변화 과정을 거쳐 이루어진 형태라고 설명하고, 김정수(1983)에는 현대 국어의 '-오'와 '-소'가 중세 국어 '-쇼셔체'에서 변화한 '-스오'에서 다시 간소화된 형태라고 설명하였다.

38) 허웅(1995)에는 종결어미로 기능하는 '-는데', '-거든' 등은 연결어미에서 그 기능이 전용된 것으로 설명하고, 김태엽(1998)에서는 '-는데', '-거든'과 같이 비종결어미가 종결어미로 기능하는 현상을 문법화에 의한 기능 변동으로 설명하였다.

종결어미의 사용에 대한 화용적인 분석을 통해 청자대우법의 등급을 기술할 수밖에 없다. (9ㄱ)의 문장 서술어에 결합한 종결어미 '-으오'에 의해 실현되는 청자대우법의 등급을 파악하기 위해 다른 종결어미와 함께 문장에서 사용되는 화용적인 현상에 주목할 필요가 있다. 즉 종결어미 '-으오'의 형태가 문장에서 사용되는 청자대우법의 등급을 파악하기 위해 아래 (10)의 문장을 살펴보기로 한다.

(10) ㄱ. 비가 많이 옵니까?
ㄴ. 비가 많이 오오?
ㄷ. 비가 많이 오는가?
ㄹ. 비가 많이 오느냐?

(10ㄱ)의 문장 서술어에 결합한 종결어미 '-습니까', (10ㄷ)의 문장 서술어에 결합한 종결어미 '-는가', (10ㄹ)의 문장 서술어에 결합한 종결어미 '-느냐' 등의 형태는 모두 그 각각의 형태에 대한 정밀한 분석을 통해 얻어지는 어미구조체의 구성에 관여하는 청자높임소의 선택 여부에 따라 청자대우법의 등급이 구별된다. 하지만 (10ㄴ)의 문장 서술어에 결합한 종결어미 '-으오'의 형태는 '-습니까', '-는가', '-느냐' 등의 종결어미와 같이 그 형태를 이루는 어미구조체가 분석되지 않는다. (10ㄱ)의 문장에 결합한 종결어미 '-습니까'의 형태는 '습+느+이+까'의 어미구조체로 분석된다. 이 어미구조체의 구성에 청자높임소 '-습-'과 '-이-'가 관여하므로 종결어미 '-습니까'는 아주 높임 등급의 청자대우법을 실현한다. 따라서 (10ㄱ)의 문장은 화자와 청자 사이의 사회적·심리적 거리39)가 아주 멀거나 또는 주로 공적인 장면에서 사용된다. (10ㄷ)의 문장

---

39) 이것은 화자가 문장을 발화할 때 청자에 대해 가지는 사회적 관계와 심리적인 부담감 등을 포괄하여 나타낸 말인데, 두 사람 사이의 나이, 지위, 성별, 항렬, 친밀도, 부담감 등의 차이를 가리킨다. Leech(1983)에서는 사회적 거리를 수직적 거리와 수평적 거리로 나누어

에 결합한 종결어미 '-는가'는 '느+ㄴ+가'의 어미구조체로 분석되는데, 여기서 '-느-'는 직설의 서법소이고 '-ㄴ-'은 청자높임소로 기능하고 '-가'는 의문의 문장종결소이므로 이 문장은 조금 높임 등급의 청자대우법을 실현한다. 따라서 이 문장은 화자와 청자 사이의 사회적·심리적 거리가 비교적 가깝거나 공적인 장면보다 사적인 장면에서 주로 사용된다. 그리고 (10ㄹ)의 문장에 결합한 종결어미 '-느냐'의 형태는 '느+냐'의 어미구조체로 분석되며, '느-'는 직설의 서법소이고 '-냐'는 의문의 문장종결소이다. 따라서 이 어미구조체의 구성에는 청자높임소가 관여하지 않으므로 이 문장은 안높임 등급의 청자대우법을 실현한다. 따라서 이 문장은 화자와 청자 사이의 사회적·심리적 거리가 아주 가깝거나 주로 사적인 장면에서 사용된다.

그러나 (10ㄴ)의 문장에 결합한 종결어미 '-으오'는 다른 종결어미와 같은 방식의 어미구조체가 분석되지 않기 때문에, 언어 외적인 요인이라 할 수 있는 화자와 청자의 사회적·심리적 거리 및 담화의 장면 등을 고려하여 청자대우법의 등급을 파악한다. 종결어미 '-으오'가 선택되는 문장은 화자와 청자 사이의 사회적·심리적 거리가 조금 멀거나 공적인 성격이 조금 강한 장면에서 사용되는데, (10)의 각 문장에 결합한 종결어미의 사용과 상대적으로 비교해 보면 '-으오'에 의해 실현되는 청자대우법의 등급이 드러날 수 있다. 즉 종결어미 '-으오'가 선택된 (10ㄴ)의 문장과 '-습니까'가 선택된 (10ㄱ)의 문장 그리고 '-는가'가 선택된 (10ㄷ)의 문장을 대상으로, 각 문장이 사용되는 경우의 화자와 청자 사이의 사회적·심리적 거리 및 발화 장면의 차이 등을 비교하여 살펴본다. (10ㄴ)의 문장에 결합한 종결어미 '-으오'는 (10ㄱ)의 문장에 결합한 '-습니까'가

수직적 거리는 힘이나 권위이고 수직적 거리는 연대관계라고 설명하였으며, Brown & Levinson(1987)에서는 화자와 청자 사이의 사회적거리, 상대적인 힘의 크기, 부담감의 크기 등이 청자대우법에 관여하는 변인이라 설명하였다.

선택될 경우보다 화자와 청자의 사회적·심리적 거리가 조금 가깝지만, (10ㄷ)의 문장에 결합한 종결어미 '-는가'가 선택될 경우보다는 화자와 청자의 사회적·심리적 거리가 조금 멀다. 그리고 (10ㄴ)의 문장에 결합한 종결어미 '-으오'는 (10ㄱ)의 문장에 결합한 종결어미 '-습니까'에 비하여 덜 공적인 장면에서 선택되지만, (10ㄷ)의 문장에 결합한 '-는가'에 비하여 더 공적인 장면에서 선택된다. 따라서 종결어미 '-으오'에 의해 실현되는 청자대우법의 등급은 '-습니까'에 의해 실현되는 청자대우법의 등급보다 낮은 반면, '-는가'에 의해 실현되는 청자대우법의 등급보다는 높다.

그리고 (9ㄴ)의 문장 서술어에 결합한 종결어미 '-는데'와 (9ㄷ)의 문장 서술어에 결합한 종결어미 '-거든'은 연결어미로 기능하던 문법 형태인데, 그 기능이 전용되어 종결어미로 사용되었다. 이 두 종결어미의 경우는 그 형태 구조에 대한 분석으로 청자대우법의 등급을 판별할 수 없다. (9ㄴ)의 종결어미 '-는데'와 (9ㄷ)의 종결어미 '-거든'은 원래부터 종결어미로 기능하지 않은 문법 형태이기 때문이다. 따라서 종결어미 '-는데'와 '-거든'은 실제 사용되는 발화의 화용 현상을 통해 청자대우법의 등급을 가린다.

    (11)   ㄱ. 자네/ * 너는 언제 오는가?
             ㄴ. 자네/ 너는 언제 오는데?
             ㄷ. * 자네/ 너는 언제 오느냐?

(11ㄱ)~(11ㄷ)의 문장은 각각 종결어미에 의해 실현되는 청자대우법의 등급이 차례대로 배열되었다. (11ㄷ)의 문장은 청자에 대한 화자의 높임 대우 관념이 전혀 반영되지 않은 문장이고, (11ㄴ)의 문장은 청자에 대한 화자의 높임 대우 관념의 반영 여부가 분명하지 않으며, (11ㄱ)의 문장은 청자에 대한 화자의 높임 대우 관념이 반영된 것이 확실하다. 청자대우법

의 등급 차이는 각 문장의 서술어에 결합한 종결어미의 형태 구조를 통해 드러나기도 하지만, (11)의 각 문장에서 주어로 선택된 2인칭대명사와 호응하는 종결어미의 형태로도 그 등급을 판단할 수 있다. 실제로 (11ㄴ)의 문장에 결합한 종결어미 '-는데'에 대한 청자대우법의 등급 판정이 어려운데, 이 종결어미는 문장의 주어로 선택된 2인칭대명사로 '자네'와 '너' 모두 호응한다. 하지만 각 문장의 서술어에 결합한 종결어미에 의해 실현되는 청자대우법의 등급을 살펴보면, (11)의 각 문장에서 종결어미 '-는데'는 (11ㄱ)의 문장에 결합한 종결어미 '-는가'에 의해 실현되는 청자대우법의 등급보다는 낮은 듯하고 (11ㄷ)의 문장에 선택된 종결어미 '-느냐'에 의해 실현되는 청자대우법의 등급보다는 높은 듯하다. 그래서 화자와 청자 사이의 사회적·심리적 거리 및 발화 장면의 공·사적 차이 등을 모두 감안할 때, '-는데'는 '-는가', '-느냐'와 각각 동일한 등급의 청자대우법을 실현한다. 이것은 (11ㄴ)에서 종결어미 '-는데'가 2인칭대명사 '자네'와도 호응하고 '너'와도 호응하는 사실에서 알 수 있다. 따라서 종결어미 '-는데'는 안높임 등급의 청자대우법도 실현하고 조금 높임 등급의 청자대우법도 실현한다.

다음에는 아래 (12)에서 '-거든'이 선택되는 경우를 살펴본다.

 (12) ㄱ. 자네/ *너가 오기를 믿네.
    ㄴ. 자네/ 너가 오기를 믿거든.
    ㄷ. *자네/ 너가 오기를 믿는다.

(12ㄱ)의 문장에는 주어로 기능하는 2인칭대명사 '자네'가 서술어에 결합한 종결어미 '-네'와 자연스럽게 호응하지만, 2인칭대명사 '너'와 종결어미 '-네'와의 호응은 자연스럽지 못하다. 그리고 (12ㄴ)의 문장에는 주어로 기능하는 2인칭대명사 '자네'와 '너'가 모두 종결어미 '-거든'과의 호응이 비교적 자연스럽다. 하지만 (12ㄷ)의 문장에서는 주어로 기능하는

2인칭대명사 '자네'와 종결어미 '-는다'와의 호응은 자연스럽지 않은 반면, 주어로 기능하는 2인칭대명사 '너'와 종결어미 '-는다'와의 호응은 아주 자연스럽다. 따라서 원래 연결어미로 기능하던 '-거든'이 (12ㄴ)의 문장에서 종결어미로 기능이 전용되었는데, 이 종결어미는 (12ㄱ)의 문장에 선택된 '-네'와 (12ㄷ)의 문장에 선택된 '-ㄴ다'의 중간 정도에 해당하는 등급의 청자대우법을 실현하는 것으로 파악된다. 이는 종결어미 '-거든'이 선택되는 경우는 화자와 청자 사이의 사회적·심리적 거리 및 발화 장면의 공·사적 차이 등에 의한 청자대우법의 등급 구분과 일치한다.

그리고 아래 (13)과 (14)의 문장을 살펴본다.

(13) ㄱ. 할아버지, 여기 앉으십시오.
     ㄴ. 영수야, 여기 앉아라.

(14) ㄱ. 이 말씀을 들어보십시오.
     ㄴ. 이 말을 들어보게/ 들어봐라.

(13)의 두 문장은 청자가 문장의 한 성분으로 선택되었다. (13ㄱ)의 문장에서는 할아버지가 부름말로 선택되어 청자가 할아버지라는 것이 잘 드러난다. 그리고 (13ㄴ)의 문장에서는 부름말로 선택된 영수가 청자라는 점이 잘 드러난다. 그러나 (14)의 두 문장에는 청자가 누구인지 알 수 없는데, 이것은 청자가 문장 안에 나타나지 않고 문장 밖에 존재하기 때문이다.

(13)의 두 문장과 같이 문장 안에 청자가 나타나는 경우에는 청자로 선택된 사람이 누군지 분명하게 드러나므로, 서술어에 결합한 종결어미의 형태 구조에 대한 분석을 통해 청자대우법의 등급을 파악할 수 있다. 그래서 (13ㄱ)의 문장은 화자가 손자이고 청자가 할아버지인 경우와 화자는 나이가 어린 사람이고 청자는 나이가 많은 사람인 경우에 사용된다. 따라

서 (13ㄱ)의 문장은 화자와 청자 사이의 나이, 항렬과 같은 사회적 관계가 어느 정도 예측되므로 아주 높임 등급의 청자대우법이 실현된 것으로 보인다. 그리고 이것은 이 문장의 서술어에 결합한 종결어미 '-습시오'에 대한 형태 분석에서도 아주 높임 등급의 청자대우법을 실현하는 것이 확인된다. 하지만 (13ㄴ)은 화자와 청자 사이의 나이 차이가 없거나 나이가 많은 화자가 나이 어린 영수에게 발화하는 문장이다. 이와 같이 문장의 발화 상황에 관여하는 화자와 청자 사이의 관계나 발화 장면의 공·사적인 차이에 따라 이 문장에 의해 실현되는 청자대우법의 등급을 파악할 수도 있지만, (13ㄴ)의 문장에 결합한 종결어미 '-아라'의 형태 구조에 대한 분석에서도 이 문장이 안높임 등급의 청자대우법을 실현하는 것이 확인된다. (14)의 두 문장은 청자가 문장 안에 나타나지 않으므로, 각 문장의 서술어에 결합한 종결어미의 형태 구조를 분석하여 청자대우법의 등급을 확인해야 한다. (14ㄱ)의 문장 서술어에 결합한 종결어미 '-습시오'에 대한 형태의 어미구조체는 '습+사+이+오'로 분석될 수 있는데, 이렇게 분석된 어미구조체의 구성에 관여하는 문법 요소에 의해 '-습시오'가 아주 높임의 청자대우법을 실현하는 것을 알 수 있다. 그리고 (14ㄴ)의 문장에서는 서술어에 종결어미 '-게'와 '-아라'가 모두 결합할 수 있다. 종결어미 '-아라'의 형태 구조에는 청자를 높여서 대우하는 문법 요소가 관여하지 않지만, '-게'의 형태 구조에는 청자를 높여서 대우하는 문법 요소가 관여하고 있다. 따라서 종결어미 '-아라'는 안높임 등급의 청자대우법을 실현하고 '-게'는 조금 높임 등급의 청자대우법을 실현한다.

　(13)과 (14)의 각 문장에서 실현되는 청자대우법의 등급은, 서술어에 결합한 종결어미의 형태를 재분석함으로써 얻어지는 어미구조체의 구성에 관여하는 문법 요소에 의해 실현되는 청자대우법의 등급과 화자와 청자 사이의 사회적·심리적 관계 및 발화 장면의 차이 등에 의해 실현되는 청자대우법의 등급이 일치하는지를 살펴봄으로써 그 문장에 의해 실현되는

청자대우법의 등급을 객관적으로 기술할 수 있다. 따라서 한국어 청자대우법의 체계를 합리적으로 기술하기 위한 과제 (1)을 좀 더 구체적인 기준으로 나타내면 아래 (15)와 같다. 하나는 언어 내적 기준이고, 다른 하나는 언어 외적 기준이다. 언어 내적 기준은 서술어에 결합한 종결어미의 형태 구조와 2인칭대명사의 형태에 따라 청자대우법의 등급을 파악하는 것이고, 언어 외적 기준은 담화에 참여하는 화자와 청자 사이의 사회적·심리적 관계 및 발화 장면의 공·사적인 차이 등이다.

> (15) 청자대우법의 등급 체계 기준
>   ㄱ. 언어 내적인 기준 : ① 종결어미의 형태 구조
>   ② 2인칭대명사의 형태
>   ㄴ. 언어 외적인 기준 : ① 화자·청자 사이의 사회/ 심리적 거리
>   ② 공/ 사적인 발화 장면의 차이

청자대우법의 등급 체계를 합리적으로 기술하기 위해 (15)와 같이 언어 내적 기준과 언어 외적 기준을 함께 고려해야 한다. 이렇게 두 층위의 기준을 설정하는 이유는 청자대우법의 체계가 문법적 층위와 화용적 층위에서 함께 논의되어야 할 성질을 가지고 있기 때문이다. 언어 내적 기준은 문장의 구성 성분으로 선택되는 요소 중에서 청자대우법의 실현에 직접 관여하는 종결어미의 형태와 2인칭대명사의 형태이다. 종결어미의 형태 구조에 관여하는 문법 요소에 의해 청자대우법의 등급이 결정되며, 2인칭대명사의 형태에 의해 청자대우법의 등급이 결정된다. 언어 외적 기준은 담화에 참여하는 화자와 청자 사이의 사회적·심리적 거리의 멀고 가까움에 따라 그리고 발화할 때의 공적·사적인 장면의 차이에 따라 청자대우법의 등급이 결정된다. 이러한 두 기준은 청자대우법의 등급을 합리적으로 세우기 위해 상호보완적으로 작용한다. 따라서 어느 한 층위의 기준을 적용하는 것만으로 한 개의 문장에 의해 실현되는 청자대우법의 등

급 체계를 세우는 것보다 두 층위의 기준을 함께 적용함으로써 더욱 객관적인 체계를 세울 수 있을 것이다.

언어는 일정한 형식을 가지고 있다. 청자대우법도 일정한 언어 형식에 의해 실현되는데, 그 대표적인 것이 문장의 한 성분으로 선택되는 2인칭대명사의 형태와 문장의 서술어에 결합하는 종결어미의 형태이다. 문장의 한 성분으로 선택되는 2인칭대명사의 형태와 서술어에 결합하는 종결어미의 형태에 대한 분석을 통해 청자대우법의 등급 체계를 기술하는 것이 바람직하다. 하지만 청자가 문장의 한 성분으로 선택되지 않거나 문장의 서술어에 결합하는 종결어미의 형태 구조를 정밀하게 분석하기 어려운 경우에는, 담화에 참여하는 화자와 청자 사이의 사회적·심리적 관계 및 발화 장면의 차이 등을 고려함으로써 청자대우법의 등급을 파악할 수 있다.

따라서 한국어 청자대우법의 등급 체계는 아래 (16)과 같이 나타낼 수 있다.

(16) 한국어 청자대우법의 체계

높 임	아주높임	[＋높임]
	조금더높임	[＋높임]
	조금높임	[＋높임]
안높임		[－높임]

한국어의 토박이가 발화하는 문장은 기본적으로 무표적인 안높임 등급으로 실현된다. 이 안높임 등급은 화자가 청자에 대해 높임 관념을 전혀 드러내지 않으므로 무표적이라고 말할 수 있다. 따라서 한국어 청자대우법의 기본이 되는 등급은 안높임 등급이다. 위의 (16)과 같이 나타낸 한국어 청자대우법의 체계는 안높임 등급을 바탕으로 높임 등급이 대립적으로 존재하는 것이다. 그래서 (16)에서 안높임 등급은 의미적으로 청자에 대한 대우가 무표적이고, 높임 등급은 청자에 대한 대우가 유표적이다.

그리고 유표적인 청자대우법을 실현하는 높임 등급은 높임 관념의 정도에 따라 조금 높임의 등급, 조금 더 높임의 등급, 아주 높임의 등급 등으로 다시 구분된다. 다시 말하면 담화에서 화자가 청자에게 아무 높임 대우의 관념을 드러내지 않는 안높임 등급의 청자대우법을 기본으로 하여, 이 기본에서 화자의 높임 대우 관념의 정도에 따라 높임의 청자대우법이 차등적으로 실현되는 것이다.

위의 (16)과 같이 나타낸 한국어 청자대우법의 등급 체계에 따라 종결어미의 형태를 배열하면 아래 (17)과 같다. (17)은 청자대우법의 등급에 따라 종결어미를 배열하였는데, 한 등급의 청자대우법을 실현하는 종결어미는 한 등급에만 배열하고 두 등급의 청자대우법을 실현하는 종결어미는 두 등급에 각각 배열하는 방법을 취하였다.

> (17) 청자대우법의 등급과 종결어미의 형태
>
> (ㄱ) 아주높임 : -습니다, -습니까, -어요, -지요, ……
> (ㄴ) 조금더높임 : -으오, -어요, -지요, ……
> (ㄷ) 조금높임 : -네, -는가, -게, -세, -어, -지, ……
> (ㄹ) 안높임 : -다/ㄴ다, -느냐/니, -어, -지, ……

한국어 청자대우법의 등급 체계 (16)을 바탕으로 청자대우법의 등급에 따라 종결어미의 형태를 배열한 것이 (17)이다. 이렇게 배열함으로써 지금까지 청자대우법의 논의에서 문제가 되어 온 '-어', '-지', '-어요', '-지요' 등의 종결어미에 대한 처리가 합리적으로 해결되었다. 즉 종결어미의 배열을 (17)과 같이 나타냄으로써 종래 청자대우법을 이원적인 체계로 세운 논의에서 이른바 격식체와 비격식체를 구분하여 기술해 온 불합리한 문제점이 자연스럽게 해결되었고, 또 청자대우법을 일원적인 체계로 세운 논의에서 '-어', '-지' 등의 종결어미를 등외라는 이름을 붙여서 더 복잡하게 만든 문제점이 근본적으로 해결되었다. 다시 말하면 한국어 청자대우법의 등급 체계에 따른 종결어미를 (17)과 같이 배열함으로써, 그동안 처리에 어려움을 겪었던 '-어', '-지', '-어요', '-지요' 등의 종결어미를 등외라는 이름으로 부를 필요가 없어졌을 뿐 아니라, 이들 종결어미에 대해 언어 현실과 부합하지 않는 비격식체라는 이름을 붙이고 격식체라는 '-다', '-느냐', '-어라' 등의 종결어미와 구분할 필요도 없어졌다.

두 등급의 청자대우법을 실현하는 종결어미 '-어', '-지', '-어요', '-지요' 등의 형태를 (17)과 같이 각각 두 등급에 배열하는 방법은, 마침법의 하위 범주에 종결어미를 배열하는 방법을 그대로 원용하였다. 마침법의 하위 범주를 서술법, 의문법, 명령법, 청유법 등으로 분류할 때, 한 개의 종결어미가 두 개 이상의 범주를 실현하면 그 각각의 범주에 포함시키는 방법이 일반적으로 받아들여지고 있다. 문제가 되는 '-어', '-지', '-어요', '-지요' 등의 종결어미는 억양에 따라 4개의 마침법을 모두 실현한다. 따라서 이들 종결어미는 마침법의 4개 하위 범주에 모두 포함시키는데, (17)에서도 2개 등급의 청자대우법을 실현하는 종결어미는 각 등급에 모두 포함시키는 방법을 적용했다. 한국어 청자대우법의 등급 체계에 따라 종결어미를 배열하는 방법을 (17)과 같이 나타낸 것은, 종결어미라는 한 개의 문법 형태에 의해 마침법과 청자대우법이 동시에 실현되는 두 범주의 관련성을 감안한 때문이다.

청자대우법의 체계를 합리적으로 세우기 위한 두 층위의 기준을 앞의 (15)와 같이 설정하였다. (15ㄱ)은 언어 내적 기준으로, 종결어미의 형태 구조에 대한 분석과 문장의 한 성분으로 선택되는 2인칭대명사의 형태에 의해 청자대우법의 등급을 결정하는 기준이다. 그리고 (15ㄴ)은 언어 외적 기준으로, 담화에 참여하는 화자와 청자 사이의 사회적·심리적 관계 및 발화 장면의 차이에 따라 청자대우법의 등급을 결정하는 기준이다. 따라서 여기에서는 (16)에다 (15ㄴ)을 적용함으로써 청자대우법의 등급이 결정되는 양상을 (18)과 같이 나타낸다.

(18) 청자대우법의 등급 체계와 그 기준

ㄱ	높임 등급	아주높임	사회적 관계가 먼 사이/ 공적인 발화 장면
		조금더높임	
		조금높임	
ㄴ	안높임 등급		사회적 관계가 가까운 사이/ 사적인 발화 장면

　한국어의 청자대우법은 안높임을 기준으로 높임이 대립적으로 존재하며, 높임 등급은 다시 청자에 대한 화자의 높임 관념의 정도에 따라 아주 높임, 조금 더 높임, 조금 높임 등으로 구분된다. (18ㄱ)의 아주 높임 등급은 화자와 청자가 공적인 발화 장면이나 둘 사이의 사회적·심리적 관계가 먼 사이인 경우에 실현되고, (18ㄴ)의 안높임 등급은 화자와 청자가 사적인 발화 장면이나 둘 사이의 사회적 관계가 가까운 사이인 경우에 실현된다. 그리고 (18ㄱ)의 높임 등급 중에서 조금 더 높임의 등급과 조금 높임의 등급은 공적인 발화 장면과 사적인 발화 장면의 정도 차이 및 청자와 화자 사이의 사회적·심리적 관계의 정도에 따라 각각 다르게 실현된다.

　(18)에서 화자와 청자 사이의 나이, 항렬, 직위, 친소 등의 사회적·심리적 관계라는 기준으로 청자대우법의 등급이 결정되는 경우도 있지만, 이 기준만으로 청자대우법의 등급이 분명하게 결정되지 않는 경우가 있다. 이를테면 화자와 청자가 나이가 같고 직위가 비슷하며 서로 친하게 지내는 친구 사이인 경우라 하더라도, 그들이 공적인 발화 장면에서는 높임 등급의 청자대우법을 실현하고 사적인 발화 장면에서는 안높임의 청자대우법을 실현한다. 이런 경우에 화자와 청자 사이의 사회적·심리적 관계라는 기준만으로 청자대우법의 등급이 결정되는 요인을 합리적으로 설명할 수 없다. 따라서 (18)과 같이 청자대우법의 등급이 결정되는 과정

에 화자와 청자 사이의 사회적·심리적 관계 및 발화 장면의 차이라는 기준이 동시에 적용되어야 한다.

⑨ 청자대우법 실현의 기능부담량

청자대우법은 화자가 청자를 높이지 않고 대우하는 경우와 높여서 대우하는 경우로 크게 구분되며, 높여서 대우하는 경우는 청자에 대한 높임 관념의 정도에 따라 다시 몇 등급으로 구분된다. 이 청자대우법의 실현에 관여하는 언어적 요소는 문법 요소와 어휘 요소가 있다. 문장에 따라 청자대우법을 실현하기 위해 문법 요소만 선택되는 경우도 있고, 어휘 요소만 선택되는 경우도 있고, 문법 요소와 어휘 요소가 함께 선택되는 경우도 있다.

> (1) ㄱ. 넌 어디 가니?
>   ㄴ. 자넨 어디 가는가?
>   ㄷ. 당신은 어디 가오?
>   ㄹ. 어르신께선 어디 가십니까?

(1)의 문장은 모두 청자가 문장의 주어로 기능하는 2인칭대명사이다. 따라서 문장의 주어로 어떤 2인칭대명사의 형태가 선택되느냐에 따라 청자에 대한 대우의 등급이 달라진다. 즉 (1ㄱ)의 문장은 2인칭대명사 '너'가 주어로 선택되고 서술어에 종결어미 '-니'가 결합함으로써 '너'와 '-니'가 호응하여 안높임의 청자대우법이 실현되었다. (1ㄴ)의 문장은 2인칭대명사 '자네'가 주어로 선택되고 종결어미 '-는가'가 서술어에 결합함으로써 '자네'와 '-는가'가 호응하여 조금 높임의 청자대우법이 실현되었다. (1ㄷ)의 문장은 2인칭대명사 '당신'이 주어로 선택되고 종결어미 '-으오'가 서술어에 결합함으로써 '당신'과 '-으오'가 호응하여 조금 더 높임

의 청자대우법이 실현되었다. 그리고 (1ㄹ)의 문장은 2인칭대명사 '어르신'이 주어로 선택되고 종결어미 '-습니까'가 서술어에 결합함으로써 '어르신'과 '-습니까'가 호응하여 아주 높임의 청자대우법이 실현되었다.

(1)의 4개 문장은 모두 주어로 선택된 2인칭대명사와 서술어에 결합한 종결어미에 의해 청자대우법이 실현되었는데, 어휘 요소인 2인칭대명사와 문법 요소인 종결어미에 의해 실현되는 청자대우법의 기능부담량에 차이가 드러나지 않는다. 하지만 아래 (2)의 문장에서는 청자대우법을 실현하는 요소들 사이에 기능부담량의 차이가 드러난다.

(2) ㄱ. 수영아, 밥 먹었니?
    ㄴ. 할머니, 진지 잡수셨습니까/ 잡수셨어요?
    ㄷ. 할머니, 밥 잡수셨습니까/ 잡수셨어요?
    ㄹ. *할머니, 진지 먹으셨습니까/ 먹으셨어요?
    ㅁ. *할머니, 진지 잡쉈어?

(2ㄱ)의 문장은 청자가 높임의 대상이 아닌 '영수'이므로 안높임의 호격조사 '-아'가 결합하고 종결어미 '-니'가 서술어에 결합함으로써 안높임의 청자대우법이 실현되었다. 하지만 (2ㄴ)의 문장은 청자가 높임의 대상인 '할머니'이므로 높임명사 '진지'와 높임동사 '잡수다'가 선택되고 종결어미로 '-습니까' 또는 '-어요'가 서술어에 결합함으로써 높임의 청자대우법이 실현되었다. 그리고 (2ㄷ)의 문장은 청자가 높임의 대상인 '할머니'인데도 안높임명사 '밥'과 높임동사 '잡수다'가 선택되고 종결어미 '-습니까'와 '-어요'가 서술어에 결합함으로써 높임의 청자대우법이 실현되었다. 그러나 (2ㄹ)의 문장은 청자가 높임의 대상인 '할머니'인데 높임명사 '진지'와 안높임동사 '먹다'가 선택됨으로써 온전한 높임의 청자대우법이 실현되지 못하여 정상적인 문장으로 받아들여지지 않는다.

(2ㄴ)~(2ㄹ)의 문장에는 안높임의 청자대우법을 실현하는 어휘 요소

'밥'과 높임의 어휘 요수 '진지'가 선택되고 또 문법 요소 '-습니까'와 '-어요'가 선택되었는데, 이들 요소의 선택에 따라 정상적인 높임의 청자대우법이 실현되기도 하고 정상적인 높임의 청자대우법이 실현되지 않기도 한다. 높임의 청자대우법 실현 요소의 선택에 따라 (2ㄴ)과 (2ㄷ)의 문장은 정상적인 문장이 되고 (2ㄹ)의 문장은 정상적인 문장이 되지 못하였다. 즉 (2ㄴ)의 문장은 높임명사 '진지'와 높임동사 '잡수다'가 선택되어 높임의 청자대우법이 정상적으로 실현되었고, (2ㄷ)의 문장은 안높임명사 '밥'과 높임동사 '잡수다'가 선택되어 높임의 청자대우법이 실현되었다. 하지만 (2ㄹ)의 문장은 높임동사 '진지'는 선택되었으나 높임동사 '잡수다'가 서술어로 선택되지 않아 정상적인 문장이 되지 못하였다. 이런 현상은 높임의 청자대우법을 실현하는 높임동사 '잡수다'가 높임명사 '진지'보다 청자대우법 실현의 기능부담량이 더 크기 때문이다. 그리고 (2ㅁ)의 문장은 할머니가 높여서 대우할 대상이어서 높임명사 '진지'와 높임동사 '잡수다'가 선택되었지만, 서술어에 결합한 종결어미 '-어'가 결합함으로써 높임의 청자대우법이 정상적으로 실현되지 못하였다.

(2ㄴ)~(2ㄹ)의 문장에서 높임의 청자대우법을 실현하는 어휘 요소로 높임동사 '잡수다'는 필수 요소인 반면, 높임명사 '진지'는 필수 요소가 아니라는 사실을 보여준다. 하지만 (2ㅁ)에서는 높임명사 '진지'와 높임동사 '잡수다'가 모두 선택되었지만, 아주 높임의 청자대우법을 실현하는 종결어미가 서술어에 결합하지 않아서 높임의 청자대우법이 정상적으로 실현되지 못하였다. 그러므로 (2ㅁ)의 문장에서는 서술어에 결합하는 종결어미가 청자대우법을 실현하는 기능부담량이 가장 크다는 사실을 잘 보여준다. 청자대우법을 실현하는 문법 요소와 어휘 요소는 모두가 동일한 기능부담량을 가지는 것이 아니라, 문장에 따라 어떤 요소는 필수적으로 관여하고 어떤 요소는 임의적으로 관여한다. 따라서 청자대우법의 실현에 필수적으로 관여하는 요소가 임의적으로 관여하는 요소에 비해 상대적으로 기능부담량이 더 크다.

(2) 주체대우법

① 주체와 주체대우법

문장의 주어로 기능하는 체언이 곧 주체이다. 따라서 모든 문장에 주체가 존재한다고 볼 수 있다. 하지만 담화의 화맥에 따라 문장의 주어가 자주 생략되기도 한다. 한국어는 문장 안에 선택되는 주체가 타인인 경우에는 화자가 그 주체를 적당하게 대우함으로써 언어 예절을 실천한다. 이와 같이 화자가 문장의 주어로 기능하는 주체에 대해 적절하게 대우 관념을 표현하는 문법 범주가 주체대우법이다. 즉 주체대우법은 문장의 주어가 지시하는 대상, 곧 그 문장의 서술어에 의해 서술되는 동작, 상태, 환언의 주체에 대하여 화자가 대우 관념을 나타내는 문법 범주이다. 따라서 문장의 주어로 선택되는 대상이 어떤 체언이냐에 따라 그리고 화자와 어떤 관계에 있느냐에 따라 주체대우법이 다르게 실현된다.

문장의 서술어가 수행하는 주체는 문장의 주어로 기능하지만, 그것이 화자 자신인 경우에는 주체대우법의 대상이 되지 않는다.[40] 그러므로 주체대우법은 문장을 발화하는 화자가 주어로 기능하는 경우가 아니며, 제3자가 문장의 주어로 기능하는 주체인 경우에 실현된다. 따라서 문장의 주어로 선택되는 체언에 따라 주체대우법이 다르게 실현된다. 앞선 논의에서는 문장의 주어로 기능하는 주체가 화자 자신을 나타내는 1인칭대명사 또는 화자의 이름이 선택되는 경우에도 주체대우법의 대상으로 처리하였으나, 여기에서는 화자 자신이 문장의 주어로 선택되는 경우는 화자대우법으로 다룬다. 왜냐하면 한국어의 대우법을 크게 타인대우법과 자기대우법으로 구분함으로써 한국어 대우법을 더욱 합리적으로 체계화할 수 있기 때문이다.

---

40) 문장의 서술어가 수행하는 서술 기능의 주체인 주어가 화자 자신인 경우에는 화자대우법으로 실현된다.

아래 (1)에서 주체대우법이 실현되는 경우를 살펴본다.

(1) ㄱ. 영수가 시장에 갔다/＊가셨다.
　　ㄴ. 그가 시장에 갔다/＊가셨다.
　　ㄷ. 이 선생님께서 산에 ＊갔다/가셨다.
　　ㄹ. 그분께서 산에 ＊갔다/가셨다.

(1ㄱ)의 문장에서 주어로 기능하는 체언은 '영수'이고, (1ㄴ)의 문장에서 주어로 기능하는 체언은 대명사 '그'이고, (1ㄷ)의 문장에서 주어로 기능하는 체언은 '이 선생님'이고, (1ㄹ)의 문장에서 주어로 기능하는 체언은 '그분'이다. (1)에서 주어로 기능하는 '영수'와 '이 선생님' 그리고 대명사 '그'와 '그분'은 모두 문장을 발화하는 화자 자신도 아니고 듣는 청자도 아닌, 발화의 장면에 존재하지 않는 제3자이다. 그렇기 때문에 이런 경우 문장의 주체가 인칭대명사로 대체될 때는 반드시 3인칭 대명사가 선택된다. (1ㄱ)과 (1ㄴ)의 문장에서 주어로 선택된 '영수'와 '그'는 화자가 높여서 대우할 대상이 아닌 문장의 주체이기 때문에, 주어 뒤에 높임의 주격조사 '-께서'와 문장의 서술어에 주체 높임의 선어말어미 '-으시-'가 결합하지 않았다. 하지만 (1ㄷ)과 (1ㄹ)에서 주어로 기능하는 '이 선생님'과 '그분'은 화자가 높여서 대우할 문장의 주체이기 때문에, 주어 뒤에 높임의 주격조사 '-께서'와 문장의 서술어에 주체 높임의 선어말어미 '-으시-'가 결합하였다. 그래서 (1ㄱ)과 (1ㄴ)의 문장은 안높임의 주체대우법이 실현되고, (1ㄷ)과 (1ㄹ)의 문장은 높임의 주체대우법이 실현되었다. 그리고 (1ㄱ)~(1ㄹ)은 각 문장 서술어에 결합한 종결어미로 보아 모두 안높임의 청자대우법이 실현된 문장이다.

문장의 주어가 2인칭대명사인 경우를 다음 (2)에서 살펴본다.

(2)　ㄱ. 너도 그걸 보았니?
　　　ㄴ. 자네도 그걸 보았는가?
　　　ㄷ. 당신도 그걸 보셨소?
　　　ㄹ. 어르신께서도 그걸 보셨습니까?

　(2)의 각 문장에는 2인칭대명사 '너', '자네', '당신', '어르신' 등이 주어로 선택되었는데, 주어로 기능하는 이들 2인칭대명사의 형태를 통해 청자에 대한 화자의 높임 관념이 반영되고 있다. 또한 (2)에서 각 문장의 서술어에 결합한 종결어미의 형태에 따라 청자에 대한 화자의 높임 관념이 다르게 반영되고 있다. 하지만 (2)의 각 문장에서 주어로 기능하는 2인칭대명사는 곧 청자를 나타내기 때문에, 이들 문장은 모두 청자대우법으로 기술되어야 한다. 왜냐하면 (2)의 각 문장 주어로 선택된 2인칭대명사는 각각의 서술어에 결합한 종결어미의 형태와 자연스럽게 호응하기 때문이다. 그리고 1인칭대명사가 문장의 주어로 기능하는 경우는 화자대우법으로 기술되는 것과 마찬가지로 2인칭대명사가 문장의 주어로 선택되는 경우는 청자대우법으로 기술되어야 한다. 앞에서 (1)의 각 문장은 3인칭체언에 해당하는 명사나 대명사가 문장의 주어로 선택되고, (2)의 각 문장은 2인칭대명사가 문장의 주체로 선택되었다. 따라서 2인칭대명사가 문장의 주어로 선택된 (2)의 각 문장은 청자대우법으로 기술되어야 하고, (1)과 같이 3인칭체언에 해당하는 명사와 대명사가 문장의 주어로 선택된 경우는 주체대우법으로 기술되어야 한다.

　지금까지 앞선 논의에서는 (1ㄱ)과 같이 문장의 주어로 선택된 체언이 높여서 대우할 대상이 아닌 경우는 주체대우법이 실현되지 않은 것으로 기술해 왔다. 그러나 우리는 여기에서 (1ㄱ)의 문장에 주체대우법이 실현되지 않은 것이 아니라 안높임의 주체대우법이 실현된 것으로 기술한다. 문장의 주어로 기능하는 주체에 대한 대우법을 주체대우법이라고 할 때, 문장의 주어로 기능하는 주체를 높여서 대우할 수도 있고 높이지 않고 대우할 수도 있다. 문장의 주어로 기능하는 주체를 화자가 높여서 대우하면 높임의 주체대우법이 실현되고, 문장의 주어로 기능하는 주체를 높이지 않고 대우하면 안높임의 주체대우법이 실현된다. 안높임의 주체대우법이 실현된 것은 주체대우법의 실현이 무표적이며, 높임의 주체대우법이 실현된 것은 주체대우법의 실현이 유표적이다.

다시 아래 (3)을 살펴본다.

      (3)　ㄱ. 할머니께서 많이 편찮으시다.
           ㄴ. 순희가 많이 아프다.

(3ㄴ)의 문장에서 주어로 기능하는 '순희'는 화자가 높여서 대우할 대상자가 아니기 때문에 안높임의 주격조사 '-가'가 결합하였으며, (3ㄱ)의 문장에서 주어로 기능하는 '할머니'는 화자가 높여서 대우할 대상이기 때문에 높임의 주격조사 '-께서'가 주어에 결합하고, 주체 높임의 선어말어미 '-으시-'가 서술어에 결합하였다. 또 (3)에서 문장의 주체에 대한 화자의 대우 관념의 차이는 서술어로 기능하는 용언의 의미자질에서도 나타난다. 즉 (3ㄱ)의 문장에서 서술어로 선택된 어휘 요소 '편찮다'는 [+높임] 자질을 가지는 반면, (3ㄴ)의 문장에서 서술어로 선택된 어휘 요소 '아프다'는 [-높임] 자질을 가지고 있다. 이것은 서술어로 선택되는 용언의 [높임] 자질 유무에 의해서도 주체대우법이 다르게 실현됨을 잘 보여준다. 따라서 (3ㄱ)의 문장은 높임의 주체대우법이 실현되고 (3ㄴ)의 문장은 안높임의 주체대우법이 실현된다. 대부분의 앞선 논의에서 (3ㄴ)의 문장은 주체대우법이 실현되지 않은 것으로 기술해 왔으나, 실제로는 주체대우법이 실현되지 않은 것이 아니고 안높임의 주체대우법이 실현된 것이다. 문장의 주어로 기능하는 주체를 높여서 대우하든 높이지 않고 대우하든 화자가 문장의 주어로 기능하는 주체에 대해 대우하는 것은 마찬

가지이다.

한편 한국어의 대우법에는 이른바 압존법이라는 대우법이 존재한다. 이 압존법은 문장을 발화하는 화자와 듣는 청자 그리고 그 문장의 주어로 기능하는 주체와의 사이에 여러 가지 사회적·심리적 관계에 의해 그리고 발화 장면의 차이에 결정된다. 화자가 문장의 주체를 높여서 대우할 대상이라 하더라도 그 주체가 청자보다 나이, 직위, 항렬 등이 낮은 경우에는 화자가 문장의 주체에 대해 높여서 대우하지 않는 방법이 압존법이다. 아래 (4)에서 압존법이 실현되는 경우를 살펴본다.

(4) ㄱ. 할머니, 어머니가 방금 도착했습니다.
　　 ㄴ. 할머니, 어머니께서 방금 도착하셨습니다.
　　 ㄷ. 영수야, 너의 어머니께서 도착하셨니?
　　 ㄹ. 영수야, 너의 어머니가 도착했니?

(4ㄱ)의 문장은 화자가 손자나 손녀이고 청자는 할머니이며 문장의 주체는 어머니이다. 여기에서 화자는 문장의 주체인 어머니를 높여서 대우해야 하지만, 청자가 할머니이기 때문에 어머니를 높여서 대우하지 않았다. 이런 대우법을 흔히 압존법이라고 한다. 그러나 현실 언어에서는 (4ㄱ)의 문장만 실현되는 것이 아니고 (4ㄴ)의 문장과 같이 문장의 주체인 어머니를 높여서 대우한 문장이 보편적으로 실현되고 있다. 따라서 (4ㄱ)의 문장과 같은 압존법만 올바른 대우 표현이라고 한정하여 (4ㄴ)의 문장을 잘못된 대우 표현이라 규정하기는 언어 현실로 보아 어려울 것이다. 그리고 (4ㄷ)과 (4ㄹ)의 문장은 화자가 할머니나 할아버지이고 청자가 손자나 손녀이며 문장의 주어가 어머니인 경우에 실현되는 문장이다. 이 경우 화자인 할머니나 할아버지가 청자인 손자나 손녀에게 문장의 주체인 어머니를 높여서 대우할 수도 있고 높이지 않고 대우할 수도 있을 것이다. 하지만 (4ㄷ)의 문장은 청자인 영수의 입장에서 볼 때 문장의 주체인 어머

니는 높여서 대우할 대상이라는 사실을 분명하게 드러내는 대우 표현이고, (4ㄹ)의 문장은 화자의 입장에서 발화한 문장으로 손자나 손녀인 청자의 입장을 고려하지 않은 대우 표현이다. 현대 한국어에서 이 두 문장은 모두 잘못되지 않은 대우 표현으로 받아들여지고 있는데, 화자가 청자의 입장을 배려하여 문장의 주체를 높여서 대우하면 (4ㄷ)과 같이 실현되고 화자의 입장에서 문장의 주체를 높이지 않고 대우하면 (4ㄹ)과 같은 문장이 실현될 것이다. 사실 요즈음의 할아버지와 할머니들은 청자인 손자와 손녀의 입장이나 교육적 목적을 위해 (4ㄹ)보다 (4ㄷ)의 문장으로 실현하는 경우가 적지 있다. 또 젊은 세대들은 (4ㄱ)보다 (4ㄴ)의 문장을 더 많이 실현하는 경향이 있다. 따라서 현대 한국어에서 압존법이라 불려오던 대우 표현은 이제 엄격한 언어적 규범이 되지 못한다.

② 주체대우법의 실현 방법

문장의 주어로 기능하는 주체를 대우하는 주체대우법의 실현 방법에는 여러 가지가 있다. 권재일(1992)에서는 주체대우법의 실현 방법으로 크게 3가지를 제시하였는데, 어휘적 방법, 파생적 방법, 굴곡적 방법 등이 그것이다. 하지만 여기에서는 주체대우법의 실현 방법을, 파생적 방법과 굴곡적 방법을 하나로 묶어서 크게 어휘적 방법과 문법적 방법으로 구분한다.

> (5) 주체대우법의 실현 방법
> ㄱ. 어휘적 방법 : 높임명사에 의해
> 　　　　　　　　높임동사에 의해
> ㄴ. 문법적 방법 : 높임접사(-님)에 의해
> 　　　　　　　　주체높임어미(-으시-)에 의해
> 　　　　　　　　주격조사(-께서)에 의해

주체대우법의 실현 방법은 (5)와 같이 어휘적 방법과 문법적 방법으로 크게 구분된다. 어휘적 방법과 문법적 방법으로 구분된다고 하여 각각 독립적으로 주체대우법을 실현하는 것이 아니고, 두 방법이 함께 적용되는 경우가 많다. (5ㄱ)의 어휘적 방법에 의해 실현되는 주체대우법은 다시 두 가지로 나뉘는데, 하나는 높임명사에 의한 주체대우법의 실현이고 다른 하나는 높임동사에 의한 주체대우법의 실현이다. 높임명사에 의한 주체대우법의 실현은 문장의 주어나 목적어로 기능하는 주체가 높여서 대우할 대상인 경우에 높임명사를 선택함으로써 주체대우법이 실현되고, 높임동사에 의한 주체대우법의 실현은 주어로 기능하는 주체가 높여서 대우할 대상인 경우에 그 문장의 서술어로 높임동사를 선택함으로써 주체대우법이 실현된다.

아래의 문장 (6)을 살펴보자.

(6) ㄱ. 영수가 밥을 먹었다/ * 잡수셨다.
　　　ㄴ. 할아버지께서 진지를 잡수셨다/ * 먹었다.
　　　ㄷ. 할아버지께서 밥을 잡수셨다.
　　　ㄹ. 할아버지가 진지/ 밥을 잡수셨다.

(6ㄱ)의 문장에서는 주어로 기능하는 주체가 높여서 대우할 대상이 아니므로 이 문장은 안높임의 주체대우법이 실현되었다. 하지만 (6ㄴ)에서는 문장의 주어로 기능하는 주체인 '할아버지'가 높여서 대우할 대상이므로 높임의 주체대우법이 실현되었다. 따라서 (6ㄴ)의 문장에는 주체를 높여서 대우하기 위해 높임명사 '진지'가 목적어로 선택되고 높임동사 '잡수다'가 서술어로 선택되었으며, 그리고 높임의 주격조사 '－께서'가 주어에 결합하였다.

그런데 (6)의 각 문장에서 실현된 주체대우법을 더 자세하게 살펴보면, 높임명사와 높임동사에 의해 실현되는 양상이 언제나 동일한 것이 아님이 드러난다. 즉 높임의 주체대우법 실현에 관여하는 높임명사에 비해 높임동사가 더 적극적이라는 것이다. (6ㄱ)과 (6ㄴ)의 문장에서 각각 '잡수셨다'와 '먹었다'가 선택되면 비문으로 처리되지만, (6ㄷ)의 문장에서는 (6ㄴ)의 문장에 선택된 '진지' 대신 '밥'이 선택되었지만 정상적인 문장으로 받아들여진다. 그리고 (6ㄹ)에서는 주어로 선택된 '할아버지'가 높여서 대우할 대상이지만, 안높임의 주격조사 '-가'가 주어에 결합하고 목적어로 '밥'이 선택되더라도 높임동사 '잡수다'가 서술어로 선택됨으로써 높임의 주체대우법이 실현되었다. (6)의 각 문장에서 높임명사와 높임동사가 선택되어 높임의 주체대우법이 실현되지만, (6)의 4개 문장에서 주체대우법의 실현에 관여하는 높임명사와 높임동사가 선택되는 양상으로 보아 높임동사에 의한 주체대우법의 실현이 더 적극적이다. 높임동사가 높임명사보다 주체대우법의 실현 강도가 높다는 것은, 곧 높임동사가 높임명사보다 주체대우법 실현의 기능부담량이 더 크다는 사실을 보여준다.

한국어에서 안높임명사에 대립하는 높임명사와 안높임동사에 대립하는 높임동사가 아래 (7)의 몇몇 보기와 같이 꽤 발달해 있는데, 이러한 높임명사와 높임동사에 의해 높임의 주체대우법이 실현된다.

(7)

	ㄱ					ㄴ				
높 임	진지	치아	말씀	옥고	아버님	잡수다	주무시다	계시다	편찮다	돌아가시다
안높임	밥	이	말	원고	아버지	먹다	자다	있다	아프다	죽다

(7ㄱ)은 안높임명사에 대립하는 높임명사의 보기이고, (7ㄴ)은 안높임동사에 대립하는 높임동사의 보기이다. (7)의 보기와 같은 높임명사와 높임동사는 언제나 높임의 주체대우법을 실현하는 데만 관여하는 것이 아니고, 높임의 청자대우법과 높임의 객체대우법의 실현에도 관여한다.

(7)′ ㄱ. 할아버지, 진지 많이 잡수십시오.
ㄴ. 너는 할아버지의 치아를 잘 봐 드려라.

(7ㄱ)′의 문장에서는 청자인 할아버지를 높여서 대우하기 위해 높임명사 '진지'와 높임동사 '잡수다'가 선택되어 높임의 청자대우법이 실현되고, (7ㄴ)′의 문장에서는 객체인 할아버지를 높여서 대우하기 위해 높임명사 '치아'와 높임동사 '드리다'가 선택되어 높임의 객체대우법이 실현되었다.

다음에는 문법적 방법에 의한 주체대우법의 실현을 살펴본다.

문법적 방법에는 파생적 방법과 굴곡적 방법이 있는데, 파생적 방법으로는 높임접사 '-님'이 결합하여 높임의 주체대우법이 실현되고, 굴곡적 방법으로는 높임의 주격조사 '-께서'가 주어에 결합하고 주체 높임의 선어말어미 '-으시-'가 서술어에 결합하여 높임의 주체대우법이 실현된다.

아래 (8)을 살펴보자.

(8) ㄱ. 이영수가 그 떡을 먹었다.
ㄴ. 이영수님이 그 떡을 잡수셨다.

(8ㄱ)의 문장은 주어로 기능하는 '이영수'가 높여서 대우할 대상이 아니므로 높임접사 '-님'이 결합하지 않음으로써 안높임의 주체대우법이 실현되었다. 하지만 (8ㄴ)의 문장은 주어로 기능하는 '이영수'는 높여서 대우할 대상이어서 높임접사 '-님'이 결합하고 주체 높임의 선어말어미 '-으시-'가 서술어에 결합하여 높임의 주체대우법이 실현되었다.

굴곡적 방법으로 높임의 주격조사 '-께서'가 문장의 주체에 결합하고 주체 높임의 선어말어미 '-으시-'가 서술어에 결합함으로써 높임의 주체대우법이 실현되는 경우는 다음 (9)에서 볼 수 있다.

(9) ㄱ. 철수가 이 책을 다 읽었다.
    ㄴ. 할아버지께서 이 책을 다 읽으셨다.
    ㄷ. 할아버지가 이 책을 다 읽으셨다.
    ㄹ. *할아버지께서 이 책을 다 읽었다.

(9ㄱ)의 문장에서 주어로 기능하는 '철수'는 높여서 대우할 대상이 아니므로 안높임의 주격조사 '-가'가 결합하고 서술어에 주체 높임의 선어말어미 '-으시-'가 결합하지 않음으로써 안높임의 주체대우법이 실현되었다. 그러나 (9ㄴ)의 문장에서는 주어로 기능하는 '할아버지'가 높여서 대우할 대상이므로 높임의 주격조사 '-께서'가 결합하고 주체 높임의 선어말어미 '-으시-'가 서술어에 결합함으로써 높임의 주체대우법이 실현되었다. 그런데 (9ㄷ)의 문장에서는 주어로 기능하는 '할아버지'가 높여서 대우할 대상인데도 안높임의 주격조사 '-가'가 결합하고 주체 높임의 선어말어미 '-으시-'가 서술어에 결합함으로써 높임의 주체대우법이 실현되었다. 하지만 (9ㄹ)의 문장에서는 주어로 기능하는 '할아버지'는 화자가 높여서 대우할 대상이어서 높임의 주격조사 '-께서'가 결합하였지만, 주체 높임의 선어말어미 '-으시-'가 서술어에 결합하지 않음으로써 높임의 주체대우법이 정상적으로 실현되지 않았다.

높임의 주격조사 '-께서'와 주체 높임의 선어말어미 '-으시-'가 모두 높임의 주체대우법의 실현에 관여하지만, 이 두 문법 요소에 의한 높임의 주체대우법을 실현하는 기능부담량에는 차이가 있다. 즉 (9ㄷ)의 문장에서 주어로 기능하는 '할아버지'가 높여서 대우할 대상이지만 높임의 주격조사 '-께서' 대신 '-가'가 결합하여도 높임의 주체대우법이 실현된 반면, (9ㄹ)의 문장에서는 주어에 높임의 주격조사 '-께서'가 결합하였지만 주체 높임의 선어말어미 '-으시-'가 서술어에 결합하지 않았기 때문에 높임의 주체대우법이 정상적으로 실현되지 못하였다. 이런 현상은 높임의 주체대우법을 실현하는 높임의 주격조사 '-께서'와 주체 높임의

선어말어미 '-으시-'의 문법적 기능부담량이 다르기 때문이다. 즉 주체
높임의 선어말어미 '-으시-'에 의한 높임의 주체대우법 실현이 높임의
주격조사 '-께서'에 의한 높임의 주체대우법 실현보다 기능이 더 적극적
이다.

문장의 주체가 화자 자신인 경우가 있다. 화자 자신이 문장의 주어로
기능하는 경우는 화자대우법이 실현되는데, 화자 자신을 나타내는 1인칭
대명사 '나'의 높임형이 존재하지 않기 때문에 높임의 화자대우법은 실현
될 수 없다. 하지만 1인칭대명사 '나'의 낮춤형 '저'가 존재하므로, 문장
의 주체인 화자를 낮추어 대우하는 낮춤의 화자대우법은 실현될 수 있다.

> (10)　ㄱ. 나는 어제 영수를 만났다.
> 　　　　ㄴ. 저는 어제 영수를 만났습니다.
> 　　　　ㄷ. *저는 어제 영수를 만났다.

(10)의 3개 문장에서 주어는 모두 화자 자신을 나타내는 1인칭대명사이
다. (10ㄱ)의 문장에서 주어로 기능하는 '나'는 1인칭대명사의 기본형이지
만, (10ㄴ)과 (10ㄷ)의 문장에서 주어로 기능하는 '저'는 '나'의 낮춤형이
다. 그러므로 (10ㄴ)과 (10ㄷ)의 두 문장은 낮춤의 화자대우법이 실현될
가능성이 있다. (10ㄴ)의 문장은 화자 자신을 낮추어 대우하는 1인칭대명
사 '저'가 주어로 선택되고 청자를 높여서 대우하는 종결어미 '-습니다'
가 서술어에 결합함으로써 낮춤의 화자대우법이 정상적으로 실현되었다.
하지만 (10ㄷ)의 문장은 화자 자신을 낮추어 나타내는 1인칭대명사 '저'
가 선택되었는데도, 청자를 높여서 대우하는 종결어미가 서술어에 결합하
지 않음으로써 낮춤의 화자대우법이 정상적으로 실현되지 못했다. 즉 (10ㄴ)
의 문장에서는 주어로 선택된 '저'와 서술어에 결합한 종결어미 '-습니
다'가 자연스럽게 호응하는 반면, (10ㄷ)의 문장에는 주어로 선택된 '저'
와 서술어에 결합한 종결어미 '-다'가 자연스럽게 호응하지 않는다. 그

래서 (10ㄷ)의 문장은 낮춤의 화자대우법을 정상적으로 실현하지 못한 것이다.

(10)의 문장은 주어에 1인칭대명사가 선택되었는데, 이런 문장에 대하여 화자대우법으로 설명하는 것이 한국어의 대우법을 더욱 합리적으로 기술할 수 있다. 문장의 주체가 타인인 경우에는 타인대우법에 속하는 주체대우법으로 기술하고, 문장의 주체가 화자 자신인 경우에는 자기대우법에 속하는 화자대우법으로 기술한다. 따라서 한국어의 대우법은 타인대우법과 자기대우법으로 구분하여 기술하는 것이 타당성을 갖는다.

③ 주체대우법의 체계

주체대우법은 문장의 주어로 기능하는 주체를 대우하는 대우법을 말한다. 문장의 주어로 선택되는 체언은 1·2·3인칭이 모두 가능하다. 하지만 1인칭대명사가 문장의 주어로 선택되는 경우에는 화자대우법으로 기술해야 한다. 문장의 주어로 1인칭대명사가 선택되는 경우는 화자가 자신에 대한 대우이기 때문이다. 그리고 2인칭대명사가 문장의 주어로 선택되는 경우에는 청자대우법으로 기술하는 것이 합리적이다. 왜냐하면 문장의 주어가 2인칭대명사인 경우는 청자에 대한 대우 관념에 의해 그 형태가 선택되기 때문이다.

문장의 주어로 1·2·3인칭체언이 모두 선택될 수 있지만, 3인칭대명사나 3인칭의 명사가 선택되는 경우에만 주체대우법의 실현으로 처리한다.

> (11)　ㄱ. 내가 영수를 만났다.
> 　　　ㄴ. 네가 영수를 만났니?
> 　　　ㄷ. 철수가 영수를 만났니?

(11ㄱ)의 문장은 1인칭대명사가 문장의 주어로 선택되고, (11ㄴ)의 문장

은 2인칭대명사가 문장의 주어로 선택되었으며, (11ㄷ)의 문장은 3인칭명사가 주어로 선택되었다. 이들 문장 중에서 3인칭명사가 문장의 주어로 선택된 (11ㄷ)의 문장만 주체대우법의 기술 대상이 되고, 1인칭대명사가 문장의 주어로 선택된 (11ㄱ)의 문장과 2인칭대명사가 문장의 주어로 선택된 (11ㄴ)의 문장은 각각 화자대우법과 청자대우법의 기술 대상이다. (11ㄱ)의 문장 주어로 선택된 1인칭대명사는 문장의 주체지만 화자 자신에 대한 대우 관념을 표현하고, (11ㄴ)의 문장 주어로 선택된 2인칭대명사는 문장의 주체지만 청자에 대한 대우 관념을 표현하기 때문이다. 따라서 3인칭대명사나 3인칭명사가 문장의 주어로 선택된 문장에 의해 주체대우법이 실현된다.

다시 아래 (12)를 살펴본다.

    (12) ㄱ. 영수가 어제 왔다.
           ㄴ. 그분이/ 께서 어제 오셨다.
           ㄷ. 그 어르신께서 어제 오셨다.

(12)의 각 문장은 3인칭체언이 주어로 선택된 문장이다. (12ㄱ)의 문장에 주어로 선택된 '영수'는 높여서 대우할 대상이 아니므로 안높임의 주격조사 '-가'가 주어에 결합하고 주체 높임의 선어말어미 '-으시-'가 서술어에 결합하지 않았다. 하지만 (12ㄴ)과 (12ㄷ)의 문장 주어로 선택된 '그분'과 '그 어르신'은 높여서 대우할 대상이므로 높임의 주격조사 '-께서'가 주어에 결합하고[41] 주체 높임의 선어말어미 '-으시-'가 서술어에 결합함으로써 높임의 주체대우법이 실현되었다. 따라서 주체대우법의 대

---

41) (12ㄴ)의 문장은 주어에 '-이'가 결합하였지만, 주체 높임의 선어말어미 '-으시-'가 서술어에 결합함으로써 높임의 주체대우법이 실현되었다. 이것은 높임의 주격조사 '-께서'보다 주체 높임의 선어말어미 '-으시-'가 높임의 주체대우법 실현의 기능부담량이 더 크기 때문이다.

상은 (12)의 각 문장과 같이 3인칭대명사나 3인칭명사가 주어로 선택된 문장이다.

(12ㄱ)의 문장은 안높임의 주체대우법이 실현되고 (12ㄴ)과 (12ㄷ)의 문장은 높임의 주체대우법이 실현되었다. 흔히 (12ㄱ)의 문장은 주체대우법이 실현되지 않은 것으로 기술해 왔으나, 이 문장에는 주어로 선택된 '영수'에 대해 높이지 않은 대우 관념을 표현을 하고 있으므로 안높임의 주체대우법이 실현되었다. 따라서 우리는 (12ㄱ)의 문장과 같이 주어로 기능하는 체언에 대해 높이지 않은 대우 관념을 표현하는 안높임의 주체대우법이 실현된 것으로 처리하고, (12ㄴ)과 (12ㄷ) 같이 문장의 주어로 선택된 체언에 대해 화자가 높여서 대우한 표현은 높임의 주체대우법이 실현된 것으로 처리한다.

한국어의 주체대우법은 문장의 주어로 선택된 주체를 높이지 않고 대우하는 안높임을 기준으로 하여 높임이 대립한다. 즉 문장의 주어로 선택되는 체언이 높여서 대우할 대상이 아니면 안높임의 주체대우법이 실현되고, 문장의 주어로 선택되는 체언이 높여서 대우할 대상이면 높임의 주체대우법이 실현된다. 따라서 주체대우법의 체계는 아래 (13)과 같이 나타낼 수 있다.

> (13) 한국어 주체대우법의 체계
> ㄱ. 안높임(평대) : [−높임]
> ㄴ. 높 임(존대) : [+높임]

한국어 주체대우법의 체계는 (13)과 같이 높임 관념이 전혀 없는 안높임을 중심으로 높임이 대립되는데, 안높임이 무표적인 주체대우법의 실현이라면 높임은 유표적인 주체대우법의 실현이다. 즉 (12ㄱ)의 문장은 주체대우법이 실현되지 않은 것이 아니고 안높임의 주체대우법이 실현되었으므로 주체대우법의 실현이 무표적이다. (12ㄱ)에서는 문장의 주체에 대

한 화자의 대우 관념이 [−높임] 자질이라면, (12ㄴ)과 (12ㄷ)의 문장 주체
에 대한 화자의 대우 관념은 [+높임] 자질이라 할 수 있다. 문장의 주어
로 기능하는 주체에 대한 대우 관념이 [+높임] 자질을 갖는 (12ㄴ)과 (12ㄷ)
은 높임의 주체대우법이 실현되었다. 따라서 (12ㄴ)과 (12ㄷ)의 문장은 주
체대우법의 실현이 유표적이다.

(13)과 같이 나타낸 주체대우법은 한국어의 모든 문장에서 주체대우법
이 실현될 수 있음을 보여준다. 하지만 아래 (14)는 문장의 주어로 기능하
는 주체의 의미에 따라 주체대우법이 실현되지 않기도 한다.

(14) ㄱ. 나무가 크다.
　　　ㄴ. 바람이 많이 분다.
　　　ㄷ. 영희가 어제 떠났다.
　　　ㄹ. 고모님이 어제 떠나셨다.
　　　ㅁ. 고모님께서는 따님이 여럿 있으시다.

(14ㄱ)과 (14ㄴ)의 문장에서 주어로 선택된 체언은 각각 '나무', '바람'
인데, 이것들은 화자가 높여서 대우하거나 높이지 않고 대우할 대상이 아
니다. 그러므로 이런 문장은 주체대우법의 기술 대상이 아니다. 문장의
주어로 선택되는 체언이 [+인간]의 자질을 가진 3인칭체언이라야 주체대
우법의 기술 대상이 된다. (14ㄱ)과 (14ㄴ)의 주어로 기능하는 체언은 [−인
간] 자질을 가지므로 주체대우법의 실현 대상이 아니며, (14ㄷ)~(14ㅁ)의
주어로 기능하는 체언은 [+인간] 자질을 가지므로 주체대우법의 실현 대
상이 된다. (14ㄷ)의 문장 주어는 높여서 대우할 대상이 아니므로 안높임
의 주체대우법이 실현되었다. 그러나 (14ㄹ)의 문장 주어는 높여서 대우
할 대상이므로 주체 높임의 선어말어미 '−으시−'가 서술어에 결합함으
로써 높임의 주체대우법이 실현되고, (14ㅁ)의 문장은 고모님의 따님을
높여서 대우함으로써 간접적으로 고모님을 높여서 대우하는 높임의 주체

대우법이 실현된 것이다.

주체대우법의 체계는 안높임을 기준으로 높임이 대립한다. 앞의 (12)와 (14)의 문장을 통해 드러나는 바와 같이, 높임의 주체 대우법이 실현될 경우에는 주체 높임의 선어말어미 '-으시-'가 반드시 서술어에 결합한다. (12ㄴ)과 (14ㄹ)의 문장과 같이 주체가 높여서 대우할 대상인 경우, 높임의 주격조사 '-께서'가 결합하지 않았지만 주체 높임의 선어말어미 '-으시-'가 서술어에 결합함으로써 높임의 주체 대우법이 실현되었다. 그런데 문장의 주어로 기능하는 주체를 화자가 높이지 않고 대우하느냐 높여서 대우하느냐의 문제는 화자와 주체 그리고 청자 사이의 나이, 직위, 항렬, 친소관계 등의 사회적·심리적 관계가 반영되어 결정된다. 따라서 화자와 청자 그리고 문장의 주체 사이의 사회적·심리적 관계라는 기준과 발화 장면의 차이에 따라 안높임의 주체대우법이 실현되기도 하고 높임의 주체대우법이 실현되기도 한다. 사실 문장의 주체가 화자와 같은 나이의 친구라고 하더라도 공적인 발화 장면에서는 그 친구를 높여서 대우하는 것이 보편적인 언어 예절이다. 이를테면 나이 60세인 화자가 자신의 친구인 문장의 주어를 나타낼 때, 공적인 발화 장면에서는 (15ㄱ)과 같이 높이지 않고 대우하기보다 (15ㄴ)과 같이 높여서 대우한다.

> (15) ㄱ. 그가 방금 떠났습니다.
>   ㄴ. 그분이 방금 떠나셨습니다.

따라서 한국어의 주체대우법은 화자와 청자 그리고 문장의 주체 사이의 사회적·심리적 관계라는 기준과 발화의 공적·사적인 장면의 차이라는 기준 등이 모두 관여하므로, 주체대우법의 체계와 그 기준을 다음 (16)과 같이 나타낼 수 있다.

(16) 주체대우법의 체계와 기준
　　　ㄱ. 안높임 : 사회·심리적 관계가 가까운 사이/ 사적인 발화 장면
　　　ㄴ. 높 임 : 사회·심리적 관계가 먼 사이/ 공적인 발화 장면

④ 주체대우법 실현의 기능부담량

문장의 주어로 선택되는 3인칭체언이 높여서 대우할 대상이면 높임의 주체대우법이 실현되고, 높여서 대우할 대상이 아니면 안높임의 주체대우법이 실현된다. 주체대우법은 주어로 선택되는 3인칭체언에 따라 문법 요소와 어휘 요소가 적절하게 선택됨으로써 높임의 주체대우법과 안높임의 주체대우법이 실현된다.

(1)　ㄱ. 규영이가 말을 마쳤다.
　　　ㄴ. 할머니께서 말씀을 마치셨다.
　　　ㄷ. 할머니께서 말을 마치셨다.
　　　ㄹ. 할머니가 말씀을 마치셨다.
　　　ㅁ. * 할머니께서 말씀을 마쳤다.

(1ㄱ)의 문장은 주어로 기능하는 체언이 높여서 대우할 대상이 아니므로 주체 높임의 선어말어미 '-으시-'가 서술어에 결합하지 않음으로써 안높임의 주체대우법이 실현되었다. 그리고 (1ㄴ)~(1ㄹ)의 문장들은 주어로 기능하는 체언이 높여서 대우할 대상이므로 주격조사 '-께서'와 '-가'가 주어에 결합하고, 높임명사 '말씀'이 선택되고 주체 높임의 선어말어미 '-으시-'가 서술어에 결합함으로써 각각 높임의 주체대우법이 실현되었다. 그러나 (1ㅁ)의 문장은 높임의 주격조사 '-께서'와 높임명사 '말씀'이 선택되었지만, 주체 높임의 선어말어미 '-으시-'가 서술어에 결합하지 않음으로써 높임의 주체대우법이 정상적으로 실현되지 못하였다.

(1ㅁ)의 문장이 높임의 주체대우법을 정상적으로 실현하지 못한 것은,

서술어에 주체 높임의 선어말어미 '-으시-'가 결합하지 않은 때문이다.
즉 (1ㅁ)의 문장은 높임의 주격조사 '-께서'와 높임명사 '말씀'에 의한
높임의 주체대우법 실현의 기능부담량보다 주체 높임의 선어말어미 '-으
시-'에 의한 높임의 주체대우법 실현의 기능부담량이 더 크다는 것이다.
주체 높임의 선어말어미 '-으시-'는 높임의 주체대우법 실현의 필수 요
소인 반면, 높임의 주격조사 '-께서'와 높임명사 '말씀' 등은 높임의 주
체대우법 실현의 임의 요소이다.

다시 아래 (2)의 문장에서 주체대우법을 실현하는 요소들의 기능부담량
에 대해 살펴본다.

(2) ㄱ. 형욱이가 방에서 자니?
     ㄴ. 할아버지께서 방에서 주무시니?
     ㄷ. 할아버지가 방에서 주무시니?
     ㄹ. *할아버지께서 방에서 자니?
     ㅁ. *형욱이가 방에서 주무시니?

(2ㄱ)의 문장은 주어로 선택된 체언이 높여서 대우할 대상이 아니므로
높임의 주격조사, 높임명사, 높임동사 등이 선택되지 않음으로써 안높임
의 주체대우법이 실현되었다. 하지만 (2ㄴ)의 문장은 높임의 주격조사 '-께
서'가 결합하고 높임동사 '주무시다'가 선택됨으로써 높임의 주체대우법
이 실현되고, (2ㄷ)의 문장은 안높임의 주격조사 '-가'와 높임동사 '주무
시다'가 서술어로 선택됨으로써 높임의 주체대우법이 실현되었다. 그러나
(2ㄹ)의 문장은 높임의 주격조사 '-께서'가 선택되었지만 높임동사 '주무
시다'가 서술어로 선택되지 않아서 높임의 주체대우법이 정상적으로 실현
되지 못하였다. 한편 (2ㅁ)의 문장은 주어로 선택된 체언이 높여서 대우할
대상이 아님에도 높임동사 '주무시다'가 서술어로 선택되어 안높임의 주
체대우법이 정상적으로 실현되지 못하였다.

(2ㄴ)~(2ㄹ)의 문장에서 주어로 기능하는 체언이 높임의 대상이기 때문에 적절한 문법 요소와 어휘 요소가 선택되어 높임의 주체대우법이 실현되어야 한다. 이들 문장에 실현되는 높임의 주체대우법 실현 요소를 살펴보면, 높임의 주격조사 '-께서'에 비해 높임동사 '주무시다'에 의한 주체대우법 실현의 기능부담량이 더 큰 사실이 드러난다. 그리고 높임동사 '주무시다'가 서술어로 선택된 (2ㄴ)과 (2ㄷ)의 문장이 높임의 주체대우법을 정상적으로 실현하지만, 안높임동사 '자다'가 서술어로 선택된 (2ㄹ)의 문장은 높임의 주체대우법을 정상적으로 실현하지 못하였다. 이러한 현상은 (2)의 각 문장에서 주체대우법을 실현하는 문법 요소보다 어휘 요소가 주체대우법 실현의 기능부담량이 더 큰 사실을 보여준다.

(1)과 (2)의 각 문장에서 주체대우법이 실현되는 양상을 볼 때, 높임의 주체대우법 실현에는 서술어에 결합하는 주체 높임의 선어말어미 '-으시-'는 필수 요소이며, 그리고 서술어로 선택되는 높임의 어휘 요소가 높임의 주격조사 '-께서'보다 높임의 주체대우법 실현의 기능부담량이 더 크므로, 서술어로 기능하는 높임의 어휘 요소도 필수 요소이다.

(3) 객체대우법

① 객체와 객체대우법

문장의 객체로 선택되는 체언은 목적어나 부사어로 기능한다. 객체대우법은 화자가 문장의 목적어나 부사어로 기능하는 객체에 대한 대우법을 말한다. 그래서 문장의 목적어나 부사어로 기능하는 객체가 높여서 대우할 대상이냐 높여서 대우할 대상이 아니냐에 따라 안높임의 객체대우법과 높임의 객체대우법이 실현된다. 따라서 문장의 객체로 선택되는 체언이 목적어나 부사어로 기능하는 사람인 경우에 반드시 객체대우법이 실현된다.

아래 (1)에서 목적어로 기능하는 객체에 대한 대우법을 살펴본다.

(1) ㄱ. 너는 영수를 데리고 오너라.
    ㄴ. 너는 아저씨를 모시고 오너라.

(1ㄱ)의 문장에는 목적어로 기능하는 객체인 '영수'가 높여서 대우할 대상이 아니므로 안높임동사 '데리다'가 서술어로 선택됨으로써 안높임의 객체대우법이 실현되었다. 하지만 (1ㄴ)의 문장에는 목적어로 기능하는 객체인 '아저씨'가 높여서 대우할 대상이므로 높임동사 '모시다'가 서술어로 선택됨으로써 높임의 객체대우법이 실현되었다.

다음에는 부사어로 기능하는 객체에 대한 대우법을 살펴본다.

(2) ㄱ. 이걸 영수에게 주어라.
    ㄴ. 이걸 아저씨께 드려라.

(2ㄱ)의 문장에는 부사어로 기능하는 객체인 '영수'가 높여서 대우할 대상이 아니므로 안높임동사 '주다'가 서술어로 선택됨으로써 안높임의 객체대우법이 실현되었다. 하지만 (2ㄴ)의 문장에는 부사어로 기능하는 객체인 '아저씨'가 높여서 대우할 대상이므로 높임동사 '드리다'가 서술어로 선택됨으로써 높임의 객체대우법이 실현되었다.

그러면 화자 자신이 문장의 객체로 신택되는 경우를 살펴보자.

(3) ㄱ. 저걸 내게 다오.
    ㄴ. 저걸 내게 주게.
    ㄷ. 저걸 제게 *다오/ 주오.
    ㄹ. 저걸 제게 주십시오.

(3)의 각 문장에는 화자 자신을 나타내는 1인칭대명사가 객체인 부사어로 선택되었는데, 문장의 객체가 1인칭대명사인 경우는 객체대우법의 실현으로 기술하기보다 화자대우법의 실현으로 기술하는 것이 바람직하다. 왜냐하면 문장의 객체로 선택된 1인칭대명사가 화자 자신을 가리키기 때문이다. (3ㄱ), (3ㄴ), (3ㄹ) 등의 문장은 객체로 선택된 화자 자신에 대한 대우법이 정상적으로 실현되었다. 그러나 (3ㄷ)의 문장에서 서술어로 '주오'가 선택되면 낮춤의 화자대우법이 정상적으로 실현되지만, 서술어로 '다오'가 선택되면 낮춤의 화자대우법이 정상적으로 실현되지 못한다. 왜냐하면 문장의 부사어로 기능하는 객체에는 1인칭대명사의 낮춤형 '저'가 선택되었는데, 문장의 서술어에는 청자를 높여서 대우하지 않는 '다오'가 선택되었기 때문이다.

(3)과 같이 부사어로 기능하는 객체에 화자 자신을 나타내는 1인칭대명사가 선택되는 문장은 객체대우법의 실현으로 기술하기보다 화자대우법의 실현으로 기술하는 것이 더 합리적이다. 이것은 1인칭대명사가 문장의 주체로 선택되더라도 주체대우법으로 기술하지 않고 화자대우법으로 기술하는 것과 같은 관점이다.

다음에는 2인칭대명사가 문장의 객체로 선택되는 경우를 살펴보자.

(4) ㄱ. 이걸 너에게 보여주겠다.
　　ㄴ. 이걸 자네에게 보여주겠네.
　　ㄷ. 이걸 당신께 보여드리겠소.
　　ㄹ. 이걸 어르신께 보여드리겠습니다.

(4ㄱ)의 문장에서 부사어로 선택된 2인칭대명사 '너'는 종결어미 '-다'와 호응하고, (4ㄴ)의 문장에서 부사어로 선택된 '자네'는 종결어미 '-네'와 호응하고, (4ㄷ)의 문장에서 부사어로 선택된 '당신'은 종결어미 '-소'와 호응하고, 그리고 (4ㄹ)의 문장에서 부사어로 선택된 '어르신'은 종결

어미 '-습니다'와 호응한다. 문장의 주어로 선택된 2인칭대명사에 의해 청자대우법이 실현되듯이 (4)와 같이 문장의 부사어로 선택된 2인칭대명사에 의해서도 청자대우법이 실현된다. 왜냐하면 (4)의 각 문장 서술어에 결합한 종결어미에 의해 실현되는 청자대우법과 부사어로 기능하는 2인칭대명사에 의해 실현되는 청자대우법이 서로 호응하기 때문이다. 따라서 문장의 부사어로 선택된 객체가 2인칭대명사인 경우에는 객체대우법의 실현으로 기술하기보다 청자대우법의 실현으로 기술하는 것이 합리적이다.

따라서 앞에서 살펴본 (1)과 (2)와 같이 문장의 목적어나 부사어로 기능하는 객체가 3인칭체언인 경우에는 객체대우법의 실현으로 기술하고, 1인칭대명사가 문장의 객체로 선택되면 화자대우법의 실현으로 기술하고, 2인칭대명사가 문장의 객체로 선택되면 청자대우법의 실현으로 기술한다.

② 객체대우법의 실현 방법

객체대우법은 화자가 문장의 객체에 대해 대우하는 대우법이다. 이 객체대우법의 실현 방법에는 크게 어휘적 방법과 문법적 방법이 있다. 어휘적 방법은 안높임명사와 높임명사, 안높임동사와 높임동사 등의 대립적인 선택에 의해 각각 안높임의 객체대우법이 실현되기도 하고 높임의 객체대우법이 실현되기도 한다. 그리고 문법적 방법은 안높임접사와 높임접사, 안높임의 부사격조사와 높임의 부사격조사 등의 대립적인 선택에 의해 안높임의 객체대우법이 실현되기도 하고 높임의 객체대우법이 실현되기도 한다.

아래 (5)에서 실현되는 객체대우법을 살펴본다.

> (5) ㄱ. 거기서 할아버지를 뵙도록 해라.
> ㄴ. 이걸 할아버지께 드려라.
> ㄷ. 이걸 영수에게 줘라.

(5ㄱ)의 문장에는 목적어로 기능하는 객체인 '할아버지'가 높여서 대우할 대상이므로 높임동사 '뵙다'가 서술어로 선택됨으로써 높임의 객체대우법이 실현되었고, (5ㄴ)의 문장에는 부사어로 기능하는 객체인 '할아버지'가 높여서 대우할 대상이므로 높임의 부사격조사 '-께'가 부사어에 결합하고 높임동사 '드리다'가 서술어로 선택됨으로써 높임의 객체대우법이 실현되었다. 하지만 (5ㄷ)의 문장에는 부사어로 기능하는 객체인 '영수'가 높여서 대우할 대상이 아니므로 안높임동사 '주다'가 서술어로 선택됨으로써 안높임의 객체대우법이 실현되었다. 따라서 (5ㄷ)의 문장은 안높임의 객체대우법이 실현되어 무표적인 객체대우법이 실현되었으며, (5ㄱ)과 (5ㄴ)의 문장은 높임의 객체대우법이 유표적으로 실현되었다.

> (6) ㄱ. 이 말씀을 자네 춘부장께 아뢰게.
> ㄴ. 자네 자당을 모시고 오게.
> ㄷ. 너의 친구를 데리고 오너라.

(6ㄱ)의 문장에는 부사어로 기능하는 객체인 '아버지'를 높여서 대우하기 위해 높임명사 '말씀'과 '춘부장', 높임동사 '아뢰다' 등이 선택되고 높임의 부사격조사 '-께'가 부사어에 결합함으로써 높임의 객체대우법이 실현되었다. (6ㄴ)의 문장에는 목적어로 기능하는 객체인 '어머니'를 높여서 대우하기 위해 높임명사 '자당', 높임동사 '모시다' 등이 선택됨으로써 높임의 객체대우법이 실현되었다. 따라서 (6ㄱ)과 (6ㄴ)의 문장은 높임의 객체대우법이 실현되어 객체대우법의 실현이 의미적으로 유표적이다. 하지만 (6ㄷ)의 문장에는 목적어로 기능하는 객체인 '친구'가 높여서 대우할 대상이 아니므로 안높임동사 '데리다'가 서술어로 선택됨으로써 안높임의 객체대우법이 실현되었는데, (6ㄷ)의 문장은 객체대우법의 실현이 무표적이다.

아래 (7)은 위에서 보기로 든 문장과 좀 다르다.

(7) ㄱ. 그걸 소에게 먹여라.
    ㄴ. 그걸 벌에게 먹여라.

(7)의 두 문장에는 부사어로 기능하는 객체가 [−인간] 자질을 가진 체언이 선택되어서 객체대우법의 기술 대상이 되지 못한다. 문장의 목적어나 부사어로 기능하는 객체가 [+인간] 자질을 가진 체언이 선택될 경우에는 객체대우법의 기술 대상이 된다. 하지만 위의 (3)과 같이 1인칭대명사가 문장의 객체로 선택되는 경우에는 화자대우법의 실현으로 기술하고, (4)와 같이 2인칭대명사가 문장의 객체로 선택되는 경우에는 청자대우법의 실현으로 기술한다. 따라서 객체대우법의 실현으로 기술할 대상은 (5), (6)의 문장과 같이 [+인간] 자질을 가진 3인칭체언이 문장의 부사어나 목적어로 기능하는 객체인 경우에 한정된다.

③ 객체대우법의 체계

문장에서 목적어나 부사어로 기능하는 객체는 문장에 따라 선택되기도 하고 선택되지 않기도 한다. 그러므로 객체대우법은 문장에서 객체가 선택되는 경우에 실현되는 문법 범주이다. 더 구체적으로 말하면 문장의 객체로 선택되는 체언이 [+인간] 자질을 가진 경우에만 객체대우법의 실현으로 기술할 수 있는 것이다.

아래 (8)의 문장을 살펴보자.

(8) ㄱ. 그걸 나에게 다오.
    ㄴ. 이걸 너에게 주마.
    ㄷ. 이걸 그에게 줘.

(8ㄱ)의 문장에는 부사어로 기능하는 1인칭대명사 '나'가 객체이고, (8ㄴ) 의 문장에는 부사어로 기능하는 2인칭대명사 '너'가 객체이고, (8ㄷ)의 문 장에는 부사어로 기능하는 3인칭대명사 '그'가 객체이다. 문장의 부사어 로 기능하는 객체가 1인칭대명사인 (8ㄱ)의 문장은 화자대우법으로 기술 하고, 문장의 부사어로 기능하는 객체가 2인칭대명사인 (8ㄴ)의 문장은 청자대우법으로 기술하는 것이 바람직하다. 문장의 부사어로 기능하는 객 체가 3인칭대명사인 (8ㄷ)의 문장은 객체대우법의 기술 대상이다. 따라서 문장의 객체로 1·2인칭대명사가 선택되는 경우는 객체대우법으로 기술 하지 않고, [+인간] 자질을 가진 대명사나 명사가 문장의 객체로 선택되 는 경우에는 객체대우법으로 기술한다.

> (9) ㄱ. 너는 철수를 데리고 오너라.
> ㄴ. 너는 그분을 모시고 오너라.
> ㄷ. 너는 그 어르신을 모시고 오너라.

(9ㄱ)의 문장은 목적어로 기능하는 객체인 '철수'가 높여서 대우할 대 상이 아니어서 높임명사나 높임동사가 선택되지 않음으로써 안높임의 객 체대우법이 실현되었다. 하지만 (9ㄴ)과 (9ㄷ)의 문장은 객체가 높여서 대 우할 대상이어서 높임동사 '모시다'를 서술어로 선택함으로써 높임의 객 체대우법이 실현되었다. 따라서 객체대우법은 안높임을 기준으로 높임이 대립하는 체계를 이룬다.

한국어 객체대우법의 체계는 아래 (10)과 같다.

> (10) 한국어 객체대우법의 체계
> ㄱ. 안높임(평대) : [−높임]
> ㄴ. 높 임(존대) : [+높임]

객체대우법은 (10)과 같이 안높임을 기준으로 높임이 대립적인 체계를 이룬다. 그런데 대부분의 앞선 논의에서는 (9ㄱ)의 문장은 객체대우법이 실현되지 않은 것으로 기술해 왔다. 즉 한국어 객체대우법의 체계를 나타 낸 (10ㄱ)과 같이 안높임의 객체대우법이 실현된 (9ㄱ)의 문장은 객체대우 법이 실현되지 않았다는 것이다. 하지만 (9ㄱ)의 문장은 객체대우법이 실 현되지 않은 것이 아니고 객체로 선택된 '철수'를 높여서 대우하지 않을 뿐이다. 그러므로 (9ㄱ)의 문장은 안높임의 객체대우법이 실현된 것으로 기술한다.

(10)에서 (10ㄱ)과 같이 안높임으로 실현되느냐 (10ㄴ)과 같이 높임으로 실현되느냐의 문제는 화자, 청자, 객체 사이의 나이, 직위, 항렬, 친소관계 등의 사회적 관계와 심리적 거리에 따라 결정된다. 화자, 청자, 객체 사이 의 사회적 관계와 심리적 거리가 가까운 경우에는 (9ㄱ)의 문장과 같이 안높임의 객체대우법이 실현되고, 화자, 청자, 객체 사이의 사회적 관계와 심리적 거리가 먼 경우에는 (9ㄴ), (9ㄷ)의 문장과 같이 높임의 객체대우 법이 실현된다. 따라서 화자, 청자, 객체 사이의 사회적 관계와 심리적 거 리 등에 따라 안높임의 객체대우법이 실현되기도 하고 높임의 객체대우 법이 실현되기도 한다. 화자, 청자, 객체 사이의 사회적 관계와 심리적 거 리에 의해 안높임과 높임의 객체대우법이 실현되지만, 또 다른 한 가지의 기준이 적용될 수 있다. 즉 공적인 발화 장면과 사적인 발화 장면의 차이 이다. 이를테면 문장의 객체로 선택되는 사람이 60세로 화자와 나이가 같 은 친구 사이라 할지라도 공직 발화 장면에서는 높임의 객체대우법을 실 현하고, 사적인 발화 장면에서는 안높임의 객체대우법을 실현한다.

아래 (11)에서 이런 차이를 살펴본다.

     (11) ㄱ. 넌 빨리 그를 데려 오너라.
            ㄴ. 넌 빨리 그분을 모시고 오너라.

화자와 청자의 나이가 60세인 친구 사이라 하더라도, 공적인 발화 장면에서는 (11ㄴ)의 문장을 실현하고 사적인 장면에서는 (11ㄱ)의 문장을 실현하는 것이 정상적인 한국어의 예절이다. 따라서 객체대우법의 실현에는 공적·사적인 발화 장면의 차이가 중요한 기준이 될 수 있다.

한국어 객체대우법의 체계와 이에 적용되는 두 가지 기준을 함께 나타내면 아래 (12)와 같다.

> (12) 한국어 객체대우법의 체계와 기준
> ㄱ. 안높임 : 사회·심리적 관계 가까운 사이/ 사적인 발화 장면
> ㄴ. 높 임 : 사회·심리적 관계 먼 사이/ 공적인 발화 장면

④ 객체대우법 실현의 기능부담량

문장의 목적어나 부사어로 기능하는 3인칭체언이 높여서 대우할 대상이면 높임의 객체대우법이 실현되고, 높여서 대우할 대상이 아니면 안높임의 객체대우법이 실현된다. 객체대우법은 문장의 목적어와 부사어로 선택되는 체언에 따라 문법 요소와 어휘 요소가 적절하게 선택됨으로써 높임의 객체대우법이 실현되기도 하고 안높임의 객체대우법이 실현되기도 한다.

객체대우법이 실현되는 아래 (1)을 살펴보자.

> (1) ㄱ. 넌 그 책을 영수에게 줬니?
> ㄴ. 넌 그 책을 아버지께 드렸니?
> ㄷ. 넌 그 책을 아버지에게 드렸니?
> ㄹ. *넌 그 책을 아버지께 줬니?

(1ㄱ)의 문장은 부사어로 기능하는 '영수'가 높여서 대우할 대상이 아니므로, 안높임의 부사격조사 '-에게'가 부사어에 결합하고 안높임동사 '주다'가 서술어로 선택됨으로써 안높임의 객체대우법이 실현되었다. 하

지만 (1ㄴ)의 문장은 부사어로 기능하는 '아버지'가 높여서 대우할 대상이므로, 높임의 부사격조사 '-께'가 부사어에 결합하고 높임동사 '드리다'가 서술어로 선택됨으로써 높임의 객체대우법이 실현되었다. (1ㄷ)의 문장에는 부사어로 기능하는 '아버지'가 높여서 대우할 대상인데, 안높임의 부사격조사 '-에게'가 부사어에 결합하고 높임동사 '드리다'가 서술어로 선택됨으로써 높임의 객체대우법이 실현되었다. 그러나 (1ㄹ)의 문장은 부사어로 기능하는 '아버지'가 높여서 대우할 대상인데, 높임의 부사격조사 '-께'가 부사어에 결합하고 안높임동사 '주다'가 선택됨으로써 높임의 객체대우법이 정상적으로 실현되지 못하였다. (1ㄷ)의 문장과 (1ㄹ)의 문장에서 높임의 객체대우법 실현에 관여하는 어휘 요소 '드리다'와 '주다'의 선택에 따라 높임의 객체대우법이 정상적으로 실현되기도 하고 정상적으로 실현되지 않기도 한다. 즉 (1ㄷ)의 문장에서 높임동사 '드리다'가 서술어로 선택되고 높임의 부사격조사 '-께'가 선택되지 않았지만 높임의 객체대우법이 정상적으로 실현되었다. 하지만 (1ㄹ)의 문장에서는 높임의 부사격조사 '-께'는 선택되었지만 안높임동사 '주다'가 서술어로 선택됨으로써 높임의 객체대우법이 정상적으로 실현되지 못하였다.

이런 현상은 문법 요소 '-께'보다 어휘 요소 '드리다'가 높임의 객체대우법을 실현하는 기능부담량이 더 크기 때문이다. 따라서 높임의 객체대우법을 실현하는 높임의 부사격조사 '-께'는 임의 요소인 반면, 높임동사 '드리다'는 필수 요소이다. 그러므로 (1)의 각 문장에서 높임의 객체대우법 실현에 관여하는 문법 요소와 어휘 요소 사이의 기능부담량이 다르고, 또 어휘 요소 사이에도 객체대우법을 실현하는 기능부담량에 차이가 드러난다.

문장의 목적어로 기능하는 객체가 선택되는 (2)를 살펴본다.

> (2) ㄱ. 너가 철수를 데려 오너라.
>   ㄴ. 너가 할아버지를 모셔 오너라.
>   ㄷ. *너가 할아버지를 데려 오너라.

(2ㄱ)의 문장은 목적어로 기능하는 '철수'가 높여서 대우할 대상이 아니므로 안높임동사 '데리다'가 선택됨으로써 안높임의 객체대우법이 실현되었다. 하지만 (2ㄴ)의 문장은 목적어로 기능하는 '할아버지'가 높여서 대우할 대상이므로 높임동사 '모시다'가 선택됨으로써 높임의 객체대우법이 실현되었다. (2ㄷ)의 문장은 목적어로 기능하는 '할아버지'가 높여서 대우할 대상인데도 안높임동사 '데리다'가 선택됨으로써 높임의 객체대우법이 정상적으로 실현되지 않았다. 그런데 (2)의 각 문장은 높임의 객체대우법 실현에 어휘 요소만 선택되고 문법 요소는 선택되지 않았다.

(1)과 (2)에서 높임의 객체대우법을 실현하는 문법 요소와 어휘 요소가 선택되었는데, 어휘 요소가 문법 요소보다 객체대우법을 실현하는 기능부담량이 더 크므로, 높임의 객체대우법을 실현하는 데 어휘 요소가 필수적이라면 문법 요소는 임의적이다.

3. 자기대우법

한국어는 타인에 대해 높여서 대우하고 자신에 대해 낮추어 대우하는 것이 보편적인 언어 예절이다. 따라서 한국어의 대우법은 크게 타인대우법과 자기대우법으로 나뉜다. 타인대우법은 대우할 대상에 따라 청자대우법, 주체대우법, 객체대우법 등으로 나뉘고, 자기대우법은 화자 자신에 대한 대우법이므로 화자대우법이다. 그래서 타인대우법과 자기대우법은 아래와 같이 각각 그 하위 범주로 구분된다.

> 타인대우법 : 청자/ 주체/ 객체대우법
> 자기대우법 : 화자대우법

그러나 지금까지 한국어 대우법에 관한 논의는 타인에 대한 대우법에만 관심을 기울여 왔을 뿐, 화자 자신에 대한 대우법에 대해서는 타인대우법만큼 관심의 대상이 되지 못하였다. 그래서 자기대우법에 관여하는 요소를 화자대우법으로 기술하지 않고 타인대우법으로 기술함으로써 대우법의 기술이 온전하게 이루어지지 못한 점이 많았다. 즉 앞선 논의에서는 문장에 나타난 화자 자신에 대한 낮춤의 대우법 실현 요소에 대해 화자의 공손표현 또는 겸양표현이라고만 언급하여 왔을 뿐, 그것이 화자 자신을 낮추어 대우하는 대우법의 한 범주로 인식하지 못하였다. 그 결과 한국어 대우법의 논의에서 화자 자신에 대한 대우법은 제외되었고, 화자가 타인에 대한 대우법만 논의의 대상이 되어왔다. 이를테면 문장에 '저, 졸고, 폐사, 가아 ……' 등의 어휘 형태가 선택되거나 선어말어미 '−사오/삽−, −자오/잡−', '−으오/옵−' 등의 문법 형태가 선택되는 경우, 이들 어휘 형태와 문법 형태에 의해 화자대우법이 실현되는 사실을 파악하지 못한 채 이들을 모두 타인대우법으로 설명하려고 했다. 즉 타인대우법에 속하는 청자대우법, 주체대우법, 객체대우법 등의 관점에서 이들 어휘 형태와 문법 형태에 의해 실현되는 대우법을 합리적으로 설명할 수 없다. 실제로 이들 어휘 형태와 문법 형태는 모두 청자대우법, 주체대우법, 객체대우법 등의 다인대우법 실현에 관여하는 요소가 아니고 화자 자신을 대우하는 자기대우법의 실현에 관여하는 요소들이다. 따라서 '저, 졸고, 폐사' 등의 어휘 형태와 '−사오−', '−자오−', '−으오−' 등의 문법 형태는 모두 화자 자신을 대우하는 자기대우법의 실현에 관여하는 요소들이므로, 이들에 의해 실현되는 대우법은 화자대우법이다.

따라서 우리는 여기에서 앞선 논의들과 다른 관점에서 한국어 대우법의 체계를 다시 세움으로써, 이들 어휘 형태와 문법 형태에 의해 실현되는 대우법을 합리적으로 설명하게 될 것이다. 즉 한국어 대우법의 체계는 화자가 타인을 대우하는 타인대우법과 화자 자신을 대우하는 자기대우법으로 구분된다. 자기대우법에 해당하는 화자대우법은, 타인대우법에 포함되는 청자대우법, 주체대우법, 객체대우법 등의 실현 방법과 마찬가지로 어휘적 방법과 문법적 방법으로 실현된다. 그리고 타인대우법에 포함되는 청자대우법, 주체대우법, 객체대우법 등이 안높임을 기준으로 높임이 대립적으로 체계를 이룬다면, 자기대우법에 해당하는 화자대우법은 안낮춤을 기준으로 낮춤이 대립적으로 체계를 이룬다.

(1) 화자대우법의 설정

타인대우법이 안높임을 기준으로 높임과 대립을 이루는 반면, 자기대우법은 안낮춤을 기준으로 낮춤과 대립을 이룬다. 지금까지 한국어 대우법의 논의에서 크게 주목받지 않았던 자기대우법을 설정하는 근거는 아래 (1)과 같이 나타낼 수 있다.

> (1) 자기대우법을 설정하는 근거
> ㄱ. 한국어의 대우법은 한국어의 예절이 반영된 문법범주이다.
> ㄴ. 타인대우법과 자기대우법은 동일하게 무표적/ 유표적으로 실현된다.
> ㄷ. 타인대우법과 자기대우법은 그 실현 방법이 평행적이다.

한국어의 대우법에서 타인대우법과 함께 자기대우법을 설정하는 근거를 나타낸 (1ㄱ)은 대우법이라는 문법 범주가 형성된 한국어의 문화적인 배경이다. 한국어에서 대우법이라는 문법 범주가 발달한 언어 문화적인 배경은 곧 한국어의 독특한 언어 예절이다. 한국어는 타인에 대해서는 높여서 대우하고 화자 자신에 대해서는 낮추어 대우하는 언어 예절을 가지고 있다. 한국어의 이러한 언어 예절이 반영되어 대우법이 형성되었으며, 이에 따라 한국어의 대우법은 타인대우법과 자기대우법이 구분되어 존재한다. 그리고 (1ㄴ)에서 청자대우법, 주체대우법, 객체대우법 등으로 나뉘는 타인대우법은 높여서 대우하는 경우와 높이지 않고 대우하는 경우로 대립하고, 자기대우법인 화자대우법은 낮추어 대우하는 경우와 낮추지 않고 대우하는 경우로 대립한다. 타인대우법은 높이지 않고 대우하는 표현이 무표적이고 높여서 대우하는 표현이 유표적인 반면, 자기대우법은 낮추지 않고 대우하는 표현이 무표적이고 낮추어 대우하는 표현이 유표적이다. 따라서 타인대우법과 자기대우법은 무표적인 대우 표현과 유표적인 대우 표현이 대립적으로 실현되는 공통점을 가지고 있다. (1ㄷ)은 타인대우법의 실현 방법과 자기대우법의 실현 방법이 같은 사실을 말한다. 즉 타인대우법에 속하는 청자대우법, 주체대우법, 객체대우법이 모두 어휘적 방법과 문법적 방법으로 실현되며, 자기대우법인 화자대우법도 어휘적 방법과 문법적 방법으로 실현되는 공통점을 가지고 있다. 위의 (1)에서 3가지로 제시한 근거에 의해 한국어 대우법에는 자기대우법이 실제로 존재하는 것이 분명하므로, 한국어의 대우법은 화자가 타인을 대우하는 타인대우법과 함께 화자가 자신을 대우하는 자기대우법을 설정함으로써, 앞선 논의와 같이 자기대우법을 실현하는 요소를 타인대우법으로 설명하려는 문제점을 극복할 수 있게 된다. 따라서 한국어의 대우법은 크게 타인대우법과 자기대우법으로 구분하여 기술함으로써 좀 더 합리적인 체계를 세울 수 있는 것이다.

실제 보기의 문장을 통해 타인대우법과 함께 대등하게 실현되는 자기대우법을 살펴보기로 한다.

다음 (2)는 타인대우법이 실현된 경우이다.

    (2) ㄱ. 그가 어제 집에 왔다.

        ㄴ. 그분이 어제 집에 오셨다.

        ㄷ. 그분께서 어제 집에 오셨다.

        ㄹ. *그분께서 어제 집에 왔다.

  (2)의 각 문장은 주어로 선택된 3인칭대명사의 형태에 따라 안높임의 주체대우법과 높임의 주체대우법이 다르게 실현되었다. 즉 무표형이라 할 수 있는 안높임의 주체대우법이 실현된 (2ㄱ)의 문장에는 주어로 기능하는 3인칭대명사 '그'가 높여서 대우할 대상이 아니다. 하지만 (2ㄴ)의 문장에는 문장의 주어로 선택된 3인칭대명사 '그분'이 높여서 대우할 대상이므로 서술어에 주체 높임의 선어말어미 '-으시-'가 결합함으로써 높임의 주체대우법이 실현되고, (2ㄷ)의 문장에는 (2ㄴ)의 문장과 같이 주어로 선택된 3인칭대명사 '그분'이 높여서 대우할 대상이므로 높임의 주격조사 '-께서'가 주어에 결합하고 주체 높임의 선어말어미 '-으시-'가 서술어에 결합함으로써 높임의 주체대우법이 실현되었다. 그런데 (2ㄴ)의 문장에는 주어로 기능하는 주체인 '그분'이 높임의 대상이지만 서술어에 주체 높임의 선어말어미 '-으시-'만 결합하고 높임의 주격조사 '-께서'는 주어에 결합하지 않았다. 하지만 (2ㄷ)의 문장에는 (2ㄴ)의 문장과 동일한 대명사가 주어로 선택되었지만, 높임의 주격조사 '-께서'가 주어에 결합하고 주체 높임의 선어말어미 '-으시-'가 서술어에 결합하였다. (2ㄴ)과 (2ㄷ)의 두 문장에서 드러나는 차이가 있기는 하지만, 두 문장은 높임의 주체대우법이 정상적으로 실현된 것으로 받아들여진다. 이런 현상은 주체 높임의 선어말어미 '-으시-'가 높임의 주격조사 '-께서'에 비해 높임의 주체대우법 실현에 더 적극적으로 관여하는 사실을 보여준다. 그러므로 문장의 주어에 높임의 주격조사 '-께서'가 결합하였지만, 주체 높임의 선어말어미 '-으시-'가 서술어에 결합하지 않은 (2ㄹ)은 정상적인 문장으로 받아들여지지 않는다.

다음에는 자기대우법이 실현된 (3)을 살펴본다.

(3) ㄱ. 내가 거기 가겠다.
    ㄴ. 제가 거기 가겠습니다.
    ㄷ. 제가 거기 가겠사옵니다.
    ㄹ. *내가 거기 가겠사옵니다.

(3)의 각 문장에는 화자 자신을 나타내는 1인칭대명사가 주어로 선택되었다. (3ㄱ)의 문장에는 화자 자신을 나타내는 1인칭대명사 '나'가 주어로 선택되어 안낮춤의 화자대우법이 실현되었다. 하지만 (3ㄴ)의 문장에는 화자 자신을 나타내는 1인칭대명사 '저'가 선택됨으로써 낮춤의 화자대우법이 실현되었고, (3ㄷ)의 문장에는 화자 자신을 나타내는 1인칭대명사 '저'가 선택되고 화자 낮춤의 선어말어미 '—사오—'가 서술어에 결합함으로써 낮춤의 화자대우법이 실현되었다. 하지만 (3ㄹ)의 문장은 화자 자신을 나타내는 1인칭대명사 '나'가 주어로 선택되었는데 화자 낮춤의 선어말어미 '—사오—'가 서술어에 결합함으로써 정상적인 문장으로 받아들여지지 않았다. 이것은 화자 자신을 나타내는 1인칭대명사 '나'와 서술어에 결합한 선어말어미 '—사오—'와의 호응이 자연스럽지 않기 때문이다. 그러나 (3ㄴ)의 문장은 1인칭대명사 '저'가 주어로 선택되고 화자 낮춤의 선어말어미 '—으시—'가 서술어에 결합하지 않았지만, 낮춤의 화자대우법이 정상적으로 실현되었다. (3ㄴ)이 낮춤의 화자대우법이 정상적으로 실현된 것은, 화자 자신을 낮추어 대우하는 1인칭대명사 '저'가 학자 낮춤의 선어말어미 '—사오—'에 비해 화자 낮춤의 대우법 실현에 더 적극적으로 관여하기 때문이다.

위의 보기에서 주체대우법이 실현된 (2)의 각 문장과 화자대우법이 실현된 (3)의 각 문장을 관찰해 보면, 주체대우법과 화자대우법이 실현되는 방법이 평행적이라는 사실이 잘 드러난다. 즉 안높임의 주체대우법이 실현된 (2ㄱ)의 문장과 안낮춤의 화자대우법이 실현된 (3ㄱ)의 문장이나 높임의 주체대우법이 실현된 (2ㄴ), (2ㄷ)의 문장과 낮춤의 화자대우법이 실현된 (3ㄴ), (3ㄷ)의 문장들이 모두 어휘적 방법과 문법적 방법에 의해 각각의 대우법이 실현되고 있다. 그리고 안높임의 주체대우법이 실현된 (2ㄱ)의 문장과 안낮춤의 화자대우법이 실현된 (3ㄱ)의 문장은 각 대우법의 실현이 무표적인 데 반해, 높임의 주체대우법이 실현된 (2ㄴ), (2ㄷ)의 문장과 낮춤의 화자대우법이 실현된 (3ㄴ), (3ㄷ)의 문장은 각 대우법의 실현이 유표적이다. 주체대우법이 실현된 (2)의 각 문장과 화자대우법이 실현된 (3)의 각 문장은 모두 어휘 형태와 문법 형태의 선택 차이에 의해 그 대우법의 실현 양상이 다르게 나타난다. 그리고 어휘 형태와 문법 형태의 선택 차이에 의해 무표적인 대우 표현과 유표적인 대우 표현이 다르게 실현된다.

(2)와 (3)의 문장에서 각각 실현되는 주체대우법과 화자대우법은 그 실현 방법이 평행적일 뿐 아니라, 무표적인 대우법의 실현과 유표적인 대우법의 실현 양상도 평행적이다. 따라서 화자 자신을 대우하는 자기대우법은 타인대우법과 마찬가지로 한국어 대우법의 한 범주로 실제 존재하는 것이다.

다시 화자대우법이 실현된 (4)를 살펴보기로 한다.

> (4) ㄱ. 나도 그걸 보았습니다.
> ㄴ. 저도 그걸 보았습니다.
> ㄷ. 저도 그걸 보았사옵니다.

(4)의 3개 문장은 청자대우법의 등급에서 차이가 전혀 없다. 청자대우법의 등급 체계는 주로 문장의 서술어에 결합하는 종결어미의 형태에 의해 결정되는데, (4)의 각 문장은 모두 청자를 높여서 대우하는 종결어미 '-습니다'의 형태로 동일하다. 따라서 이들 문장은 모두 동일한 등급의

청자대우법이 실현된 것으로 보아야 할 것이다.

 (4)의 각 문장 서술어에 결합한 종결어미의 형태가 동일하므로 청자대우법의 등급이 모두 같은 등급인 것은 사실이지만, 화자가 자신을 나타내는 1인칭대명사와 서술어에 결합한 화자 낮춤의 선어말어미 '-사오-'의 선택에는 차이가 있다. (4ㄱ)의 문장에서는 화자 자신을 나타내는 1인칭대명사로 '나'가 선택되었으나, (4ㄴ)과 (4ㄷ)의 문장에서는 화자 자신을 나타내는 1인칭대명사로 '저'가 선택되었다. 그리고 (4ㄱ)과 (4ㄴ)의 문장에서는 서술어에 화자 낮춤의 선어말어미 '-사오-'가 결합하지 않았으나, (4ㄷ)의 문장에서는 서술어에 화자 낮춤의 선어말어미 '-사오-'가 결합하였다. (4)의 각 문장에서 화자 자신을 나타내는 1인칭대명사 '나'와 '저'의 선택 차이와 서술어에 화자 낮춤의 선어말어미 '-사오-'의 결합 여부에 따라 안낮춤의 화자대우법과 낮춤의 화자대우법이 다르게 실현된다. 그리고 (4)에서 화자대우법의 실현에 관여하는 어휘 형태와 문법 형태의 선택 여부가 청자대우법의 실현에 직접 관여하지는 않는다. 다시 말하면 (4)의 3개 문장에 결합한 종결어미가 모두 동일한 '-습니다'의 형태이므로 청자대우법의 등급에는 차이가 없다. 그러므로 (4)의 각 문장에서 화자대우법의 실현에 관여하는 어휘 형태와 문법 형태는 각 문장의 서술어에 결합한 종결어미에 의해 실현되는 청자대우법의 실현에는 직접 관여하지 않는다.

 그럼에도 불구하고 많은 앞선 논의에서는 (4ㄷ)의 문장 서술어에 결합한 화자 낮춤의 선어말어미 '-사오-'에 대한 문법적 기능에 대한 설명은 지나쳐 버리거나 아니면 비교적 간단하게 언급해 왔다. 즉 (4ㄷ)의 문장 서술어에 결합한 화자 낮춤의 선어말어미 '-사오-'의 문법적 기능에 대해 청자에 대한 공손한 표현의 한 가지라고 언급함으로써, 선어말어미 '-사오-'에 의해 실현되는 문법적 기능이 거의 무시되어 온 것이다. 그러나 (4ㄷ)의 문장 서술어에 결합한 선어말어미 '-사오-'는 단순히 화자의 공손한 표현의 정도에 머물지 않고 화자 자신을 낮추어 대우하는 문법 기능을 수행한다. 여기에서 화자 낮춤의 선어말어미 '–사오–'에 대해 앞선 논의에서 언급되어 온 청자에 대한 공손한 표현이 구체적으로 무엇을 말하는지를 살펴보자.

남기심·고영근(1995 : 335)에서는 "지금까지 설명한 상대 높임의 종결어미 외에 '–(으)옵/으오–', '–삽/사옵/사오–', '–잡/자옵/자오–'와 같은 활용어미가 있어서 말을 듣는 이에 대해 각별히 공손한 뜻을 나타내는 방법이 있다"고 기술하고 그 보기에 해당하는 아래 (5)의 문장을 제시하였다.

(5) 제가 <u>듣사오니</u> 김 선생님께서 요즈음 편찮으시다고 <u>하옵니다</u>.

만약 남기심·고영근(1995)의 설명 내용과 같이 '말 듣는 이에 대해 각별히 공손한 뜻을 나타내는 방법'으로 (5)의 밑줄 친 부분의 서술어에 결합한 '–사오–'와 '–으오–'가 선택된 것이 사실이라면, 이 문장의 서술어에 선어말어미 '–사오–'나 '–으오–'가 결합하지 않은 아래 (5)'는 청자에 대해 공손하게 표현하지 않은 문장으로 해석해야 할 것이다.

(5)' 제가 <u>들으니</u> 김 선생님께서 요즈음 편찮으시다고 <u>합니다</u>.

(5)'의 문장이 (5)의 문장과 다른 것은 선어말어미 '–사오–'와 '–으오–'를 서술어에 결합하지 않은 점이다. 그러나 우리는 지금까지 대우법을 다룬 어떤 논의에서도 (5)'와 같은 문장을 두고 청자에 대해 공손하지 않은 문장이라고 해석한 경우를 찾아보지 못하였다. (5)와 (5)'의 문장에서 서술어에 결합한 종결어미는 동일한 형태인 '–습니다'가 선택되었기 때문에 두 문장에 실현된 청자대우법의 등급 차이가 없다. 하지만 위와 같은 남기심·고영근(1995)의 설명을 그대로 따른다면 (5)의 문장은 청자에 대한

공손한 표현의 문장이고, (5)'의 문장은 청자에 대해 공손하지 않게 표현한 문장이라고 서로 구별해야 할 것이다. 실제로 (5)와 (5)'의 두 문장에서 서술어에 결합한 종결어미의 형태가 동일하므로 두 문장에 의해 실현된 청자대우법의 등급은 동일한 것으로 해석해야 한다. 왜냐하면 선어말어미 '−사오−'와 '−으오−'가 결합한 (5)의 문장과 이들 선어말어미가 결합하지 않은 (5)'의 문장이 청자대우법의 등급에 차이가 전혀 없기 때문이다. 만약 선어말어미 '−사오−'와 '−으오−'가 청자에 대한 공손한 표현을 나타내는 기능을 수행하는 것이 사실이라면, 이들 문법 형태가 결합한 문장과 결합하지 않은 문장 사이에 청자대우법의 등급이 달라야 할 것이다. 하지만 (5)와 (5)'의 문장은 동일한 등급의 청자대우법을 실현한다. 그렇다면 (5)의 문장 서술어에 결합한 선어말어미 '−사오−'와 '−으오−'는 청자대우법의 실현에 직접 관여하는 문법 형태가 아니라, 화자가 자신을 낮추어 대우하는 기능을 수행하는 문법 형태로 보아야 한다. 이렇게 보는 이유는 (5)에서 서술어에 결합한 선어말어미 '−사오−'와 '−으오−'가 화자 자신을 낮추어 나타내는 1인칭대명사의 낮춤형 '저'와 자연스럽게 호응하기 때문이다.

선어말어미 '−사오−'와 '−으오−'가 한 문장 안에서 화자 자신을 낮추어 대우하는 1인칭대명사 '저'와 서로 호응하는 현상은 20세기의 전반기에 발표된 문학 작품에서도 자주 나타나고 있다.

> (6) ㄱ. 저도 사람이리 선생님의 태산갈은 은혜의 만분지 일이라도 보답하고저 왔<u>사오</u>니다.
> ㄴ. 다음에 또 상서하겠<u>사오</u>며 누추한 저의 방이<u>오</u>나 좀 방문하여 주시면……

(6)은 김동리의 소설 <두꺼비>에 나오는 일부분을 그대로 옮긴 것이

다. (6ㄱ)의 문장에서는 서술어에 결합한 선어말어미 '-사오-'가 화자 자신을 낮추어 나타내는 1인칭대명사 '저'와 호응하고, (6ㄴ)의 문장에서는 선어말어미 '-사오-'와 '-으오-'가 역시 1인칭대명사 '저'와 서로 호응하고 있다. 따라서 선어말어미 '-사오-'와 '-으오-'는 화자 낮춤의 기능을 수행하는 문법 형태로서 서술어에 결합하여 낮춤의 화자대우법 실현에 관여하는 것이다. (6)의 문장을 아래의 (6)'와 같이 1인칭대명사의 낮춤형 '저' 대신 1인칭대명사의 기본형 '나'로 바꾸면 정상적인 문장으로 받아들여지지 않는데, 이것은 선어말어미 '-사오-'와 '-으오-'가 화자 자신을 낮추어 대우하는 기능을 수행하는 사실을 뒷받침해 준다. 20세기 전반기의 문학 작품에 나오는 당시의 한국어 자료에 나타나는 일부를 옮긴 문장이 (6)이다. (6)과 같은 문학 작품의 한국어 자료를 통해 그 당시에도 화자 자신을 낮추어 대우하는 선어말어미로 '-사오-'와 '-으오-'가 오늘날과 같이 사용된 사실을 확인할 수 있다. 따라서 선어말어미 '-사오/삽-', '-자오/잡-', '-으오/옵-' 등의 문법 형태가 한국어에서 화자 낮춤의 선어말어미로 기능한 역사가 짧지 않다.[42] 그럼에도 불구하고 지금까지 대부분의 논자들은 이들 문법 형태에 의해 실현되는 문법적 기능을 청자에 대한 공손한 표현이라고만 설명해 왔을 뿐, 이것들이 대우법의 실현에 직접 관여하지 않는 체계 밖의 요소로 처리하고 말았다. 하지만 이들 문법 형태가 문장 안에서 화자 자신을 낮추어 대우하는 1인칭대명사 '저'와 호응함으로써 화자 자신을 낮추어 대우하는 화자대우법의 실현에 직접 관여한다.

    (6)' ㄱ. *나도 사람이라 선생님의 태산같은 은혜의 만분지 일이라도

---

42) 김태엽(2007)에서는 현대 한국어에서 화자 낮춤의 선어말어미로 기능하는 '-사오-, -으오-, -자오-' 등이 중세 한국어에서 선어말어미로 기능한 '-숩-'의 기능과 형태에서 비롯한 것으로 설명하였다.

보답하고저 왔사옵니다.

ㄴ. *다음에 또 상서하겠사오며 누추한 나의 방이오나 좀 방문하
여 주시면……

(6)의 문장에서 화자 자신을 낮추어 대우하는 1인칭대명사 '저'를 (6)'의 문장에서는 '나'로 교체하였는데, (6)'는 정상적인 문장으로 받아들여지지 않는다. 따라서 (5)와 (6)의 문장에서 서술어에 결합한 '−사오−'와 '−으오−'는 1인칭대명사의 낮춤형 '저'와 호응하여 화자 자신을 낮추어 대우하는 낮춤의 화자대우법을 실현하는 선어말어미로 처리하지 않을 수 없다.

앞선 논의에서는 선어말어미 '−사오−'에 대해 청자에 대한 공손한 표현이라고 설명해 왔는데, 여기에서 어휘소 '공손하다'에 대한 뜻을 파악하기 위해 사전의 풀이 내용을 살펴보기로 한다. 표준국어대사전(1999 : 526)에는 '공손하다'에 대해 "말이나 행동이 겸손하고 예의 바르다"라고 풀이되어 있다. '공손하다'에 대한 이 사전의 풀이 내용을 남기심·고영근(1995)의 설명에 그대로 적용시키면, 위에서 살펴본 (5)는 겸손하고 예의 바른 문장이고 (5)'는 겸손하지 않고 예의 바르지 않은 문장으로 해석해야 할 것이다. 그러나 우리가 이미 앞에서도 언급하였듯이 (5)'의 문장을 겸손하지 않고 예의 바르지 않은 문장이라고 설명할 수 없다. 따라서 (5)와 (6)의 문장에서 서술어에 결합한 밑줄 친 부분의 '−사오−'와 '−으오−'를 단순하게 청자에 대한 화자의 공손함을 표현하는 선어말어미라고 설명하는 것은 이들 문법 형태의 의미기능을 온전하게 파악하지 못한 데서 나온 것이다. 바꾸어 말하면 선어말어미 '−사오−'와 '−으오−'에 대해 단순히 청자에 대한 화자의 공손함을 표현하는 문법 형태로 처리할 것이 아니고 좀 더 적극적인 문법적 기능, 즉 화자 낮춤의 기능을 수행하는 문법 형태로 처리함으로써 이들 문법 형태에 의해 실현되는 대우법을 합리적으로 기술할 수 있다.

남기심·고영근(1995)에서 제시한 보기의 문장 (5)에서 밑줄 친 부분의 선어말어미 '-사오-'와 '-으오-'에만 주목할 것이 아니라, (5)의 문장에서 선행절의 주어인 '저'와의 호응관계에 대해서도 반드시 주목해야 한다. 왜냐하면 문장 (5)에서 선행절의 주어로 선택된 1인칭대명사 '저' 대신 '나'로 교체하면 (6)'의 문장과 같이 정상적인 문장으로 받아들여지지 않는다. 앞의 (5)에서 1인칭대명사 '저' 대신 '나'로 바꾸어 놓으면 아래 (7)과 같이 정상적인 문장이 되지 못한다.

(7) *내가 듣사오니 김 선생님께서 요즈음 편찮으시다고 하옵니다.

위에서 살펴본 (5)와 (6)의 문장은 모두 정상적인 문장으로 받아들여지는 반면, (5)', (6)', (7)의 문장들이 모두 정상적인 문장으로 받아들여지지 않는 이유가 무엇일까? 이것은 (5)', (6)', (7)의 문장들에서 화자 자신을 낮추어 대우하는 어휘 형태와 문법 형태 사이의 호응이 잘못되었기 때문이다. 즉 (5)와 (6)의 문장에는 그 문장의 주어로 선택된 1인칭대명사 '저'가 서술어에 결합한 선어말어미 '-사오-'나 '-으오-'와 서로 자연스럽게 호응하여 정상적인 문장으로 받아들여지지만, (5)', (6)', (7)의 문장에는 문장의 주어로 선택된 1인칭대명사 '나'가 서술어에 결합한 선어말어미 '-사오-'나 '-으오-'와 서로 자연스럽게 호응하지 않기 때문에 정상적인 문장으로 받아들여지지 않는다. 따라서 (5)와 (6)에서 각각 그 문장의 주어로 선택된 '저'와 서술어에 결합한 선어말어미 '-사오-'와 '-으오-' 등은 화자 자신을 낮추어 대우하는 동일한 기능을 수행하는 어휘 형태와 문법 형태로 보아야 한다. 문장 (5)와 (6)의 서술어에 결합한 선어말어미 '-사오-'와 '-으오-'에 대해 남기심·고영근(1995)에서는 청자에 대한 화자의 공손한 표현을 드러내는 문법 형태라고 설명하였다. 만약 이러한 설명이 타당하다면 (5)와 (6)의 문장에서 각 문장의 주어로 선택된 '저'도 청자에 대한 화자의 공손한 표현을 드러내는 어휘 형태로 보아야 할 것이다. 하지만 '나'는 1인칭대명사의 기본형이고 '저'는 1인칭대명사의 낮춤형이므로, '저'는 화자 자신을 낮추어 대우하는 경우에 선택되는 어휘 형태이다. 따라서 (5)와 (6)의 각 문장에 선택된 '저'에 대해 단순히 청자에 대한 공손함을 표현하는 의미를 가진 어휘소로 처리할 것이 아니라, 화자 자신을 낮추어 대우하는 1인칭대명사로 처리해야 한다.

위의 (7)은 정상적인 문장으로 받아들이기 어려운 반면 (5)와 (6)의 문장은 정상적인 문장으로 받아들여지고 있다. (7)의 문장이 정상적으로 받아들여지지 않는 것은, 문장의 주어로 선택된 1인칭대명사 '나'와 서술어에 결합한 선어말어미 '-사오-'나 '-으오-'와 호응이 자연스럽지 않기 때문이다. 하지만 (5)와 (6)의 문장은 문장의 주어로 선택된 1인칭대명사 '저'가 서술어에 결합한 선어말어미 '-사오-'나 '-으오-'와 호응하여 정상적인 문장으로 받아들여지고 있다. 이러한 현상은 (5)의 문장과 같이 선행절의 주어 '저'와 서술어에 결합한 선어말어미 '-사오-'나 '-으오-'가 서로 호응하는 문장이 정상적인 문장이라는 사실을 보여준다. 그리고 (5)'의 문장은 (5)의 문장과 같이 1인칭대명사 '저'가 주어로 선택되고 선어말어미 '-사오-'나 '-으오-'가 서술어에 결합하지 않았음에도 정상적인 문장으로 받아들여진다. 그러나 (7)의 문장에서는 1인칭대명사 '나'가 주어로 선택되고 선어말어미 '-사오-'와 '-으오-'가 서술어에 결합하였지만 정상적인 문장으로 받아들여지지 않는다. (5)'가 정상적인 문장으로 받아들여지고 (7)이 정상적인 문장으로 받아들여지지 않는 것은, 1인칭대명사 '저'가 선어말어미 '-사오-'와 '-으오'에 비해 낮춤의 화자대우법 실현의 기능부담량이 더 크기 때문이다. 이로써 한 문장 안에서 화자 자신을 낮추어 대우하는 1인칭대명사 '저'와 화자 자신을 낮추어 대우하는 선어말어미 '-사오-', '-으오-' 등의 호응 관계가 매우 중요한 사실이 확인되었다. 그리고 1인칭대명사 '저'가 선어말어미 '-사오-',

'-으오-' 등에 비해 낮춤의 화자대우법 실현에 더 적극적으로 관여하는 사실이 드러났다. 이 문제에 대해서는 뒤에서 다시 언급하기로 하겠다.

(5), (6ㄱ), (7)은 모두 각 문장의 서술어에 결합한 종결어미가 동일한 형태인 '-습니다'가 선택됨으로써 청자대우법의 등급에는 서로 차이가 없다. 하지만 이들 문장에서 화자 자신을 나타내는 1인칭대명사로 어떤 형태가 선택되느냐의 문제, 서술어에 화자 낮춤의 선어말어미가 결합되느냐 결합되지 않느냐의 문제 등은 모두 화자대우법의 실현에 관련된다. 그리고 화자 자신을 나타내는 1인칭대명사와 서술어에 결합한 화자 낮춤의 선어말어미의 호응 관계에 따라 정상적인 문장으로 받아들여지기도 하고 정상적인 문장으로 받아들여지지 않기도 한다.

이런 현상은 객체대우법이 실현되는 (8)의 문장에서도 드러난다.

(8) ㄱ. 이걸 할아버지께 드려라.
ㄴ. 이걸 할아버지에게 드려라.
ㄷ. *이걸 할아버지께 주어라.

(8)은 문장의 부사어로 기능하는 객체인 '할아버지'가 높여서 대우할 대상이어서 높임의 부사격조사 '-께'가 부사어에 결합하고 높임동사 '드리다'가 서술어로 선택되어 높임의 객체대우법이 실현된 문장이다. 그런데 (8ㄱ)과 (8ㄴ)은 높임의 객체대우법이 정상적으로 실현된 문장으로 받아들여지는 반면, (8ㄷ)의 문장은 높임의 객체대우법이 정상적으로 실현된 문장으로 받아들여지지 않는다. (8ㄱ)의 문장에서는 높임의 객체대우법 실현에 관여하는 높임의 부사격조사 '-께'와 서술어로 선택된 높임동사 '드리다'가 서로 호응하면서 높임의 객체대우법이 잘 실현되고 있다. 그리고 (8ㄴ)의 문장에서는 부사어로 기능하는 객체가 높여서 대우할 대상인데 부사격조사 '-에게'가 부사어에 결합하고 문장의 객체를 높여서 대

우하는 높임동사 '드리다'가 서술어로 선택됨으로써 높임의 객체대우법이 정상적인으로 실현되었다.43) 하지만 (8ㄷ)의 문장에서는 부사어로 기능하는 객체가 높여서 대우할 대상이므로 높임의 부사격조사 '-께'가 부사어에 결합하였으나, 객체를 높여서 대우하는 높임동사가 서술어로 선택되지 않아서 높임의 객체대우법이 정상적으로 실현되지 못하였다.

(8)의 각 문장에서 높임의 객체대우법 실현에 관여하는 문법 형태 '-께'와 어휘 형태 '드리다'의 선택 여부에 따라 높임의 객체대우법이 정상적으로 실현되기도 하고 정상적으로 실현되지 않기도 한다. 이런 현상은 어휘 형태가 문법 형태에 비해 객체대우법의 실현에 더 적극적으로 관여하는 사실을 보여준다. (8)의 각 문장을 통해 드러나는 이러한 현상은 (5)~(7)의 각 문장에서 화자 자신을 낮추어 대우하는 화자대우법의 실현에도 나타난다. 즉 (5)의 문장은 선행절의 주어로 선택된 1인칭대명사 '저'와 서술어에 결합한 화자 낮춤의 선어말어미 '-사오-'나 '-으오-'가 서로 잘 호응함으로써 낮춤의 화자대우법이 정상적으로 실현되었다. 그리고 선행절의 주어로 1인칭대명사 '저'가 선택되고 화자 낮춤의 선어말어미 '-사오-'와 '-으오-'가 선택되지 않은 (5)'의 문장은 낮춤의 화자대우법이 정상적으로 실현되었지만, 선행절의 주어로 1인칭대명사 '저'는 선택되지 않고 화자 낮춤의 선어말어미 '-사오-'와 '-으오-'가 선택된 (7)의 문장은 낮춤의 화자대우법이 정상적으로 실현되지 않았다. 따라서 화자 자신을 낮추어 대우하는 어휘 형태인 1인칭대명사 '저'와 화자 낮춤의 선어말어미 '-사오-', '-으오-' 중에서, 어휘 형태 '저'가 문법 형태인 '-사오-', '-으오-'에 비해 화자 자신을 낮추어 대우하는 낮춤의 화자대우법 실현에 더 적극적으로 관여하는 것이다.

화자가 타인에 대해 대우하는 방법은 높이지 않고 대우하는 무표적인

---

43) 이정복(2000)에서도 대우법의 실현에 관여하는 문법요소가 모두 선택되지 않더라도 일반적으로 정상적인 문장으로 받아들여지고 있는 사실을 문장을 통해 제시한 바 있다.

실현을 기준으로 이에 대립하는 높여서 대우하는 유표적인 실현이 있고, 화자가 자신에 대해 대우하는 방법은 낮추지 않고 대우하는 무표적인 실현을 기준으로 이에 대립하는 낮추어 대우하는 유표적인 실현이 있다. 화자가 타인을 높이지 않고 대우하거나 높여서 대우하는 방법과 화자 자신을 낮추지 않고 대우하거나 낮추어 대우하는 방법은 서로 평행적인 양상을 보여준다. 그리고 화자가 타인에 대해 어떻게 대우하느냐의 타인대우법과 화자가 자신에 대해 어떻게 대우하느냐의 자기대우법은, 그 각각의 대우법을 실현하는 방법에 어휘적 방법과 문법적 방법이 있는 점은 서로 일치한다. 즉 타인대우법과 자기대우법의 실현 방법에 어휘적 방법과 문법적 방법이 있는 점이 동일하다. 이와 같이 어휘적 방법과 문법적 방법에 의해 실현되는 타인대우법과 자기대우법은 한국어 대우법의 하위범주로 크게 구분된다. 화자가 문장을 발화하면서 타인을 대우하는 방법과 화자 자신을 대우하는 방법은 모두 대우법의 하위범주에 포함되는 것이 당연하다. 화자가 타인을 대우하는 타인대우법과 화자가 자신을 대우하는 자기대우법을 대우법의 하위 범주로 묶음으로써 한국어 대우법을 합리적으로 체계화할 수 있다. 이러한 체계는 곧 타인에 대해서는 높여서 대우하고 화자 자신에 대해서는 낮추어 대우하는 한국어의 보편적인 언어 예절에 그대로 부합한다. 한국어의 언어 예절이 반영된 문법 범주가 대우법이라고 할 때, 한국어 대우법의 체계는 크게 타인대우법과 자기대우법이라는 두 개의 하위범주로 설정된다.

(2) 화자대우법의 실현 방법

자기대우법은 곧 화자대우법이다. 화자대우법을 실현하는 방법에는 타인대우법의 실현 방법과 마찬가지로 크게 두 가지가 있다. 하나는 어휘적 방법으로 실현되고 다른 하나는 문법적 방법으로 실현된다. 어휘적 방법은 문장에서 어휘 요소에 의해 화자대우법을 실현하는 방법을 말하고, 문법적 방법은 문장에서 문법 요소에 의해 화자대우법을 실현되는 방법을 말한다. 하지만 화자대우법을 실현하는 어휘적 방법과 문법적 방법이 각각 별개로 달리 실현되는 것이 아니고, 어휘적 방법과 문법적 방법이 동시에 적용되는 것이 일반적이다. 따라서 이러한 화자대우법의 실현 방법은 타인대우법에 속하는 청자대우법, 주체대우법, 객체대우법의 실현 방법과 평행적이다.

자기대우법과 타인대우법이 평행적인 방법으로 실현된다 하더라도, 타인대우법은 화자가 타인에게 높여서 대우하거나 높이지 않고 대우하는 반면, 자기대우법은 화자가 자신에 대해 낮추지 않고 대우하거나 낮추어 대우한다. 하지만 화자가 문장에서 화자 자신을 대우하는 화자대우법의 실현에 관여하는 요소는 타인대우법에 속하는 청자대우법, 주체대우법, 객체대우법 등의 경우와 마찬가지이다.

먼저 어휘 요소에 의해 실현되는 화자대우법을 살펴본다.

담화에 참여하는 두 주체는 화자와 청자이다. 그러므로 청자 중심의 대우법이 설정될 수도 있고, 화자 중심의 대우법이 설정될 수도 있다. 따라서 한국어의 대우법은 화자가 문장을 통해 타인을 대우하는 타인대우법이 존재하는 것과 같이, 화자가 문장을 통해 자신을 대우하는 화자대우법이 존재한다. 타인대우법과 자기대우법의 실현에 관여하는 중요한 어휘 요소에 인칭대명사가 있다. 현대 한국어의 인칭대명사에는 화자와 청자를 상정할 수 있는 인칭별 형태가 각각 다르게 존재한다. 그중에서 화자대우법의 실현에 관여하는 어휘 요소는 화자 자신을 나타내는 1인칭대명사 '나'와 '저'가 있다. 1인칭대명사 '나'는 화자 자신을 나타내는 기본형이고, '저'는 화자 자신을 낮추어 나타내는 낮춤형이다. 1인칭대명사의 기본형에 해당하는 '나'가 문장에 선택되면 안낮춤의 화자대우법이 실현되는

데, 이런 경우는 화자대우법의 실현이 무표적이다.

아래 (9)의 문장을 살펴본다.

(9) ㄱ. 나는 어제 영수를 만났다.
ㄴ. 그건 나에게 다오.
ㄷ. 영수가 어제 나를 데리러 왔어.

(9)의 3개 문장은 주어로 기능하는 주체와 부사어와 목적어로 기능하는 객체에 1인칭대명사 '나'가 선택되었다. (9ㄱ)의 문장에는 '나'가 주어로 선택되었고, (9ㄴ)의 문장에는 '나'가 부사어로 선택되었으며, (9ㄷ)의 문장에는 '나'가 목적어로 선택되었다. (9)의 각 문장에서 보는 바와 같이 1인칭대명사 '나'가 주어로 기능하든 부사어나 목적어로 기능하든 화자가 자신에 대한 대우는 모두 안낮춤이다. 따라서 (9)의 각 문장은 안낮춤의 화자대우법이 실현되었다.

하지만 아래 (10)의 각 문장에는 화자 자신을 나타내는 1인칭대명사 '저'가 선택되었는데, 각 문장은 화자 자신을 낮추어 대우하므로 낮춤의 화자대우법이 실현되었다.

(10) ㄱ. 저는 어제 영수를 만났습니다.
ㄴ. 그건 저에게 주십시오.
ㄷ. 영수가 어제 저를 데리러 왔습디다.

(10ㄱ)의 문장에는 1인칭대명사의 낮춤형 '저'가 주어로 선택되었고, (10ㄴ)의 문장에는 '저'가 부사어로 선택되었으며, (10ㄷ)의 문장에는 '저'가 목적어로 선택되었다. 이렇게 (10)의 각 문장에서 화자 자신을 낮추어 나타내는 1인칭대명사 '저'가 주어, 부사어, 목적어 등으로 선택됨으로써 (10ㄱ)의 문장에서는 주어로 기능하는 화자 자신을 낮추어 대우하고, (10ㄴ)

의 문장에서는 부사어로 기능하는 화자 자신을 낮추어 대우하며, (10ㄷ)
의 문장에서는 목적어로 기능하는 화자 자신을 낮추어 대우한다. 따라서
(10)의 각 문장과 같이 화자 자신을 낮추어 나타내는 1인칭대명사 '저'가
선택됨으로써 화자 자신을 낮추어 대우하는 낮춤의 화자대우법이 실현되
었다. (9)와 (10)의 각 문장의 주체나 객체로 1인칭대명사 '나'와 '저'의
선택 차이에 따라 (9)의 각 문장은 안낮춤의 화자대우법이 실현되고, (10)
의 각 문장은 모두 낮춤의 화자대우법이 실현되었다.

화자대우법의 실현은 (9), (10)의 문장과 같이 화자 자신을 나타내는 1인
칭대명사에 의해서만 실현되는 것이 아니고, 아래 (11)의 문장과 같이 보
통명사에 의해서 화자대우법이 실현되기도 한다.

      (11)   ㄱ. 내일까지 졸고를 보내겠습니다.
             ㄴ. 폐사에서 그런 제품을 아직 만들지 못합니다.
             ㄷ. 저희 집 여식은 여러 면에서 부족합니다.

(11)의 각 문장에는 화자 자신을 낮추어 나타내는 명사가 선택됨으로써
낮춤의 화자대우법이 실현되었다. 즉 (11ㄱ)의 문장에는 목적어로 '졸고'
가 선택되어 낮춤의 화자대우법이 실현되고, (11ㄴ)의 문장에서는 주어로
'폐사'가 선택되어 낮춤의 화자대우법이 실현되고, 그리고 (11ㄷ)의 문장
에서는 '저희'와 '여식'이 선택되어 낮춤의 화자대우법이 실현되었다.

(11)의 각 문장에 선택된 '졸고', '폐사', '저희', '여식' 등의 어휘소는
모두 낮춤의 화자대우법 실현에 관여하는 어휘 형태인데, 이 중에서 1인
칭대명사 '저'의 복수형인 '저희'는 1인칭대명사이고 나머지는 모두 명사
이다. 이들 명사는 타인을 대우하여 나타내는 문장에는 선택되지 않고 반
드시 화자 자신을 낮추어 대우하는 문장에서만 선택된다. 왜냐하면 이들
명사는 모두 화자 자신을 낮추어 대우하는 의미자질을 가진 어휘소들이

기 때문이다. 화자 자신을 낮추어 대우하는 명사는 그 숫자가 적지 않다. 이들 어휘소들의 쓰임을 아래 (12)에서 살펴보자.

(12)

	타인대우어	중립어	자기대우어
ㄱ	옥고	원고	졸고
ㄴ	귀사	회사	폐사
ㄷ	따님/ 영애	딸	여식

(12)에 제시한 어휘소들은 그 쓰임에 분명한 차이가 있다. 즉 (12)의 왼쪽 항에 배열된 어휘소들은 반드시 타인을 높여서 대우할 때 선택되며, (12)의 오른쪽 항에 배열된 어휘소들은 화자 자신을 낮추어 대우할 때 선택된다. 하지만 (12)의 중간에 배열된 어휘소들의 쓰임은 타인이나 화자 자신에 국한되지 않고 보편적으로 사용되는 중립적인 의미특성을 가지고 있다. 따라서 (12)의 왼쪽 항에 배열된 어휘소들은 '타인대우어'라고 부를 수 있고, (12)의 오른쪽 항에 배열된 어휘소들은 '자기대우어'라고 부를 수 있다. 하지만 (12)의 중간 항에 배열된 어휘소들은 타인대우어도 아니고 자기대우도 아닌 중립어라고 부를 수 있다. 하지만 지금까지 많은 앞선 논의에서 (12)의 오른쪽 항에 배열된 '졸고', '폐사', '여식' 등과 같은 자기대우어가 문장에 선택될 때, 이들 어휘소에 의해 화자 자신을 낮추어 표현하는 낮춤의 화자대우법이 실현된 사실을 공식화하지 못하였다. 그래서 자기대우어에 속하는 '졸고, 폐사, 여식' 등의 어휘소를 청자에 대한 공손한 표현이라는 설명을 하였다. 하지만 (12)의 오른쪽 항에 배열된 어휘소들은 (11)의 각 문장에 선택되어 화자 자신을 낮추어 대우하는 기능을 수행하며, (11)의 각 문장에는 종결어미 '-습니다'가 서술어에 결합하여 청자대우법의 등급이 모두 아주 높임이다. 아래 (13)의 각 문장에 선택된 '옥고', '귀사', '댁', '따님' 등의 어휘소들이 타인에 속하는 청자를 높

여서 대우하는 기능을 수행하는 현상과 (12)의 각 문장에 '졸고', '폐사', '여식' 등이 선택되어 화자 자신을 낮추어 대우하는 기능을 수행하는 현상은 대조적이다.

> (13) ㄱ. 월말까지 옥고를 보내주시면 고맙겠습니다.
>   ㄴ. 귀사에서 언제 휴가를 시작하는지요?
>   ㄷ. 댁의 따님은 어디서 공부합니까?

(13)의 각 문장에 선택된 '옥고', '귀사', '댁', '따님' 등의 타인대우어에 의해 청자를 높여서 대우하는 높임의 청자대우법이 실현되었다. 이들 어휘소들이 (13)의 각 문장 서술어에 결합한 종결어미와 호응하는 점에서 청자를 높여서 대우하는 기능을 수행하는 것이 확인된다.

한편 (11)의 각 문장에 선택된 '졸고', '폐사', '여식' 등의 어휘소들은 자기대우어로서 모두 낮춤의 화자대우법을 실현하는 데 관여하는 명사이다. 위에서 살펴본 (10)의 각 문장에 선택된 1인칭대명사의 '저'가 화자 자신을 낮추어 대우하는 화자대우법의 실현에 직접적으로 관여하는 반면, (11)의 각 문장에 선택된 '졸고', '폐사', '여식' 등의 어휘소가 모두 화자 자신을 낮추어 대우하는 화자대우법의 실현에 간접적으로 관여한다. 따라서 (12)의 오른쪽 항에 배열된 어휘소 '졸고', '폐사', '여식' 등을 자기대우어라고 할 수 있다. 문장에서 자기대우어에 해당하는 어휘소가 선택되는 경우, 이들 어휘소를 자기대우법의 실현에 관여하는 것으로 설명하지 않고 타인대우법의 실현에 관여하는 것으로 설명하면 합리적인 대우법의 설명이 될 수 없다.

낮춤의 화자대우법을 실현하는 데 관여하는 문법 형태에는 앞에서 확인한 대로 '-사오/삽-', '자오/잡-', '으오/옵-' 등의 선어말어미가 있는데, 이들 선어말어미의 형태가 선택된 다음 (14)의 문장을 살펴본다.

> (14) ㄱ. 저도 곧 떠나겠사옵니다.
>   ㄴ. 저가 듣자오니, 거긴 참 좋은 경치라고 하옵디다.

(14ㄱ)의 문장 서술어에 결합한 선어말어미 '-사오-'와 (14ㄴ)의 문장 서술어에 결합한 선어말어미 '-자오-'와 '-으오-' 등은 모두 화자 자신을 낮추어 대우하는 기능을 수행하는 문법 형태이다. 따라서 이들 선어말어미의 형태는 문장 안에서 화자 자신을 낮추어 대우하는 1인칭대명사 '저'와 주로 호응하여 낮춤의 화자대우법을 실현한다.

하지만 위 (14)의 문장은 아래 (15)의 문장과 같이 사용되는 경우도 있다.

> (15) ㄱ. 저도 곧 떠나겠습니다.
>   ㄴ. 저가 들으니, 거긴 참 좋은 경치라고 합디다.

(14)의 각 문장 서술어에 결합한 선어말어미 '-사오-', '-자오-', '-으오' 등의 문법 형태가 (15)의 두 문장에서는 서술어에 결합하지 않았지만, (15)의 두 문장에서 1인칭대명사 '저'가 주어로 선택됨으로써 낮춤의 화자대우법이 실현되었다. 이와 같이 (14)와 (15)의 문장이 모두 낮춤의 화자대우법이 정상적으로 실현되는 사실은, 낮춤의 화자대우법 실현에 관여하는 1인칭대명사 '저'가 선어말어미 '-사오-', '-자오-', '-으오' 등의 문법 요소보다 낮춤의 화자대우법을 실현하는 문법 기능부담량이 더 크기 때문이다.

(3) 화자대우법의 체계

자기대우법에 해당하는 화자대우법은 화자 자신에 대한 대우법이기 때문에, 일반적으로 높임의 화자대우법이 실현되는 경우가 없다. 일부의 특수 집단에서 또는 청소년들의 인터넷 사용에서 가끔 화자 자신을 높여서 대우하는 경우가 전혀 없는 것은 아니지만, 그런 경우는 한국어의 보편적인 현상이라고 말할 수 없다. 그러므로 일상어에서는 화자가 타인에 대해서는 높여서 대우하거나 높이지 않고 대우하고, 화자 자신에 대해서는 낮추어 대우하거나 낮추지 않고 대우하는 언어 예절이 자연스럽다.

따라서 타인대우법은 타인을 높여서 대우하는 경우와 높이지 않고 대우하는 경우로 크게 구분되고, 자기대우법인 화자대우법은 화자가 자신을 낮추어 대우하는 경우와 낮추지 않고 대우하는 경우로 구분된다.

아래 (16)의 문장을 살펴본다.

> (16) ㄱ. 나는 집에 가겠습니다.
> ㄴ. 저는 집에 가겠습니다.

(16)의 두 문장에서는 주어로 기능하는 1인칭대명사 '나'와 '저'의 선택 차이에 의해 낮춤과 안낮춤의 화자대우법이 다르게 실현되었다. 즉 (16ㄱ)의 문장은 화자가 자신을 낮추지 않고 대우하는 1인칭대명사 '나'가 선택됨으로써 안낮춤의 화자대우법이 실현된 반면, (16ㄴ)의 문장은 화자가 자신을 낮추어 대우하는 1인칭대명사 '저'가 선택됨으로써 낮춤의 화자대우법이 실현되었다.

다시 아래 (17)과 (18)의 문장을 살펴보자.

> (17) ㄱ. 그걸 내게 주세요.
> ㄴ. 그걸 제게 주세요.

> (18) ㄱ. 나를 찾아오세요.
> ㄴ. 저를 찾아오세요.

(17)의 문장에는 부사어로 기능하는 객체에 1인칭대명사가 선택되고

(18)의 문장에는 목적어로 기능하는 객체에 1인칭대명사가 선택되었다. (17ㄱ)과 (18ㄱ)의 문장에는 각각 부사어와 목적어로 기능하는 1인칭대명사 '나'가 선택됨으로써 안낮춤의 화자대우법이 실현되고, (17ㄴ)과 (18ㄴ)의 문장에는 부사어와 목적어로 기능하는 1인칭대명사 '저'가 선택됨으로써 낮춤의 화자대우법이 실현되었다.

아래 (19)와 (20)의 문장을 살펴보자.

(19)　ㄱ. 원고는 내일 보내겠습니다.
　　　ㄴ. 졸고는 내일 보내겠습니다.

(20)　ㄱ. 우리 집에는 딸이 셋입니다.
　　　ㄴ. 저희 집에는 여식이 셋입니다.

(19)와 (20)의 문장에는 명사 '원고'와 '졸고', '딸'과 '여식', 대명사 '우리'와 '저희' 등의 선택 차이에 의해 화자 자신을 대우하는 화자대우법이 다르게 실현되었다. 즉 '원고', '딸', '우리' 등의 체언이 선택된 문장은 안낮춤의 화자대우법이 실현된 반면, '졸고', '여식', '저희' 등의 체언이 선택된 문장은 낮춤의 화자대우법이 실현되었다. 따라서 '원고', '딸', '우리' 등의 어휘소는 타인대우어도 아니고 자기대우어도 아닌 중립어에 속하고, '졸고', '여식', '저희' 등의 어휘소는 자기대우어에 속한다.

(16)~(20)의 각 문장에 의해 실현되는 화자대우법은 화자가 자신을 낮추어 대우하는 경우와 낮추지 않고 대우하는 경우로 크게 구분된다. 따라서 화자대우법은 아래 (21)과 같이 안낮춤과 낮춤의 대립으로 체계화할 수 있다.

(21)　한국어 화자대우법의 체계
　　　ㄱ. 안낮춤(평대) : [－낮춤]
　　　ㄴ. 낮　춤(하대) : [＋낮춤]

한국어의 화자대우법은 (21)에서 나타낸 것과 같이 안낮춤을 기준으로 낮춤이 대립하는 체계를 이룬다. (21ㄱ)에서 안낮춤의 화자대우법은 무표적인 화자대우법의 실현이라 할 수 있고, (21ㄴ)에서 낮춤의 화자대우법은 유표적인 화자대우법의 실현이라 할 수 있다. 즉 무표적인 화자대우법은 화자가 자신을 낮추지 않고 대우하는 경우이므로 화자대우법이 잘 드러나지 않는 반면, 유표적인 화자대우법은 화자가 자신을 낮추어 대우하는 경우이므로 화자대우법이 잘 드러난다.

한편 화자가 자신을 낮추지 않고 대우하느냐 낮추어 대우하느냐의 결정은 화자와 청자 사이의 나이, 직위, 항렬 등의 사회적 관계와 심리적 거리와 깊이 관련된다. 청자가 화자에 비해 나이가 아주 많거나 직위가 아주 높거나 또는 항렬이 높은 경우에는 화자 자신을 낮추어 대우하고, 그렇지 않으면 화자 자신을 낮추지 않고 대우한다. 화자대우법의 실현은 청자 앞에서 화자 자신에 대한 대우표현이라고 말할 수 있지만, 그렇다고 하여 화자대우법의 실현이 청자대우법에 의존하여 결정되는 것은 아니다. 위에 살펴본 (17)~(20)의 여러 문장에서 화자가 자신을 대우하여 표현하는 어휘소의 선택과 그 각각의 문장 서술어에 결합한 종결어미의 선택이 함수관계를 갖는 것은 아니다. 즉 화자대우법의 실현과 청자대우법의 실현이 직접적으로 관련성을 가지고 있는 것은 아니라는 말이다. 하지만 화자대우법의 실현과 청자대우법의 실현이 전혀 무관하다고 말할 수도 없다. 왜냐하면 문장 안에서 화자가 자신에 대한 대우 표현을 할 때는 청자가 누구냐에 따라 다르기 때문이다.

이런 문제를 아래 (22)의 문장에서 살펴보자.

> (22) ㄱ. 나는 내일 가겠다.
>   ㄴ. 나는 내일 가겠습니다.
>   ㄷ. *저는 내일 가겠다.
>   ㄹ. 저는 내일 가겠습니다.

(22)에서 주어로 기능하는 체언이 화자 자신을 나타내는 1인칭대명사 '나'와 '저'의 선택에 의해 실현되는 화자대우법은 각 문장의 서술어에 결합한 종결어미에 의해 실현되는 청자대우법과 부분적인 관련성을 가진다. (22ㄱ)의 문장은 주어로 1인칭대명사 '나'가 선택되어 안낮춤의 화자대우법이 실현되고, 서술어에 종결어미 '-다'가 결합하여 안높임의 청자대우법이 실현되었다. 그리고 (22ㄹ)의 문장은 주어로 1인칭대명사 '저'가 선택되어 낮춤의 화자대우법이 실현되고, 서술어에 종결어미 '-습니다'가 결합하여 높임의 청자대우법이 실현되었다. 하지만 (22ㄷ)의 문장은 주어로 화자 자신을 나타내는 1인칭대명사 '저'가 선택되어 낮춤의 화자대우법이 실현되고 서술어에 종결어미 '-다'가 결합하여 안높임의 청자대우법이 실현되었는데, 문장 안에서 낮춤의 화자대우법과 안높임의 청자대우법의 호응이 자연스럽지 못하여 정상적인 문장이 되지 못하였다. 반면 (22ㄴ)의 문장에는 화자 자신을 나타내는 1인칭대명사 '나'가 주어로 선택되어 안낮춤의 화자대우법이 실현되고, 서술어에 종결어미 '-습니다'가 결합하여 높임의 청자대우법이 실현되었다.

이 경우 안낮춤의 화자대우법과 높임의 청자대우법의 호응이 자연스럽게 이루어져서 정상적인 문장으로 받아들여진다. (22ㄷ)이 정상적인 문장으로 받아들여지지 않는 것은 화자 자신을 낮추면서 청자에 대해서는 높여서 대우하지 않은 때문이다. 하지만 화자 자신을 낮추어 대우하지 않으면서 청자에 대해 높여서 대우한 (22ㄴ)은 정상적인 문장으로 받아들여진다. 즉 화자가 자신에 대해서는 낮추지 않으면서 청자에 대해 높여서 대우하는 경우는 (22ㄴ)의 문장과 같이 전혀 문제가 되지 않으나, 화자가 자신에 대해서는 낮추어 대우하면서 청자에 대해서는 높여서 대우하지 않은 (22ㄷ)의 문장은 문제가 된다. 타인대우법의 체계는 안높임이 기준이고 자기대우법은 안낮춤이 기준이다. 다시 말하면 문장 안에서 화자 자신은 안 낮추면서 청자에 대해서는 높일 수도 있고 높이지 않을 수도 있지만, 화자 자신은 낮추면서 청자를 높이지 않을 수는 없다. 이것은 곧 화자가 자신에 대해 대우하는 등급에 따라 청자에 대한 대우의 등급이 결정될 수는 있어도 청자에 대한 대우의 등급에 따라 화자 자신에 대한 대우의 등급이 결정될 수는 없음을 보여준다.

(22ㄷ)의 문장과 같이 화자대우법과 청자대우법이 부분적으로 관련성을 가지고는 있지만, 그렇다고 하여 화자대우법과 청자대우법이 전면적으로 관련성을 가지고 있는 것은 아니다. 앞에서 살펴본 (17)~(20)의 문장은 모두 높임의 청자대우법이 실현되었지만, 각 문장에 따라 낮춤의 화자대우법이 실현되기도 하고 안낮춤의 화자대우법이 실현되기도 하였다. (17)~(20)에 나타나는 청자대우법과 화자대우법은 각각 별개로 실현되는 보기이고, (22ㄷ)과 같은 문장은 청자대우법과 화자대우법이 각각 별개로 실현되지 않는 보기이다. 이러한 보기의 문장을 통해 확인할 수 있는 것은, 화자가 자신을 낮추지 않고 대우한다고 하여 청자를 높이지 않고 대우하는 것은 아니라는 사실이다. 따라서 화자대우법의 실현과 청자대우법의 실현이 서로 무관한 것은 아니지만, 그렇다고 하여 화자대우법과 청자대우법의 실현이 서로 함수관계를 갖는 것은 아니다.

한국어 화자대우법은 화자와 청자 사이의 사회적 관계와 심리적 거리에 따라 안낮춤과 낮춤이 구분된다. 그리고 청자를 상대로 하여 화자가 발화하는 공적 장면과 사적 장면에 따라 안낮춤과 낮춤이 구분될 수 있다. 그러므로 한국어 화자대우법의 체계를 나타낸 (21)에 화자와 청자 사이의 사회적·심리적 거리 및 발화 장면의 공·사적인 차이라는 기준을 적용하면 (23)과 같이 나타낼 수 있다.

(23) 한국어 화자대우법의 체계와 기준
    ㄱ. 안낮춤 : 사회·심리적 관계가 가까운 사이/ 사적 발화 장면
    ㄴ. 낮 춤 : 사회적 관계가 먼 사이/ 공적 발화 장면

(4) 화자대우법 실현의 기능부담량

문장의 주어, 목적어, 부사어 등으로 기능하는 말에 화자 자신을 나타
내는 1인칭대명사가 선택될 때는 화자대우법이 실현된다. 화자대우법은
화자가 자신을 낮추지 않고 대우하는 경우와 화자 자신을 낮추어 대우하
는 경우로 크게 구분된다. 전자의 경우가 화자대우법의 실현이 무표적이
라면, 후자의 경우는 화자대우법의 실현이 유표적이다.

아래 (1)의 문장은 1인칭대명사가 주어로 기능한다.

    (1) ㄱ. 나는 지금 학교에 있습니다.
          ㄴ. 저는 지금 학교에 있습니다.
          ㄷ. 저는 지금 학교에 있사옵니다.
          ㄹ. *나는 지금 학교에 있사옵니다.

(1ㄱ)의 문장은 주어로 기능하는 주체로 1인칭대명사 '나'가 선택됨으
로써 안낮춤의 화자대우법이 실현되었다. 하지만 (1ㄴ)의 문장은 주어로
기능하는 주체로 1인칭대명사 '저'가 선택됨으로써 낮춤의 화자대우법이
실현되었다. 그리고 (1ㄷ)의 문장은 주어로 기능하는 주체로 1인칭대명사
'저'가 선택되고 화자 낮춤의 선어말어미 '-사오-'가 서술어에 결합함
으로써 역시 낮춤의 화자대우법이 실현되었다. 그러나 (1ㄹ)의 문장은 주
어로 기능하는 주체로 1인칭대명사 '나'가 선택되었는데, 화자 낮춤의 선
어말어미 '-사오-'가 서술어에 결합함으로써 정상적인 문장이 되지 못
하였다. 이것은 주어로 선택된 '나'는 1인칭대명사의 기본형으로 화자가
자신을 낮추어 대우하지 않는데, 서술어에 화자 낮춤의 선어말어미 '-사
오-'가 결합함으로써 문장 안에서 화자 자신에 대한 대우 표현으로 선택
한 '나'와 '-사오-'가 서로 잘못 호응하기 때문이다.

(1ㄴ)과 (1ㄷ)의 문장은 모두 낮춤의 화자대우법이 실현되었다. 하지만

두 문장에서 낮춤의 화자대우법 실현에 관여하는 요소에는 차이가 있다. 즉 (1ㄴ)의 문장은 1인칭대명사의 낮춤형 '저'가 선택되어 낮춤의 화자대우법이 실현되었으나, (1ㄷ)의 문장은 1인칭대명사의 낮춤형 '저'와 화자 낮춤의 선어말어미 '−사오−'가 선택되어 낮춤의 화자대우법이 실현되었다. 두 문장에 낮춤의 화자대우법이 실현된 것은 동일하지만, 화자 낮춤의 선어말어미 '−사오−'의 선택 유무에서 차이가 있다. 이런 차이는 곧 '저'와 '−사오−'의 기능부담량에 차이가 있음을 보여주는데, 두 문장에 모두 선택된 '저'는 낮춤의 화자대우법 실현의 필수 요소인 반면, 선어말어미 '−사오−'는 낮춤의 화자대우법 실현의 임의 요소이다.

다음에는 1인칭대명사가 목적어로 선택되는 경우이다.

> (2) ㄱ. 거기서 나를 찾아주시겠습니까?
> ㄴ. 거기서 저를 찾아주시겠습니까?
> ㄷ. 거기서 저를 찾아주시겠사옵니까?
> ㄹ. *거기서 나를 찾아주시겠사옵니까?

(2ㄱ)의 문장은 1인칭대명사의 기본형 '나'가 목적어로 선택됨으로써 화자가 자신을 낮추지 않고 대우한 반면, (2ㄴ)의 문장은 1인칭대명사의 낮춤형 '저'가 목적어로 선택됨으로써 화자가 자신을 낮추어 대우하였다. (2ㄷ)의 문장은 1인칭대명사의 낮춤형 '저'가 목적어로 선택되고 서술어에 화자 낮춤의 선어말어미 '−사오−'가 결합함으로써 화자 자신을 낮추어 대우하였다. 하지만 (2ㄹ)의 분상은 1인칭대명사의 기본형 '나'가 목적어로 선택되었는데도 서술어에 화자 낮춤의 선어말어미 '−사오−'가 결합함으로써 정상적인 문장이 되지 못하였다. 이것은 화자 자신을 낮추지 않는 1인칭대명사 '나'와 화자 낮춤의 선어말어미 '−사오−' 사이의 호응이 잘못되었기 때문이다.

　　(2ㄴ)의 문장과 (2ㄷ)의 문장은 모두 화자가 자신을 낮추어 대우하는 낮춤의 화자대우법이 실현되었다. (2ㄴ)의 문장은 화자가 자신을 낮추어 대우하기 위해 1인칭대명사 '저'가 선택되었고, (2ㄷ)의 문장은 화자가 자신을 낮추어 대우하기 위해 1인칭대명사 '저'와 화자 낮춤의 선어말어미 '-사오-'가 선택되었다. 이 두 문장에서 낮춤의 화자대우법을 실현하는 기능을 수행하는 '저'와 '-사오-'의 기능부담량은 다르다. 즉 선어말어미 '-사오-'보다 대명사 '저'가 낮춤의 화자대우법을 실현하는 기능부담량이 상대적으로 더 크다. (2ㄹ)의 문장에서 화자 낮춤의 선어말어미 '-사오-'는 선택되었지만, '저'가 선택되지 않아서 정상적인 문장이 되지 못한 사실이 이를 뒷받침해 준다.

　　아래 (3)은 1인칭대명사가 부사어로 선택된 경우이다.

　　　　(3)　ㄱ. 그건 나에게 주소서.
　　　　　　　ㄴ. 그건 저에게 주소서.
　　　　　　　ㄷ. 그건 저에게 주옵소서.
　　　　　　　ㄹ. *그건 나에게 주옵소서.

　　(3)은 모두 부사어로 선택된 1인칭대명사에 따라 화자대우법이 실현된다. (3ㄱ)의 문장은 1인칭대명사의 기본형 '나'가 부사어로 선택됨으로써 화자가 자신을 낮추지 않고 대우한 반면, (3ㄴ)의 문장은 1인칭대명사 '저'가 부사어로 선택됨으로써 화자가 자신을 낮추어 대우하였다. 그리고 (3ㄷ)의 문장은 1인칭대명사의 '저'가 부사어로 선택되고 화자 낮춤의 선어말어미 '-으옵-'이 서술어에 결합함으로써 화자가 자신을 낮추어 대우하였다. 하지만 (3ㄹ)의 문장이 정상적으로 받아들여지지 않는 것은, 부사어로 선택된 1인칭대명사 '나'와 서술어에 결합한 화자 낮춤의 선어말어미 '-으옵-'의 호응이 잘못되었기 때문이다. 즉 (3ㄹ)의 문장에서 부사어로 선택된 '나'에 의한 화자대우법의 실현과 서술어에 결합한 선어말

어미 '-으옵-'에 의해 실현된 화자대우법의 등급이 서로 다르기 때문이다. 1인칭대명사 '나'는 화자 자신을 낮추지 않고 대우하는 반면, 선어말어미 '-으옵-'은 화자가 자신을 낮추어 대우한다. 따라서 (3ㄷ)의 문장과 (3ㄹ)의 문장에서 화자 자신에 대한 화자대우법의 실현에 관여하는 1인칭대명사 '저'와 화자 낮춤의 선어말어미 '-으옵-'의 호응관계에서 '저'가 '-으옵-'보다 낮춤의 화자대우법 실현의 기능부담량이 상대적으로 더 크다는 사실이 확인된다.

제 3 장

한국어 대우법의 호응관계

1. 호응관계

한국어의 문장은 모두 선형구조와 계층구조를 가지고 있는데, 선형구조는 곧 문장 성분의 배열구조를 말한다. 문장을 이루는 성분들이 동일한 계층구조로 구성되기도 하고 다른 계층구조로 구성되기도 하지만, 이들 성분끼리는 기능적으로 서로 호응관계를 가진다.

이를테면 문장 안에서 주어와 서술어가 서로 호응하고, 부사어와 서술어가 서로 호응하며, 관형어가 주어, 목적어, 부사어 등과 서로 호응한다.

아래 (1)을 살펴보자.

    (1) ㄱ. 높은 <u>하늘이</u> 매우 <u>맑다</u>.
          ㄴ. <u>높은</u> <u>하늘이</u> 매우 <u>맑다</u>.
          ㄷ. 나는 <u>결코</u> 그걸 보여줄 수 <u>없다</u>.
          ㄹ. 너는 이걸 <u>저</u> <u>학생에게</u> 주어라.

(1)의 각 문장에서 밑줄 친 부분은 서로 호응한다. (1ㄱ)의 문장에서 밑줄 친 부분의 '하늘'과 '맑다'는 주어와 서술어로서 서로 호응하고, (1ㄴ)의 문장에서 밑줄 친 '높은'과 '하늘이'는 관형어와 주어로서 서로 호응하고, '매우'와 '맑다'는 부사어와 서술어로서 서로 호응한다. (1ㄷ)의 문장에서 밑줄 친 '결코'와 '없다'는 부사어와 서술어로서 서로 호응한다. 그리고 (1ㄹ)에서 밑줄 친 '저'와 '학생에게'는 관형어와 부사어로서 서로 호응한다. (1)의 각 문장에서 그 문장을 이루는 성분끼리 호응하는 양상을 살펴보면, 한 성분이 한 번의 호응관계를 갖는 경우도 있지만 두 번 이상의 호응관계를 가지는 경우도 있다.

그런데 문장 안에서 성분끼리 서로 호응하는 관계를 기술한 전재호·박태권(1979 : 183)에서는 "호응이란 말할 때나 글을 쓸 때에 문장 성분 간의 일치—서로가 어법에 맞게 조화를 이루는 것"이라고 규정하고, 한국어에서 호응의 종류를 아래 (2)와 같이 여러 가지로 제시하였다.[44]

    (2) **호응의 종류**
        ㄱ. 시제의 호응
        ㄴ. 시인의 호응
        ㄷ. 부정의 호응
        ㄹ. 반문의 호응
        ㅁ. 의혹의 호응
        ㅂ. 가정의 호응
        ㅅ. 기원의 호응
        ㅇ. 높임의 호응

한국어에서 호응현상이 나타나는 종류를 위의 (2)에서 제시한 바와 같이 모두 8가지로 나누었는데, 이들 중에서 이 글의 내용과 관련된 (2ㅇ)은

---

44) 이 밖에도 한국어의 호응현상과 관련된 논의에는 김종택(1982), 서정목(1987), 권재일(1992), 유동석(1994), 구연미(1994), 김태엽(1995) 등이 있다.

높임의 호응에 대해 다음의 2가지로 나누어 설명하였다. 즉 "① 주어와 서술어의 관계가 존칭과 겸양의 대상에 알맞게 호응하는 것이 높임의 대상이다. ② 높임의 호응에는 주어와 서술어의 그것이 주가 되는 것이 사실이다. 그러나 몇몇 관계사(조사)의 호응도 현대 한국어에 쓰이고 있다."라고 하였다. 그리고 아래 (3)과 같은 보기의 문장을 제시하고 설명을 덧붙였다.

> (3) ㄱ. 그 어른이 오신다.
>   ㄴ. 저 먼저 갑니다.
>   ㄷ. 나 먼저 갑니다.

전재호·박태권(1979)에서는 높임의 호응에 대해 언급한 ①의 보기로 (3)의 문장을 제시하였다. (3ㄱ)의 문장은 주어를 높여서 대우한 주체대우법이 실현되었다고 설명하고, (3ㄴ)의 문장은 화자를 낮추었으니 청자대우법이 실현되었다고 설명하고 있다. 하지만 (3ㄴ)의 문장에 대한 호응관계를 설명한 내용에 대해서는 재고할 필요가 있다. 즉 (3ㄴ)의 문장에서 서술어에 결합한 종결어미 '-습니다'에 의해 청자를 높여서 대우하는 것은 타당한 설명이지만, 1인칭대명사 '저'가 주어로 선택된 것이 청자를 높여서 대우하기 위한 것이라는 설명은 타당성을 가지지 못한다. 왜냐하면 1인칭대명사 '저' 대신 1인칭대명사 '나'가 선택된 (3ㄷ)과 같은 문장도 자연스럽게 청자를 높여서 대우하는 문장이기 때문이다. 그렇다면 (3ㄴ)의 문장 '저 먼서 갑니다.'와 (3ㄷ)의 문장 '나 먼저 갑니다.'에서 대우법의 실현 차이는 무엇일까? (3ㄷ)의 문장에 선택된 '나'는 1인칭대명사의 기본형이고 (3ㄴ)의 문장에 선택된 '저'는 1인칭대명사의 낮춤형이다. '나'는 높임과 낮춤의 구별이 없는 [평대]의 자질을 가진 1인칭대명사인 반면, '저'는 [+낮춤]의 자질을 가진 1인칭대명사이다. 따라서 (3ㄷ)의 문장 '나 먼저 갑니다.'는 화자 자신은 낮추지 않으면서 종결어미로 '-습니다'를 선택함으로써 청자를 높여서 대우한 문장이지만, (3ㄴ)의 문장 '저 먼저 갑니다.'는 화자 자신을 낮추어 대우하면서 종결어미로 '-습니다'가 선택되어 청자를 높여서 대우한 문장이다. 다시 말하면 (3ㄷ)의 문장 '나 먼저 갑니다.'는 안낮춤의 화자대우법과 높임의 청자대우법이 동시에 실현된 문장이고, (3ㄴ)의 문장은 낮춤의 화자대우법과 높임의 청자대우법이 동시에 실현된 문장이다. 이와 같이 (3ㄴ)과 (3ㄷ)의 문장이 모두 정상적인 문장으로 받아들여지는 것은, 두 문장에 실현되는 화자대우법과 청자대우법이 자연스럽게 호응되고 있음을 보여준다.

또 아래 (4ㄱ)의 문장을 살펴보자.

    (4) ㄱ. 그 어른께서 오신다.
        ㄴ. *그 어른께서 온다.

(4ㄱ)의 문장 주어로 선택된 '어른'은 높여서 대우할 대상이어서 높임의 주격조사 '-께서'와 서술어에 결합한 주체 높임의 선어말어미 '-으시-'가 자연스럽게 호응하면서 높임의 주체대우법이 실현되었다. 그리고 (4ㄴ)의 문장도 주어로 선택된 '어른'이 높여서 대우할 대상이어서 주어에 높임의 주격조사 '-께서'가 결합하였다. 하지만 주체 높임의 선어말어미 '-으시-'가 결합하지 않아서 높임의 주체대우법이 정상적으로 실현되지 못하였다. 다시 말하면 (4ㄴ)에서 높임의 주격조사 '-께서'와 주체 높임의 선어말어미가 서로 호응하지 않아서 정상적인 문장이 되지 못하였다. 따라서 문장 안에서 동일한 대우법의 실현에 관여하는 요소끼리의 호응이 바르게 되지 않으면 그 대우법이 정상적으로 실현되지 못한다.

한국어 대우법의 호응관계는 크게 두 가지로 구분된다. 하나는 대우할 대상과 그 대우법의 실현 요소 사이의 호응이고, 나머지 하나는 동일한 대우법을 실현하는 요소끼리의 호응이다. 하지만 한국어 대우법의 실현은 대개 이 두 가지 호응이 함께 이루어지기 때문에 굳이 분리하여 논의할 필요가 없다. 대우할 대상에 대해 높여서 대우하느냐 높이지 않고 대우하느냐에 따라 그 대우법을 실현하는 요소의 선택이 달라지고, 마찬가지로 대우할 대상에 대해 낮추어 대우하느냐 낮추지 않고 대우하느냐에 따라 그 대우법을 실현하는 요소의 선택도 달라진다. 만약 대우할 대상이 높임의 대상인 경우에는 높여서 대우할 실현 요소가 선택되고, 높임의 대상이 아닌 경우에는 높이지 않고 대우할 실현 요소가 선택된다. 그리고 낮추어 대우할 대상인 경우에는 낮추어 대우할 실현 요소가 선택되고, 반대로 낮추어 대우할 대상이 아닌 경우에는 낮추지 않고 대우할 실현 요소가 선택된다.

한국어 대우법의 실현에서 이러한 호응관계가 제대로 이루어지지 않으면 그 문장은 정상적인 문장으로 받아들여지지 않는다. 이것은 곧 한국어의 대우법 실현에서 그 대우법의 실현에 관여하는 요소끼리 서로 호응관계가 잘 이루어지느냐 잘 이루어지지 않느냐의 여부는 그 문장이 정상적인 문장으로 받아들여지느냐 받아들여지지 않느냐의 문제와 관련된다. 이제 한국어 대우법의 실현에 따라 이런 호응의 문제가 어떤 양상으로 나타나는지 타인대우법의 호응관계와 자기대우법의 호응관계를 차례로 살펴본다.

2. 타인대우법의 호응관계

(1) 청자대우법

화자가 청자를 대우하는 청자대우법은 크게 안높임 등급과 높임 등급으로 구분되고, 높임 등급은 다시 높임 관념의 정도에 따라 몇 개의 등급으로 구분된다.

아래 (1)에서 청자대우법의 등급을 보자.

(1) ㄱ. 같이 가자.
ㄴ. 같이 가세.
ㄷ. 같이 가오.
ㄹ. 같이 갑시다.

(1ㄱ)은 안높임 등급의 청자대우법이 실현된 문장인 데 반해, (1ㄴ)~(1ㄹ)은 모두 높임의 청자대우법이 실현된 문장으로 각각 높임 관념의 정도에 따라 그 등급에 차이가 드러난다. (1ㄴ)~(1ㄹ)의 각 문장에서 실현되는 청자대우법의 등급 차이는 서술어에 결합한 종결어미의 형태에 의해 구별된다. 서술어에 종결어미 '-세'가 결합한 (1ㄴ)의 문장은 조금 높임의 청자대우법이 실현되고, '-으오'가 종결어미로 결합한 (1ㄷ)의 문장은 조금 더 높임의 청자대우법이 실현되고, '-습시다'가 종결어미로 결합한 (1ㄹ)의 문장은 아주 높임의 청자대우법이 실현되었다. 하지만 (1)의 각 문장은 서술어에 결합한 종결어미와 호응하는 다른 성분이 없다.

그러나 아래 (2)에서는 청자대우법의 실현 요소끼리 호응관계를 가진다.

(2) ㄱ. 영수야, 어서 오너라.
ㄴ. *영수야, 어서 오십시오.

(2)의 두 문장은 부름말로 선택된 체언이 청자이기 때문에 화자가 높여서 대우할 청자인지 높여서 대우할 청자가 아닌지 잘 드러난다. (2ㄱ)의 문장은 높여서 대우할 대상이 아닌 '영수'가 부름말로 선택되어 호격조사 '-야'가 결합하고, 문장의 서술어에 종결어미 '-너라'가 결합함으로써 안높임의 청자대우법이 실현되었다. 하지만 (2ㄴ)의 문장은 높임의 대상이

아닌 '영수'가 부름말로 선택되어 호격조사 '-야'가 결합하였지만, 문장의 서술어에 종결어미 '-습시오'가 결합함으로써 정상적인 문장이 되지 못하였다. 이것은 청자인 '영수'가 높여서 대우할 대상이 아님에도 불구하고 청자를 아주 높여서 대우하는 종결어미 '-습시오'가 서술어에 결합하였기 때문이다. 즉 (2ㄴ)의 문장은 부름말로 선택된 '영수야'와 서술어에 결합한 종결어미 '-습니다'의 호응이 잘못되어 정상적인 문장이 되지 못하였다. 하지만 (2ㄱ)의 문장은 부름말 '영수야'에 의해 실현되는 청자대우법의 등급과 서술어에 결합한 종결어미 '-너라'에 의해 실현되는 청자대우법의 등급이 동일하기 때문에 정상적인 문장이 되었다. 이와 같이 화자가 높여서 대우할 청자이면 높임의 청자대우법을 실현하는 종결어미의 형태가 선택되어야 하고, 화자가 높여서 대우할 청자가 아니면 안높임의 청자대우법을 실현하는 종결어미의 형태가 선택됨으로써 청자대우법을 실현하는 요소끼리 자연스럽게 호응하게 된다. 다시 말하면 한 문장에서 대우할 대상인 청자에 대한 청자대우법의 실현에 관여하는 모든 요소가 서로 호응함으로써 그 청자대우법이 정상적으로 실현된다. 아래 (3)은 높임의 청자대우법이 실현된 문장이다.

    (3) ㄱ. 자네는 언제 왔는가?
        ㄴ. 당신은 언제 왔소?
        ㄷ. 어르신께서는 언제 오셨습니까?

(3ㄱ)의 문장에서 주어로 기능하는 '자네'는 화자가 조금 높여서 대우할 대상이므로 종결어미 '-는가'가 서술어에 결합하여 조금 높임의 청자대우법이 실현되었다. (3ㄴ)의 문장에서 주어로 기능하는 '당신'은 조금 더 높여서 대우할 대상이므로 종결어미 '-으소'가 서술어에 결합하여 조금 더 높임의 청자대우법이 실현되었다. 그리고 (3ㄷ)의 문장에서 주어로

기능하는 '어르신'은 아주 높여서 대우할 대상이므로 높임의 주격조사 '-께서'가 주어 뒤에 결합하고 종결어미 '-습니까'가 서술어에 결합함으로써 아주 높임의 청자대우법이 실현되었다. 즉 (3)의 각 문장에서 주어로 선택된 2인칭대명사에 의해 실현되는 청자대우법의 등급과 그 문장의 서술어에 결합한 종결어미의 형태에 의해 실현되는 청자대우법의 등급이 서로 자연스럽게 호응함으로써 모두 정상적인 문장으로 받아들여진다.

하지만 아래 (4)의 문장에는 이런 호응관계가 유지되지 않는다.

> (4) ㄱ. *자네께서는 어제 왔습니까?
> ㄴ. *당신은 언제 왔느냐?
> ㄷ. *어르신은 언제 왔는가?

(4ㄱ)의 문장은 주어로 기능하는 청자가 '자네'인데 높임의 주격조사 '-께서'가 주어에 결합하고 종결어미 '-습니까'가 서술어에 결합함으로써, 대우할 대상인 청자와 그 청자에 대한 청자대우법의 실현 요소가 서로 자연스럽게 호응하지 못하여 정상적인 문장이 되지 못하였다. (4ㄴ)의 문장에도 주어로 기능하는 청자가 '당신'인데 종결어미 '-느냐'가 서술어에 결합함으로써, 대우할 대상인 청자와 그 청자에 대한 청자대우법의 실현 요소가 서로 자연스럽게 호응하지 못하여 정상적인 문장으로 받아들여지지 않는다. 그리고 (4ㄷ)의 문장에도 주어로 기능하는 청자가 '어르신'인데 종결어미로 '-는가'가 서술어에 결합함으로써, 대우할 대상인 청자와 그 청자에 대한 청자대우법의 실현 요소가 서로 자연스럽게 호응하지 못하여 정상적인 문장으로 받아들여지지 않는다. (3)과 (4)에서 나타나듯이, 대우할 청자와 그 청자에 대한 청자대우법의 실현 요소가 서로 자연스럽게 호응하면 (3)과 같이 정상적인 문장으로 받아들여지고 서로 자연스럽게 호응하지 못하면 (4)와 같이 정상적인 문장으로 받아들여지지 않는다.

다시 아래 (5)의 문장을 살펴보자.

    (5) ㄱ. 벌써 진지 잡수셨어요?
       ㄴ. *벌써 진지 먹으셨어요?

  (5)의 문장으로 보아 청자는 화자가 높여서 대우할 대상이다. (5ㄱ)의 문장은 높여서 대우할 청자에 대한 높임의 청자대우법을 실현하기 위해 높임명사 '진지'를 목적어로 선택하고 높임동사 '잡수다'를 서술어로 선택하였으며, 서술어에 선어말어미 '-으시-'가 결합함으로써 높임의 청자대우법이 정상적으로 실현되었다. 하지만 (5ㄴ)의 문장은 높여서 대우할 청자에 대해 높임의 청자대우법을 실현하기 위해 높임명사 '진지'를 목적어로 선택하였지만, 안높임동사 '먹다'를 서술어로 선택함으로써 정상적인 문장이 되지 못하였다. 이것은 (5ㄴ)의 문장에서 높여서 대우할 청자에 대해 높임의 청자대우법을 실현하기 위한 요소의 선택이 잘못됨으로써, 그 청자대우법의 실현 요소 사이의 자연스러운 호응이 이루어지지 않은 때문이다.

  청자대우법이 실현되는 보기 (2)~(5)의 문장에서 대우의 대상인 청자와 그 청자에 대한 청자대우법의 실현 요소가 서로 호응하는 현상을 볼 수 있었다. 즉 화자가 높여서 대우하지 않을 청자인 경우에는 높임의 청자대우법을 실현하는 높임의 주격조사와 높임의 종결어미가 선택되지 않고, 화자가 높여서 내우할 청자인 경우에는 높임의 주격조사와 높임의 종결어미가 결합함은 물론 높임명사와 높임동사가 선택됨으로써 높임의 청자대우법이 정상적으로 실현된다. 이러한 현상은 화자가 대우할 청자와 청자대우법의 실현 요소 사이의 호응관계가 잘 이루어짐으로써 청자대우법이 정상적으로 실현됨을 잘 보여준다.

(2) 주체대우법

문장의 주어로 기능하는 주체에 대한 대우법이 주체대우법이다. 주체대우법이 실현되는 문장에서도 대우할 대상인 문장의 주체와 주체대우법의 실현 요소 사이에 호응관계가 이루어짐으로써 주체대우법이 정상적으로 실현된다. 그리고 그 주체대우법의 실현 요소 사이의 호응관계도 유지되어야 한다. 주체대우법은 크게 안높임과 높임으로 구분되어 실현되는데, 먼저 안높임의 주체대우법이 실현되는 문장부터 살펴본다.

> (6) ㄱ. 영수가 책을 읽었다.
> ㄴ. *영수가 책을 읽으셨다.

(6)의 두 문장에서 주어로 기능하는 주체는 높여서 대우할 대상이 아닌 '영수'이다. (6ㄱ)의 문장은 주어인 '영수' 뒤에 안높임의 주격조사 '-가'가 결합하고 서술어에 주체 높임의 선어말어미 '-으시-'가 결합하지 않음으로써 안높임의 주체대우법이 정상적으로 실현되었다. 그러나 (6ㄴ)의 문장은 높여서 대우할 대상이 아닌 '영수'에 대해 주체 높임의 선어말어미 '-으시-'가 서술어에 결합함으로써 안높임의 주체대우법이 정상적으로 실현되지 못하였다. 이것은 주체 대우의 대상과 주체대우법의 실현 요소 사이의 호응관계가 제대로 이루어지지 않았기 때문이다.

다음에는 높임의 주체대우법이 실현되는 문장을 살펴본다.

> (7) ㄱ. 선생님께서 진지를 잡수신다.
> ㄴ. *선생님께서 진지를 먹으신다.

(7)의 두 문장은 주어로 기능하는 주체가 높여서 대우할 대상인 '선생님'이다. (7ㄱ)의 문장은 주어에 높임의 주격조사 '께서'가 결합하고 높임

명사 '진지'가 목적어로 선택되고 높임동사 '잡수다'가 서술어로 선택되고 그리고 주체 높임의 선어말어미 '-으시-'가 서술어에 결합함으로써 높임의 주체대우법이 정상적으로 실현되었다. 하지만 (7ㄴ)의 문장은 주어로 기능하는 주체인 '선생님'이 높여서 대우할 대상인데도 서술어로 높임동사 '잡수다'가 선택되지 않아서 높임의 주체대우법이 정상적으로 실현되지 못하였다. 이것은 주체 대우의 대상과 주체대우법의 실현 요소의 호응이 제대로 이루어지지 않았기 때문이다.

 (6)과 (7)의 문장에서 주체 대우의 대상과 주체대우법의 실현 요소 사이의 호응관계를 살펴보았다. 높여서 대우할 대상이 아닌 주체에 대해서는 안높임의 주체대우법을 실현하는 요소가 선택되고, 높여서 대우할 대상인 주체에 대해서는 높임의 주체대우법을 실현하는 요소가 선택되어야 한다. 이런 현상은 한 문장 안에서 주체 대우의 대상과 주체대우법의 실현 요소 사이의 호응관계가 정상적으로 이루어져야 그 주체대우법이 온전하게 실현될 수 있음을 보여준다.

(3) 객체대우법

 문장의 목적어나 부사어로 기능하는 객체에 대한 대우법이 객체대우법이다. 따라서 문장의 목적어와 부사어로 기능하는 객체가 높여서 대우할 대상인지 아닌지에 따라 안높임의 객체대우법이 실현되기도 하고 높임의 객체대우법이 실현되기도 한다.

 목적어로 기능하는 객체에 대한 대우법을 (8)에서 살펴보자.

(8) ㄱ. 넌 영수를 데리고 오너라.
　　 ㄴ. 넌 선생님을 모시고 오너라.

ㄷ. *넌 선생님을 데리고 오너라.
ㄹ. *넌 영수를 모시고 오너라.

(8ㄱ)의 문장에서 목적어로 기능하는 '영수'는 높여서 대우할 객체가 아니므로 안높임동사 '데리다'가 서술어로 선택되어 안높임의 객체대우법이 정상적으로 실현되었다. 그리고 (8ㄴ)의 문장은 목적어로 기능하는 '선생님'이 높여서 대우할 대상이므로 높임동사 '모시다'가 서술어로 선택됨으로써 높임의 객체대우법이 실현되었다. 하지만 (8ㄷ)과 (8ㄹ)의 문장은 대우할 객체와 각각의 객체대우법을 실현하는 동사의 선택이 잘못되어 모두 정상적인 문장이 되지 못하였다. 즉 (8ㄷ)의 문장은 목적어로 기능하는 객체가 높여서 대우할 '선생님'인데도 안높임동사 '데리다'가 선택됨으로써 정상적인 문장이 되지 못하였고, (8ㄹ)의 문장은 목적어로 기능하는 객체가 높여서 대우할 대상이 아님에도 높임동사 '모시다'가 선택됨으로써 역시 정상적인 문장이 되지 못하였다. 이런 현상은 (8ㄷ)과 (8ㄹ)의 문장에서 화자가 대우할 객체와 그 객체대우법의 실현 요소가 자연스럽게 호응되지 않았음을 보여준다.

(9) ㄱ. 이건 영수에게 줘라.
ㄴ. 이건 선생님께 드려라.
ㄷ. *이건 영수에게 드려라.
ㄹ. *이건 선생님에게 줘라.

(9)의 문장은 부사어로 기능하는 체언이 객체이다. (9ㄱ)의 문장은 부사어로 기능하는 '영수'가 높여서 대우할 대상이 아니므로 안높임동사 '주다'가 선택되어 안높임의 객체대우법이 실현되고, (9ㄴ)의 문장은 부사어로 기능하는 '선생님'이 높여서 대우할 대상이므로 높임의 부사격조사 '-께'가 부사어에 결합하고 높임동사 '드리다'가 서술어로 선택됨으로써

높임의 객체대우법이 실현되었다. 하지만 (9ㄷ)과 (9ㄹ)의 문장은 부사어로 기능하는 객체에 대한 객체대우법의 실현 요소와 그 객체와의 호응이 잘못되어 정상적인 문장이 되지 못하였다.

(8)과 (9)의 여러 문장에서 목적어로 기능하는 객체와 부사어로 기능하는 객체에 대한 객체대우법의 실현 요소와 대우할 객체와의 호응이 자연스럽게 이루어지면 정상적인 문장으로 받아들여지고, 객체대우법의 실현 요소와 대우할 객체와의 호응이 자연스럽게 이루어지지 않으면 정상적인 문장으로 받아들여지지 않는다. 따라서 대우할 대상인 객체와 그 객체에 대한 객체대우법의 실현 요소 사이의 호응관계에 따라 그 객체대우법이 온전하게 실현되기도 하고, 실현되지 않기도 한다.

3. 자기대우법의 호응관계

(1) 화자대우법

자기대우법은 화자가 문장을 통해 자신에 대해 대우하는 대우법인데, 대우할 대상이 화자 자신이므로 화자대우법이라 부른다. 화자대우법은 문장의 주어, 목적어, 부사어 등으로 기능하는 문장 성분에 1인칭대명사가 선택되는 경우에 실현되는데, 이것은 화자 자신을 낮추어 대우하는 낮춤의 화자대우법과 화자 자신을 낮추지 않고 대우하는 안낮춤의 화자대우법으로 구분된다.

아래 (1)의 문장을 살펴보자.

> (1) ㄱ. 나는 내일 제주도에 갑니다.
>   ㄴ. 저는 내일 제주도에 갑니다.

ㄷ. 저는 내일 제주도에 가옵니다.
ㄹ. *나는 내일 제주도에 가옵니다.

(1ㄱ)의 문장은 1인칭대명사 '나'가 주어로 선택되어 안낮춤의 화자대우법이 실현되고, (1ㄴ)과 (1ㄷ)의 문장은 화자를 나타내는 1인칭대명사 '저'가 주어로 선택되어 낮춤의 화자대우법이 실현되었다. 하지만 (1ㄹ)의 문장은 1인칭대명사의 기본형 '나'가 주어로 선택되었는데도 화자 낮춤의 선어말어미 '-으오-'가 서술어에 결합하여 정상적인 문장이 되지 못하였다. (1ㄹ)이 정상적인 문장이 되지 못한 것은, 화자 자신을 나타내는 1인칭대명사 '나'와 '나'에 대한 화자대우법의 실현 요소와의 사이에 호응이 바르게 이루어지지 않은 때문이다.

아래 (2)는 1인칭대명사가 목적어로 선택된 경우이다.

(2) ㄱ. 나를 보소서.
ㄴ. 저를 보소서.
ㄷ. 저를 보옵소서.
ㄹ. *나를 보옵소서.

(2ㄱ)의 문장은 화자 자신을 나타내는 1인칭대명사 '나'가 주어로 선택되어 안낮춤의 화자대우법이 실현되고, (2ㄴ)의 문장은 화자 자신을 나타내는 '저'가 주어로 선택되어 낮춤의 화자대우법이 실현되고, (2ㄷ)의 문장은 화자 자신을 나타내는 '저'가 주어로 선택되고 서술어에 화자 낮춤의 선어말어미 '-으옵-'이 결합함으로써 낮춤의 화자대우법이 실현되었다. 하지만 (2ㄹ)의 문장은 화자 자신을 나타내는 1인칭대명사 '나'가 주어로 선택되었음에도 화자 낮춤의 선어말어미 '-으옵-'이 서술어에 결합함으로써 정상적인 문장이 되지 못하였다. (2ㄹ)의 문장이 정상적인 문장이 되지 못한 것은, 화자 자신을 나타내는 1인칭대명사 '나'와 '나'에 대한 화자

대우법의 실현 요소 사이의 호응이 바르게 되지 않았기 때문이다.

아래 (3)의 문장을 살펴보자.

    (3) ㄱ. 그건 나에게 주소서.
        ㄴ. 그건 저에게 주소서.
        ㄷ. 그건 저에게 주옵소서.
        ㄹ. *그건 나에게 주옵소서.

(3ㄱ)의 문장은 화자 자신을 나타내는 1인칭대명사 '나'가 부사어로 선택되어 안낮춤의 화자대우법이 실현되고, (3ㄴ)의 문장은 1인칭대명사 '저'가 부사어로 선택되어 낮춤의 화자대우법이 실현되고, (3ㄷ)의 문장은 1인칭대명사 '저'가 부사어로 선택되고 화자 낮춤의 선어말어미 '—으옵—'이 서술어에 결합함으로써 낮춤의 화자대우법이 실현되었다. 하지만 (3ㄹ)의 문장은 부사어로 1인칭대명사 '나'가 선택되었음에도 화자 낮춤의 선어말어미 '—으옵—'이 서술어에 결합하여 정상적인 문장이 되지 못하였다. (3ㄹ)에서 부사어로 선택된 1인칭대명사 '나'가 낮추어 대우할 대상이 아닌데도 서술어에 화자 낮춤의 선어말어미 '—으옵—'이 결합함으로써, 화자 자신을 나타낸 '나'와 '나'에 대한 화자대우법의 실현 요소 사이의 호응이 잘못되었기 때문이다.

다시 아래의 (4)를 살펴보자.

    (4) ㄱ. 저희 집 가아는 집에 없습니다.
        ㄴ. *나의 집 가아는 집에 없습니다.
        ㄷ. 내일까지 졸고를 보내겠습니다.
        ㄹ. *내일까지 저의 옥고를 보내겠습니다.

(4ㄱ)의 문장은 화자를 낮추어 나타내는 1인칭대명사의 복수형 '저희'와 '가아'가 선택되어 낮춤의 화자대우법이 실현되었는데, (4ㄴ)의 문장은

화자 자신을 낮추지 않은 1인칭대명사 '나'와 화자 간접 낮춤의 '가아'가 서로 호응하지 않아서 정상적인 문장이 되지 못하였다. 그리고 (4ㄷ)의 문장은 타인에 대해 화자 자신을 간접적으로 낮추어 나타내는 '졸고'가 선택되어 낮춤의 화자대우법이 실현되었다. 그런데 (4ㄹ)의 문장은 화자 자신을 낮추어 나타내는 1인칭대명사 '저'가 선택되고 타인의 원고를 높여서 나타내는 '옥고'가 선택됨으로써 '저'와 '옥고'가 서로 호응하지 못하여 정상적인 문장이 되지 못하였다. (4ㄴ)과 (4ㄹ)의 문장은 정상적인 문장으로 받아들여지지 않는데, 그 이유는 화자 자신을 나타내는 1인칭대명사에 의한 화자대우법과 화자 자신과 관련된 명사에 의한 화자대우법이 서로 바르게 호응하지 않았기 때문이다. 즉 (4ㄴ)의 문장에는 1인칭대명사의 기본형인 '나'와 화자의 '아들'을 낮추어 나타내는 '가아'의 호응이 잘못되어 정상적인 문장이 되지 못하였고, (4ㄹ)의 문장에서는 화자 자신이 쓴 원고를 나타내는 명사로 '졸고'를 선택하지 않고 남의 원고를 높여서 나타내는 명사 '옥고'를 선택함으로써 '저'와 호응하지 못하여 정상적인 문장이 되지 못하였다. 하지만 (4)의 4개 문장은 서술어에 종결어미 '-습니다'가 결합함으로써 모두 아주 높임의 청자대우법이 실현되었다.

(1)~(4)의 문장을 통해 화자 자신을 나타내는 1인칭대명사가 주어, 목적어, 부사어 등으로 선택되는 경우에 화자대우법이 실현되는 양상을 살펴보았다. 1인칭대명사의 기본형 '나'가 문장의 주어, 목적어, 부사어 등으로 선택되는 경우에는 안낮춤의 화자대우법이 실현되고, 1인칭대명사의 낮춤형 '저'가 문장의 주어, 목적어, 부사어 등으로 선택되는 경우에는 낮춤의 화자대우법이 실현된다. 그리고 화자 자신을 낮추어 나타내는 어휘 요소를 선택함으로써 낮춤의 화자대우법이 실현된다. 따라서 화자 자신을 대우하는 화자대우법을 실현하는 문법 요소와 어휘 요소가 서로 자연스럽게 호응하면 정상적인 문장이 되고 자연스럽게 호응하지 않으면 정상적인 문장이 되지 못한다.

4. 독립어와 대우법

한국어의 독립어는 부름말(호격어), 느낌말(감탄어), 보임말(제시어) 등으로 나뉘는데,[45] 이들 독립어가 대우법의 실현에 관여하는 경우가 많다. 흔히 한국어의 문장을 이루는 성분 중에서 독립어는 뒤에 이어지는 문장과 문법적으로 관련이 없다고 설명하고 있지만,[46] 실제 문장에서 독립어가 대우법의 실현에 관여하는 경우가 적지 않다. 따라서 독립어는 그 뒤에 이어지는 문장의 성분과 전혀 관련이 없는 것이 아니고 상당한 관련을 가진다.[47]

(1) 부름말과 대우법

부름말은 화자가 청자를 부를 때 사용되는 독립어로서 청자대우법의 실현에 적극 관여하는 문장 성분이다.

    (1) ㄱ. 영수야, 어디 있니?
         ㄴ. 아저씨, 어디 계세요?

(1)의 두 문장 앞부분에 배열된 '영수야'와 '아저씨'는 화자가 청자를 부를 때 선택되는 부름말로서 문장 성분상으로 독립어에 속한다. (1ㄱ)의 문장에서 '영수야'는 청자인 '영수' 뒤에 호격조사 '-야'가 결합한 부름

---

45) 최현배(1971)에는 한국어의 독립어를 부름말, 느낌말, 보임말, 이름말 등 4가지로 구분하였다.

46) 김민수(1977 : 254)에는 독립어는 구문 밖의 요소로 취급하였고, 남기심·고영근(1995 : 279)에서는 독립어는 문장 중의 어느 성분과도 직접적인 관련이 없는 성분이라고 설명하였다.

47) 독립어의 문법에 대해서는 김영희(1989), 김태엽(1996)을 참조.

말로서 뒤에 이어지는 문장의 서술어에 결합한 종결어미 '-니'와 서로 호응한다. 그리고 (1ㄴ)의 문장에서 '아저씨'는 화자가 청자인 '아저씨'를 부르는 말로서 문장의 서술어에 결합한 종결어미 '-세요'와 서로 호응한다. (1ㄱ)의 부름말 '영수야'와 종결어미 '-니'가 호응하고 (1ㄴ)의 부름말 '아저씨'와 종결어미 '-세요'가 호응하는 것은, 두 문장에서 부름말에 의해 실현되는 청자대우법과 종결어미에 의해 실현되는 청자대우법의 등급이 서로 일치함을 보여준다. 그리고 (1)의 두 문장에서 청자대우법의 실현에 관여하는 어휘 요소는 서술어로 선택된 '계시다'와 '있다'이다. 이 두 어휘 요소는 각 문장에서 부름말로 선택된 청자에 대한 대우법을 실현하는데, (1ㄱ)의 문장에서 서술어 '있다'는 청자를 높이지 않고 대우하지만 (1ㄴ)의 문장에서 서술어 '계시다'는 청자를 높여서 대우한다. 이것은 아래 (2)와 같이 두 문장의 부름말을 서로 바꾸어 배열하면 정상적인 문장이 되지 못하는 사실에서 확인된다.

> (2) ㄱ. *영수야, 어디 계세요?
> ㄴ. *아저씨, 어디 있니?

(2ㄱ)의 문장에서 부름말 '영수야'에 의해 실현되는 청자대우법과 어휘 요소 '계시다'와 문법 요소 '-세요'에 의해 실현되는 청자대우법의 등급이 서로 호응하지 않아서 정상적인 문장이 되지 못하였다. 그리고 (2ㄴ)의 문장에서는 부름말 '아저씨'에 의해 실현되는 청자대우법과 어휘 요소 '있다'와 문법 요소 '-니'에 의해 실현되는 청자대우법의 등급이 서로 호응하지 않아서 정상적인 문장이 되지 못하였다.

(1)과 (2)의 각 문장에 선택된 부름말의 호응관계를 살펴보면, 부름말은 청자대우법의 실현에 관여하면서 그 청자대우법을 실현하는 다른 어휘 요소나 문법 요소 등과 서로 호응 관계를 이루는 사실이 드러난다.

다시 아래 (3)을 살펴보자.

> (3) ㄱ. 철수, 거기 뭐가 있니?
>   ㄴ. 할아버지, 거기 뭐가 있습니까?

(3)의 두 문장에서 부름말 '철수'와 '할아버지'가 청자대우법의 실현에 관여하기 때문에, 그 뒤에 이어지는 문장에서 청자대우법을 실현하는 종결어미의 형태와 서로 호응관계를 가진다. (3ㄱ)의 문장에서 '철수'는 종결어미 '-니'와 서로 호응하고 (3ㄴ)의 문장에서는 '할아버지'와 종결어미 '-습니까'와 서로 호응한다. 이런 현상은 (3)의 두 문장에서 부름말을 서로 바꾸어 배열한 아래 (4)가 모두 정상적인 문장이 되지 못하는 점에서 확인된다.

> (4) ㄱ. *할아버지, 거기 뭐가 있니?
>   ㄴ. *철수, 거기 뭐가 있습니까?

(4ㄱ)은 부름말 '할아버지'에 의해 실현되는 청자대우법의 등급과 문장 서술어에 결합한 종결어미 '-니'에 의해 실현되는 청자대우법의 등급이 서로 호응하지 않아서 정상적인 문장이 되지 못하였고, (4ㄴ)은 부름말 '철수'에 의해 실현되는 청자대우법의 등급과 문장 서술어에 결합한 종결어미 '-습니까'에 의해 실현되는 청자대우법의 등급이 서로 호응하지 않아서 정상적인 문장이 되지 못하였다. (3)과 (4)의 문장에서 부름말이 청자대우법의 실현에 관여하면서, 뒤에 이어지는 문장 서술어에 결합하여 청자대우법을 실현하는 종결어미와 서로 호응하는 사실이 분명하다.

(1)~(4)의 여러 문장에서 부름말로 선택된 독립어는 뒤에 이어지는 문장의 서술어에 결합하는 종결어미의 형태와 서로 자연스럽게 호응하는데,

이것은 부름말과 종결어미가 모두 동일한 등급의 청자대우법을 실현하기 때문이다. 따라서 독립어로 기능하는 부름말은 뒤에 이어지는 문장 성분과 관련이 없는 것이 아니고, 모든 부름말은 그 문장 서술어에 결합하는 종결어미와 문법적으로 깊은 관련을 맺는 문장 성분이다.

(2) 느낌말과 대우법

느낌말은 화자의 감정을 나타내는 독립어이다. 느낌말에는 화자 자신의 단순한 감정을 드러내는 말도 있고, 다른 사람의 물음에 화자가 대답하는 말도 포함된다. 전자에 해당하는 느낌말은 뒤에 이어지는 문장 성분과 문법적으로 관련을 맺지 않지만, 후자에 해당하는 느낌말은 뒤에 이어지는 문장의 성분과 문법적으로 반드시 관련을 갖는다.

화자 자신의 단순한 감정을 나타내는 느낌말이 독립어로 기능하는 문장을 아래 (5)에서 살펴본다.

> (5) ㄱ. 아, 날씨가 덥구나.
> ㄴ. 야, 비가 많이 오는구나.

(5)의 두 문장에 선택된 느낌말 '아'와 '야'는 독립어로서 그 뒤에 이어지는 문장의 어느 성분과도 문법적으로 관련을 맺지 않는다. 이것은 (5)의 두 문장을 아래 (6)과 같이 바꾸어도 정상적인 문장으로 받아들여지는 점에서 확인된다.

> (6) ㄱ. 아, 날씨가 덥습니다.
> ㄴ. 아, 날씨가 덥네.
> ㄷ. 야, 비가 많이 오네.

> ㄹ. 야, 비가 많이 옵니다.
> ㅁ. 야, 날씨가 덥구나.
> ㅂ. 아, 비가 많이 오는구나.

(6ㄱ)~(6ㄹ)에서는 (5)의 문장 서술어에 결합한 종결어미가 다른 형태로 바뀌어 결합하였고, (6ㅁ)~(6ㅂ)에서는 (5)의 두 문장에 선택된 느낌말을 서로 바꾸어 배열하였다. 그럼에도 불구하고 (6)은 모두 (5)와 같이 정상적인 문장으로 받아들여진다. 따라서 독립어로 기능하면서, 화자의 단순한 감정을 나타내는 느낌말은 그 뒤에 이어지는 문장의 어느 성분과도 문법적으로 관련이 없다.

그러나 아래 (7)의 문장에 선택된 느낌말은 그 뒤에 이어지는 문장과 문법적으로 관련된다.

(7) ㄱ. 너도 같이 갈 거야?
     ㄴ. 응, 나도 가마.
     ㄷ. 예, 저도 가겠습니다.

(7ㄴ)과 (7ㄷ)의 두 문장에 선택된 '응'과 '예'는 (7ㄱ)의 물음에 대답하는 느낌말이다. 그러므로 (7ㄱ)과 같이 동일한 물음에 대해 (7ㄴ)의 느낌말 '응'으로 대답하는 사람과 (7ㄷ)의 '예'로 대답하는 사람은 같지 않다. (7ㄱ)의 물음에 대해 (7ㄴ)의 문장에서 '응'과 같은 느낌말로 대답하는 화자는 상내인 청자에 대해 높여서 대우하지 않는 반면, (7ㄷ)의 문장에서 '예'와 같은 느낌말로 대답하는 화자는 상대인 청자에 대해 높여서 대우한다. 그리고 (7ㄴ)의 문장 서술어에 결합한 종결어미 '-으마'는 청자를 높여서 대우하지 않으며, (7ㄷ)의 문장 서술어에 결합한 종결어미 '-습니다'는 청자를 높여서 대우한다. 그래서 (7ㄴ)의 문장에서는 독립어로 기능하는 느낌말 '응'과 종결어미 '-으마'가 서로 자연스럽게 호응하고 (7ㄷ)

의 문장에서는 독립어로 기능하는 느낌말 '예'와 서술어에 결합한 종결어
미 '-습니다'가 서로 자연스럽게 호응한다.

　하지만 (7ㄴ)과 (7ㄷ)의 두 문장에서 느낌말을 아래 (8)과 같이 서로 바
꾸어 배열하면 정상적인 문장이 되지 못한다.

　　　(8)　ㄱ.　*예, 나도 가마.
　　　　　　ㄴ.　*응, 저도 가겠습니다.

　(8)의 두 문장에서 독립어로 기능하는 느낌말 '예'와 '응'은 [+상대성]
의 자질을 갖기 때문에 청자대우법을 실현한다. 따라서 이들 느낌말은 뒤
에 이어지는 문장의 서술어에 결합한 종결어미와 서로 호응하지 않으면
정상적인 문장이 되지 못한다.

　(5)와 (6)의 각 문장에 선택된 느낌말 '아'와 '야'는 화자 자신의 단순한
감정을 드러내므로 [-상대성]의 자질을 갖는 반면, (7)과 (8)의 각 문장에
선택된 '응'과 '예'는 상대의 물음에 대해 화자가 대답하는 느낌말이므로
[+상대성]의 자질을 갖는다. 따라서 독립어로 기능하는 느낌말 중에서
[-상대성]의 자질을 갖는 느낌말은 그 뒤에 이어지는 문장 성분과 문법
적으로 아무 관련을 갖지 않지만, [+상대성]의 자질을 갖는 느낌말은 그
뒤에 이어지는 문장 성분과 문법적으로 관련을 갖는다. 즉 [+상대성]의
자질을 가진 느낌말은 그 뒤에 이어지는 문장의 서술어에 결합한 종결어
미와 서로 호응하면서 청자대우법을 실현한다.

　이상의 여러 문장에서 살펴보면, 독립어로 기능하는 느낌말은 그 뒤에
이어지는 문장 성분과 문법적으로 관련이 전혀 없는 것으로 규정할 수 없
다. 그 느낌말의 자질에 따라 이어지는 문장 성분과 문법적으로 관련을
갖는 것과 관련을 갖지 않는 것으로 구별된다. 즉 느낌말 중에서 화자 자
신의 단순한 느낌을 나타내는 [-상대성] 자질을 가진 느낌말은 그 뒤에

이어지는 문장 성분과 문법적으로 관련을 갖지 않지만, 상대의 물음에 대답하는 [+상대성] 자질을 가진 느낌말은 그 뒤에 이어지는 문장 성분과 문법적으로 반드시 관련을 갖는다. 따라서 독립어로 기능하는 느낌말은 그 뒤에 이어지는 문장 성분과 관련을 갖는 것도 있고 문법적으로 관련을 갖지 않는 것도 있다.

(3) 보임말과 대우법

보임말은 흔히 제시어라 부르기도 하는 독립어이다. 화자가 보임말을 문장의 앞부분에 나타냄으로써 청자에게 그 말을 앞질러서 강조하게 된다.[48] 보임말은 주로 그 뒤에 이어지는 문장의 주어나 목적어 그리고 용언 등을 앞부분에 나타냄으로써 이어지는 문장의 주어나 목적어는 대명사로 또는 명사로 대용하게 된다.

아래 (9)의 문장을 살펴보자.

> (9) ㄱ. 지리산, 이 산은 한국의 명산이다.
> ㄴ. 사과, 한국 사람들은 이걸 제일 좋아한다.

(9)의 두 문장에서 문장의 앞부분에 배열된 '지리산'과 '사과'는 그 뒤에 이어지는 문장의 주어와 목적어로 각각 기능하는 말인데, 문장의 앞부분으로 옮겨져서 배열됨으로써 독립어로 기능하는 보임말이 되었다. (9)의 문장과 같이 보임말의 구문으로 바뀌기 전의 문장 구조는 원래 독립어가 선택되지 않은 다음 (10)과 같은 문장이다.

---

48) 김영희(1989 : 118)에서는 보임말(제시어)의 기능을 "발화 상황이나 담화상 들을이로서 예상할 수 없다고 여겨지는 지시 대상을 말할이가 도입함으로써 앞으로 이야기하려는 내용(언명)이 무엇에 관련된 것인가를 들을이로 하여금 알게 함"이라고 규정하였다.

(10)   ㄱ. 지리산은 한국의 명산이다.
       ㄴ. 한국 사람들은 사과를 제일 좋아한다.

(10ㄱ)의 문장에서 주어인 '지리산'과 (10ㄴ)의 문장에서 목적어인 '사과'가 특별하게 강조된 문장 성분으로 해석되지 않는다. 그러나 이러한 (10)의 두 문장을 (9)의 문장과 같이 보임말의 구문으로 바꿈으로써, (9ㄱ)의 문장에서는 독립어로 기능하는 보임말 '지리산'이 강조되고 (9ㄴ)의 문장에서는 보임말인 '사과'가 강조되는 문장으로 해석된다. 그리고 (10)의 두 문장에서 주어인 '지리산'과 목적어인 '사과'가 (9)의 두 문장과 같이 각각 보임말로 이동함으로써 원래의 자리에는 '지리산' 대신 '이 산'으로 대용되고 '사과' 대신 '이것'으로 대용되었다. (9ㄱ)의 문장에서 문장의 앞부분에 배열된 보임말 '지리산'과 그 뒤에 이어지는 문장의 '이 산'이 상호지시적으로 호응하고, (9ㄴ)의 문장에서 문장의 앞부분에 배열된 보임말 '사과'와 그 뒤에 이어지는 문장의 '이것'이 상호지시적으로 호응한다. 따라서 보임말은 통사적으로 자신의 대용사와 더불어 대등한 동격 구성에 의한 복합 명사구를 구성하며, 사용 기능상 '특별한 강조'의 기능을 수행하는 새 정보 요소이다(김영희, 1989 : 136).

한편 (9)의 두 문장은 아래 (11)의 두 문장과 같이 서술어에 결합하여 청자대우법을 실현하는 종결어미의 형태를 바꾸더라도 정상적인 문장으로 받아들여진다.

(11)   ㄱ. 지리산, 이 산은 한국의 명산입니다.
       ㄴ. 사과, 한국 사람들은 이것을 제일 좋아합니다.

(9)와 (11)의 문장에서 보임말이 그 뒤에 이어지는 문장 성분 중 각 보임말의 대용사와 상호지시적인 관련을 가질 뿐, 다른 어느 성분과도 관련을 가지지 않는다. 그러나 아래 (12)의 각 문장에 선택된 보임말은 (9),

(11)의 문장에서 선택된 보임말과는 달리 그 뒤에 이어지는 보임말의 대용사 외에 다른 문장의 성분과 문법적으로 관련을 갖는다.

> (12) ㄱ. 철수, 그는 늘 부지런하다.
> ㄴ. 할아버지, 그분은 늘 부지런하시다.
> ㄷ. 할아버지, 그분께서는 늘 부지런하시다.

(12)의 각 문장에서 독립어로 기능하는 보임말은 모두 이어지는 각각의 문장 주어가 앞부분으로 옮겨져서 배열되었으며, 그 자리에는 보임말의 대용사가 대신 주어로 기능한다. 그런데 (12ㄱ)의 문장에서 앞부분에 배열된 보임말인 '철수'는 화자가 높여서 대우할 대상이 아니므로 주체 높임의 선어말어미 '-으시-'가 이어지는 문장 서술어에 결합하지 않았지만, (12ㄴ)과 (12ㄷ)의 문장에서 앞부분에 배열된 보임말인 '할아버지'는 화자가 높여서 대우할 대상이므로 주체 높임의 선어말어미 '-으시-'가 각각의 문장 서술어에 결합하였다. 그리고 (12ㄷ)의 문장에는 높임의 주격조사 '-께서'까지 주어에 결합하였다. 따라서 (12)의 각 문장에서 독립어로 기능하는 보임말은 위의 (9), (11)에서 독립어로 기능하는 보임말과 다른 문법적 기능을 수행한다. 즉 (9)와 (11)의 문장에서 독립어로 기능하는 보임말은 각각 대용어 외에 뒤에 이어지는 문장의 어느 성분과도 관련을 가지지 않으나, (12)의 문장에서 독립어로 기능하는 보임말은 그 뒤에 이어지는 문장의 성분과 문법적으로 관련을 가진다.

(9)와 (11)의 문장에서 앞부분에 배열되어 독립어로 기능하는 보임말은 주체대우법의 실현에 전혀 관여하지 않지만, (12)의 문장에서 독립어로 기능하는 보임말은 주체대우법의 실현에 직접 관여한다. 이러한 차이는 (9)와 (11)의 문장에서 독립어로 기능하는 보임말과 (12)의 문장에서 보임말로 기능하는 어휘 요소의 의미자질이 다르기 때문이다. 즉 (9)와 (11)의 문장에서 독립어로 기능하는 보임말로 선택된 어휘 요소인 '지리산'과

'사과'는 모두 사람이 아닌 대상이므로 [−사람]의 자질을 가지는데, (12)의 문장에서 독립어로 기능하는 보임말로 선택된 어휘 요소인 '철수'와 '할아버지'는 [+사람]의 자질을 가진다. [−사람]의 자질을 가진 어휘 요소가 독립어로 기능하는 보임말로 선택된 (9)와 (11)의 문장에서는 그 보임말이 주체대우법의 실현에 전혀 관여하지 않지만, [+사람]의 자질을 가지는 어휘 요소가 독립어로 기능하는 보임말로 선택된 (12)의 문장에서는 그 보임말이 주체대우법의 실현에 직접 관여한다. 앞에서 살펴본 (9), (11), (12)의 문장에서 독립어로 기능하는 보임말은 각각 그 뒤에 이어지는 문장의 주어로 기능하는 대명사와 상호지시적인 동격 구성을 이루는 점에서는 모두 동일하다. 하지만 (9)와 (11)의 문장에서 독립어로 기능하는 보임말은 [−사람] 자질을 가지므로 주체대우법의 실현에 관여하지 않으나, (12)의 문장에서 독립어로 기능하는 보임말은 [+사람] 자질을 가지므로 주체대우법의 실현에 관여한다. 따라서 문장의 앞부분에 배열되어 독립어로 기능하는 보임말 중에서 [+사람] 자질을 가진 보임말은, 그 뒤에 이어지는 문장에서 주체대우법을 실현하는 성분과 문법적으로 관련을 가진다.

다시 아래 (13)을 살펴보자.

(13) ㄱ. 사과, 너는 그걸 좋아하니?
　　　ㄴ. 할아버지, 너는 그분을 모시고 오너라.
　　　ㄷ. *할아버지, 너는 그분을 데리고 오너라.

(13ㄱ)의 문장에서 독립어로 기능하는 보임말 '사과'는 그 뒤에 이어지는 문장에서 목적어 '그것'으로 대용되고, (13ㄴ)의 문장에서 독립어로 기능하는 보임말 '할아버지'는 그 뒤에 이어지는 문장에서 목적어 '그분'으로 대용되었다. (13ㄱ)의 문장에서 독립어로 기능하는 보임말로 선택된

어휘 요소 '사과'는 [−사람]의 자질을 가지므로 보임말의 대용어 '그것' 외에 다른 어느 성분과 문법적으로 관련되지 않는다. 하지만 (13ㄴ)의 문장에서 독립어로 기능하는 보임말로 선택된 어휘 요소 '할아버지'는 [+사람]의 자질을 가지므로 보임말의 대용어 '그분' 외에 서술어로 기능하는 어휘 요소 '모시다'와 관련된다. (13ㄷ)의 문장에서 독립어로 기능하는 보임말이 '할아버지'이고 그 뒤에 이어지는 문장에서 보임말의 대용어가 '그분'인데도 서술어로 선택된 어휘 요소가 '모시다'가 아니고 '데리다'이기 때문에 정상적인 문장이 되지 못하였다. 이러한 현상은 뒤에 이어지는 문장에서 목적어로 기능하는 말이 문장 앞부분의 보임말로 옮겨져서 배열될 경우, 그 보임말로 옮겨지는 어휘 요소가 [+사람]의 자질을 가지면 객체대우법의 실현과 관련됨을 보여준다. 즉 문장의 앞부분에 배열되어 독립어로 기능하는 보임말이 그 뒤에 이어지는 문장의 목적어와 상호지시적인 동격 관계를 가지는 경우, 그 보임말로 선택되는 어휘 요소가 [−사람] 자질을 가지면 그 뒤에 이어지는 문장의 객체대우법 실현과 관련이 없고 보임말로 선택되는 어휘 요소가 [+사람] 자질을 가지면 그 뒤에 이어지는 문장의 객체대우법 실현과 관련을 가진다.

　(12)와 (13)의 보임말 구문에서 [+사람]의 자질을 가진 어휘 요소가 보임말로 선택되면, 그 뒤에 이어지는 문장의 성분과 긴밀한 관련성을 가진다. 즉 (12)의 문장과 같이 보임말로 선택되는 체언이 그 뒤에 이어지는 문장의 주어와 상호지시적인 동격 관계인 경우, 보임말로 선택되는 어휘 요소가 [+사람]의 자질을 가지면 주체대우법의 실현에 관여한다. 그리고 (13)의 문장과 같이 보임말로 선택되는 명사구가 그 뒤에 이어지는 문장의 목적어와 상호지시적인 동격 관계를 가지는 경우, 보임말로 선택되는 어휘 요소가 [+사람]의 자질을 가지면 객체대우법의 실현에 관여한다. 그래서 독립어로 기능하는 보임말 중에서 [+사람]의 자질을 가지는 어휘 요소가 보임말로 선택되는 경우에는, 그 뒤에 이어지는 문장의 주체대우

법의 실현과 객체대우법의 실현에 문법적으로 관여한다. 따라서 독립어로 기능하는 보임말은 그 뒤에 이어지는 문장 성분과 문법적으로 관련이 없는 것도 있지만, 상당한 관련을 가지는 것도 있다.

또한 용언도 아래 (14)와 같이 보임말로 선택되는 경우가 있다.

> (14)　ㄱ. 뛰어라, 그것이 건강에 제일이다.
> 　　　　ㄴ. 뛰십시오, 그것이 건강에 제일입니다.

(14)에서 문장의 앞부분에 독립어로 기능하는 보임말은 용언이다. 용언이 보임말로 기능하는 '뛰어라'와 '뛰십시오'도 이어지는 문장에서 주어로 기능하는 '그것'과 동시지적인 관계를 가진다. 따라서 (14)는 아래 (15)와 같은 문장으로 바꿀 수 있고, 그리고 (15)는 다시 (16)과 같이 바꿀 경우에도 의미 해석이 자연스럽다.

> (15)　ㄱ. 뛰는 것이 건강에 제일이다.
> 　　　　ㄴ. 뛰시는 것이 건강에 제일입니다.

> (16)　ㄱ. 건강에 제일은 뛰는 것이다.
> 　　　　ㄴ. 건강에 제일은 뛰시는 것입니다.

(14ㄱ)에서 보임말은 '뛰어라'이고 (14ㄴ)에서 보임말은 '뛰십시오'이다. (14ㄱ)의 서술어에는 안높임의 청자대우법을 실현하는 종결어미가 결합하고 (14ㄴ)의 서술어에는 높임의 청자대우법을 실현하는 종결어미가 결합하였다. 따라서 (14)와 같이 용언이 보임말로 앞부분에 배열되는 경우에 이어지는 문장 서술어에 결합하는 종결어미와 서로 호응관계를 가진다. 즉 (14ㄱ)의 보임말 '뛰어라'는 안높임의 청자대우법을 실현하므로 이어지는 문장의 서술어에 결합하는 종결어미의 형태도 안높임의 청자대우법

을 실현하는 호응관계를 가진다. 그리고 (14ㄴ)의 보임말 '뛰십시오'는 높임의 청자대우법을 실현하므로 이어지는 문장의 서술어에 결합하는 종결어미의 형태도 높임의 청자대우법을 실현하는 호응관계를 가진다. 이런 현상은 (14)를 아래의 (14)'와 같이 보임말을 서로 바꾸어 배열하였을 때 정상적인 문장으로 받아들여지지 않는 점에서 확인된다.

> (14)' ㄱ. *뛰어라, 그것이 건강에 제일입니다.
> ㄴ. *뛰십시오, 그것이 건강에 제일이다.

 (14)'의 두 문장은 문법적으로 받아들여지지 않는다. 왜냐하면 두 문장의 보임말과 각각의 문장 서술어에 결합한 종결어미와 서로 호응하지 않기 때문이다. 따라서 보임말로 선택되는 말이 체언이든 용언이든 [+사람] 자질과 관련을 가지는 경우에는 이어지는 문장의 어느 성분과 반드시 문법적으로 호응관계를 갖는다.

(4) 마무리

 독립어는 문장의 앞부분에 배열되어 있어서 표면적으로 그 뒤에 이어지는 문장의 성분과 관련이 없는 듯이 보인다. 하지만 독립어로 선택되는 어휘 요소의 의미자질에 따라 그 뒤에 이어지는 문장의 성분과 깊은 관련을 가지고 있는 것도 있고 관련을 갖지 않는 것도 있다.

 독립어로 기능하는 부름말은 화자가 청자를 부르는 말인데, 이 부름말은 청자가 누구냐에 따라 부름말에 결합하는 호격조사가 다르다. 부름말로 선택되는 청자가 높여서 대우할 대상이 아닌 경우에는 부름말에 호격조사 '-아', '-야', '-ø-'가 결합하고, 부름말로 선택되는 청자가 높여서 대우할 대상인 경우에는 대개 부름말 뒤에 '-ø-' 형태의 호격조사가 결합한다.49) 그래서 부름말에 결합하는 호격조사의 형태를 통해 그 부름 말에 의한 청자대우법의 등급을 어느 정도 예측할 수 있다. 즉 부름말로 선택되는 대상이 곧 문장의 청자이기 때문에, 부름말로 선택되는 독립어 는 그 뒤에 이어지는 문장 성분 중에서 청자대우법의 실현에 관여하는 요 소와 깊이 관련된다. 따라서 독립어로 기능하는 모든 부름말은 그 뒤에 이어지는 문장 성분 중에서 청자대우법의 실현에 관여하는 요소와 필수 적으로 관련된다. 한국어의 문장은 대개의 경우 서술어에 종결어미가 결 합함으로써 의미적으로 완결되고 형식적으로 자립한다. 그러므로 부름말 로 선택되는 말이 청자이기 때문에 그 뒤에 이어지는 문장의 성분 중에서 서술어에 결합하는 종결어미를 비롯하여 청자대우법의 실현 요소와 문법 적으로 반드시 관련을 가진다.

독립어로 기능하는 느낌말은 화자의 단순한 감정을 나타내는 것도 있 고 상대방의 물음에 대답하는 것도 있다. 화자의 단순한 감정을 나타내는 느낌말은 그 뒤에 이어지는 문장 성분과 관련을 가지지 않는다. 하지만 상대방의 물음에 대답하는 느낌말은 상대가 누구냐에 따라 대답하는 말 이 달라지므로, 청자대우법의 실현에 관여한다. 화자의 단순한 감정을 나 타내는 느낌말은 [−상대성]의 자질을 갖는 반면, 상대방의 물음에 대답 하는 느낌말은 [+상대성]의 자질을 갖는다. [−상대성]의 자질을 가진 느 낌말은 그 뒤에 이어지는 문장 성분과 관련을 맺지 않지만, [+상대성]의 자질을 가진 느낌말은 그 뒤에 이어지는 문장 성분 중에서 청자대우법의 실현에 관여하는 요소와 깊이 관련된다. 따라서 독립어로 기능하는 느낌 말 중에서 [+상대성]의 자질을 가지는 느낌말은 그 뒤에 이어지는 문장 성분 중에서 청자대우법의 실현에 관여하는 요소와 문법적으로 관련된다.

---

49) 방언에 따라서 높여서 대우할 청자가 부름말로 선택될 때 부름말에 높임의 호격조사가
   결합하는 경우가 있으나, 중부 방언에서는 높여서 대우할 청자가 부름말로 선택될 때 높
   임의 호격조사가 결합하지 않는다.

독립어로 기능하는 보임말은 주로 문장의 주어나 목적어가 옮겨져서 문장의 앞부분에 배열되기도 하고, 용언이 보임말로 선택되기도 한다. 문장의 주어나 목적어 그리고 용언이 보임말로 선택됨으로써 그 말이 강조되며, 보임말로 선택되어 문장의 앞부분으로 옮겨가면 뒤에 이어지는 문장의 그 자리는 대용사로 바뀐다. 보임말로 선택되는 어휘 요소는 [+사람]의 자질을 가지는 것도 있고 [−사람]의 자질을 가지는 것도 있다. [−사람]의 자질을 갖거나 [+사람]의 자질과 관련을 가지는 어휘 요소가 보임말로 선택되는 문장에서는 그 뒤에 이어지는 문장 성분과 관련되지 않지만, [+사람]의 자질을 갖는 어휘 요소가 보임말로 선택되는 문장에서는 그 뒤에 이어지는 문장 성분과 문법적으로 관련된다. 문장의 앞부분에 배열되어 독립어로 기능하는 보임말이 [+사람]의 자질을 갖는 어휘 요소인 경우에는 그 뒤에 이어지는 문장 성분 중에서 주체대우법과 객체대우법을 실현하는 요소와 관련을 맺는다. 즉 그 보임말이 주어로 기능하는 [+사람]의 자질을 갖는 어휘 요소인 경우에는 그 뒤에 이어지는 문장 성분 중에서 주체대우법의 실현에 관여하는 요소와 관련되고, 그 보임말이 목적어로 기능하는 [+사람]의 자질을 갖는 어휘 요소인 경우에는 그 뒤에 이어지는 문장 성분 중에서 객체대우법을 실현하는 요소와 관련된다. 따라서 독립어로 기능하는 보임말 중에서 [+사람]의 자질을 가진 어휘소가 보임말로 선택되는 문장에서는 그 뒤에 이어지는 문장 성분과 문법적으로 관련을 가진다.

한국어에서 독립어로 기능하는 부름말, 느낌말, 보임말 등은 그 뒤에 이어지는 문장 성분과 관련이 없는 것이 아니다. 모든 부름말은 그 뒤에 이어지는 문장 성분 중에서 청자대우법의 실현 요소와 관련되고, [+상대성]의 자질을 가진 느낌말은 그 뒤에 이어지는 문장 성분 중에서 주체대우법의 실현 요소와 관련되며, [+사람]의 자질을 가진 보임말은 그 뒤에 이어지는 문장 성분 중에서 주체대우법의 실현 요소 또는 객체대우법의 실현 요소와 관련된다. 따라서 문장의 앞부분에 배열되는 독립어는 그 어휘 요소의 의미자질에 따라 뒤에 이어지는 문장 성분과 문법적으로 상당한 관련을 가진다.

 참고문헌

강규선(1988), 20세기 초기국어의 경어법 연구, 성균관대 박사학위논문.
강복수(1972), <국어문법사연구>, 형설출판사.
강신항(1980), '안동방언의 경어법', <난정 남광우박사 회갑기념논문집>.
강윤호(1968), <정수문법>, 지림출판사.
강창석(1987), '국어 경어법의 본질적 의미', <울산어문논집> 3, 울산대.
고경태(1998), 근대국어의 어말어미, <근대국어 문법의 이해>, 박이정.
고광모(2001), 반말체의 등급과 반말어미의 발달에 대하여, <언어학> 30, 한국언어학회.
고영근(1974), '현대국어의 존비법에 대한 연구', <어학연구> 10-2.
고영근(1974), '현대국어의 종결어미에 대한 구조적 연구', <어학연구> 10-1.
고영근(1987), <표준중세국어문법론>, 탑출판사.
고영근(1989), <국어형태론연구>, 서울대 출판부.
교육인적자원부(2004), <고등학교 문법>, (주)두산.
구연미(1994), '임의성분의 유형과 일치현상', <한글> 223.
권재선(1988), <우리말글 논문들>, 우골탑.
권재일(1986), '문법형태소의 성격', <국어학신연구>, 탑출판사.
권재일(1991), '의향법과 그 통사특성', <인문과학논총> 23, 건국대.
권재일(1992), <한국어통사론>, 민음사.
권재일(1994), <한국어 문법의 연구>, 서광학술자료사.
권재일(1998), <한국어 문법사>, 박이정.
권재일(2004), <구어 한국어의 의향법 실현방법>, 서울대 출판부.
권재일(2005), <20세기 초기 국어의 문법>, 서울대 출판부.
김광해(1993), <국어 어휘론 개설>, 집문당.
김동석(1991), <보편문법>, 형설출판사.
김동소(2005), <한국어 특질론>, 정림사.

김동소(2007), <한국어의 역사>, 정림사.

김동식(1984), '객체높임법의 위상과 '숩'에 대한 검토', <관악어문연구> 9.

김동언(1989), 17세기 국어의 형태음운 연구, 고려대 박사학위논문.

김문웅(1979), '불완전명사의 어미화', 국어교육논지 7.

김문웅(1986), <15세기 언해서의 구결연구>, 형설출판사.

김민수(1964), <신국어학>, 일조각.

김민수(1971), <국어문법론>, 일조각.

김석득(1977), '더낮춤법과 더높임법', <언어와 언어학> 5, 한국외대.

김석득(1980), '근대후기의 국어 연구', <한국사학> 2, 한국정신문화연구원.

김승곤(1978), <한국어 조사의 통시적 연구>, 대제각.

김영근(1995), '명사절의 머리제약', <어문학> 56.

김영욱(1989), 중세국어의 존비법에 대한 연구, <국어연구> 89.

김영일(1999), <알타이제어의 접미사 비교 연구>, 도서출판 사람.

김영희(1988), <한국어 통사론의 모색>, 탑출판사.

김영희(1989), '한국어 제시어의 문법', <주시경연구> 4, 탑출판사.

김완진(1975), '번역박통사와 박통사언해의 비교 연구', <동양학> 5, 단국대.

김완진(1980), <향가해독법연구>, 서울대 출판부.

김유범 외(1998), <근대국어 문법의 이해>, 박이정.

김일웅(1990), '의향법에 의한 월 분류의 문제점', <주시경학보> 5.

김정대(1983), '-요-' 청자존대법에 대하여', <가라문화> 2, 경남대가라문화연구소

김정수(1980), '17세기 초기의 높임법, 인칭법, 주체대상법을 나타내는 안맺음씨끝
        에 대한 연구', <한글> 167.

김정수(1983), <17세기 한국말의 높임법과 그 15세기로부터의 변천>, 정음사.

김정아(1985), '15세기 국어의 '-ㄴ가' 의문문에 대하여', <국어국문학> 94.

김종록(1994), 국어 접속문의 통사론적 연구, 경북대 박사학위논문.

김종택(1978), '국어존대법의 위상과 그 기술', <국어교육논지> 5, 대구교대.

김종택(1981), '국어 대우법체계를 재론함', <한글> 172.

김종택(1982), <국어화용론>, 형설출판사.

김주원(1993), <모음조화의 연구>, 영남대 출판부.

김중진(1986), 근대국어 표기법 연구, 원광대 박사학위논문.

김차균(1993), <우리말 시제와 상 연구>, 태학사.

김충회(1990), 겸양법, <국어 연구 어디까지 왔나>, 동아출판사.
김태엽(1992), '종결어미의 화계와 부름말', <대구어문론총> 10.
김태엽(1994), '간소화와 문법기능 변동', <우리말의 연구>, 우골탑.
김태엽(1995), '청자높임법의 체계 재검토', <어문학> 56, 한국어문학회.
김태엽(1996), <경북말의 높임법 연구>, 태학사.
김태엽(1996), 국어 독립어의 문법성, <언어학> 18, 한국언어학회.
김태엽(1997), 국어 종결어미의 형태론적 유형, <어문학> 60, 한국어문학회.
김태엽(1997), 국어의 문장종결소, <대구어문론총> 15, 대구어문학회.
김태엽(1998), 국어 종결어미의 형태론적 해석, <현대문법연구> 13, 현대문법학회.
김태엽(1999), <우리말의 높임법 연구>, 대구대 출판부.
김태엽(2000), 국어 종결어미의 문법화 양상, <어문연구> 33, 어문연구학회.
김태엽(2002), 반말의 청자높임 등급, <어문연구> 40, 어문연구학회.
김태엽(2005), 국어의 어휘적 높임 대립, <우리말글> 33, 우리말글학회.
김태엽(2005), 현대 국어의 대우법 체계, <어문학> 90, 한국어문학회.
김태엽(2006), 국어 대우법에 낮춤 영역을 설정할 수 없는 이유, <한국언어문학> 59, 한국언어문학회.
김태엽(2007), 국어 청자대우법의 체계화 문제, <어문학> 96, 한국어문학회.
김태엽(2007), 선어말어미 '습'의 통시적 기능 변화, <어문연구> 54, 어문연구학회.
김형규(1962), 겸양사 문제 재론, <한글> 129, 한글학회.
김형규(1975), '국어경어법연구', <동양학> 5, 단국대.
김형철(1987), 19세기말 국어의 문체·구문·어휘 연구, 경북대 박사학위논문.
김혜숙(1987), '현대국어의 대우체계 연구', <최세화박사 회갑기념논문집>.
나진석(1978), <우리말 때매김 연구>, 과학사.
남기심(1978), 국어문법의 시제문제에 관한 연구, <국어학연구총서> 6, 탑출판사.
남기심(1981), '국어존대법의 기능', <인문과학> 45, 연세대.
남기심·고영근(1985), <표준국어문법론>, 탑출판사.
노대규(1983), <국어의 감탄문 문법>, 보성문화사.
민현식(1984), '개화기 국어의 경어법에 대하여', <관악어문연구> 4.
박갑수(1977), <문체론의 이론과 실제>, 세운문화사.
박병수(1984), '통제일치의 원리와 한국어존칭어미', <언어연구> 4, 경희대.
박양규(1975), '존칭체언의 통사적 특성에 대하여', <진단학보> 40.

박영순(1976), '국어 경어법의 사회언어학적 연구', <국어국문학> 72~73.
박재연(1998), 현대 국어 반말체 종결어미 연구, <국어연구> 152.
박종갑(1987), <국어의문문의 의미기능연구>, 홍문각.
박창해(1964, 1990), <한국어 구조론 연구>, 탑출판사.
박호관(2001), 국어 명사구의 통사구조와 의미, 대구대 박사학위논문.
배대온(1979), '경북안동지역어의 경어법연구', <영남어문학> 6.
백두현(1990), '영남문헌어에 반영된 방언적 문법형태에 대하여', <어문론총> 24,
　　　　　경북대.
백두현(1997), <현풍 곽씨 언간> 판독문, <어문론총> 31, 경북어문학회.
서재극(1979), <신라향가의 어휘연구>, 계명대한국학연구소.
서정목(1983), '명령법어미와 공손법의 등급', <관악어문연구> 8.
서정목(1987), <국어 의문문 연구>, 탑출판사.
서정목(1988), '한국어 청자대우 등급의 형태론적 해석(1)', <국어학> 17.
서정수(1984), <존대법의 연구>, 한신문화사.
서정수(1994), <국어문법>, 뿌리깊은나무.
서종학(1987), '고대국어의 경어법에 대하여', <인문연구> 9-1, 영남대.
서태룡(1985), '국어의 명령형에 대하여', <국어학> 14.
서태룡(1985), '정동사어미의 형태론', <진단학보> 60.
서태룡(1988), <국어활용어미의 형태와 의미>, 탑출판사.
서태룡(1991), 상태동사와 '-느-'의 통합관계, <김영배선생 회갑기념론총>, 경운
　　　　　출판사.
성기철(1970), '국어 대우법 연구', <충북대논문집> 4.
성기철(1985), <현대국어의 대우법 연구>, 개문사.
송창선(1998), <국어 사동법 연구>, 홍문각.
시정곤(2006), <현대국어 형태론의 탐구>, 월인.
신석환(1986), 향가 문법형태소의 분석적 연구, 계명대 박사학위논문.
신창순(1963), '상대존대어고', <문경> 15, 중앙대.
안병희(1961), 주체겸양법의 접미사 '-숩-'에 대하여, <진단학보> 22.
안병희(1965), '15세기 국어의 공손법에 대하여', <국어국문학> 28.
안병희(1965), '후기중세국어의 의문법에 대하여', <학술지> 6, 건국대.
안병희(1967), <한국어발달사>(문법사), 고려대 민족문화연구소.

안병희·이광호(1990), <중세국어문법론>, 학연사.

양동휘(1978), 국어 관형절의 시제, <한글> 162, 한글학회.

양인석(1976), '한국어 양상의 화용론', <언어> 1-1, 한국언어학회.

양인석(1980), '한국어 말끝말씨 간소화', <언어와 언어학> 6.

염선모(1980), 현대국어의 존대어법, <배달말> 5, 경상대.

오종갑(1988), <국어음운의 통시적 연구>, 영남대 출판부.

왕한석(1986), '국어 청자존대어 체계의 기술을 위한 방법론적 검토', <어학연구> 22~23.

유동석(1990), '국어상대높임법과 호격어의 상관성에 대하여', <주시경학보> 6.

유동석(1991), '중세국어 객체높임법에 대한 통사론적 접근', <국어학의 새로운 인식과 전개>, 민음사.

유동석(1994), '한국어의 일치', <생성문법연구> 4-2.

유창균(1989), '경상도방언의 원류와 그 성격', <한국학논집> 16, 계명대.

유창균(1994), <향가비해>, 형설출판사.

유창돈(1973), <어휘사 연구>, 선명문화사.

윤평현(1989), <국어 접속어미 연구>, 한신문화사.

이경우(1990), 최근세국어에 나타난 경어법연구, 이화여대 박사학위논문.

이관규(2002), <학교 문법론>, 월인.

이규창(1992), <국어존대법론>, 집문당.

이기갑(1978), 우리말 상대높임 등급체계의 변천연구, 서울대 석사학위논문.

이기갑(1982), '전남 북부방언의 상대높임법', <언어학> 5, 한국언어학회.

이기문(1970), <개화기 국문연구>, 일조각.

이기문(1972), <국어사 개설>, 민중서관.

이상규(1984), '경북방언의 현지조사과정과 반성', <방언> 7.

이상규(1990), '경북방언의 격어미 형태구성과 기능', <어문론총> 24, 경북대.

이상규(1991), '경북방언의 경어법', <새국어생활> 1-3, 국립국어연구원.

이상규(1992), '경북방언연구의 성과와 전망', <남북한의 방언연구>, 경운출판사.

이상복(1976), '{-요}에 대한 연구', <연세어문학> 7.

이상복(1984), '국어의 상대존대법연구', <배달말> 9.

이상태(1995), <국어 이음월의 통사·의미론적 연구>, 형설출판사.

이석주(1979), '개화기 국어 표기 연구', <논문집> 3, 한성대.

이성범 역(1996), <화용론>, 한신문화사.

이숭녕(1963), '경어법 연구', <진단학보> 25~26.

이숭녕(1983), <중세국어문법>, 을유문화사.

이승명(1978), <국어어휘의 의미구조에 대한 연구>, 형설출판사.

이승욱(1973), <국어문법체계의 사적 연구>, 일조각.

이승재(1985), '경기지역의 청자경어법어미에 대하여', <방언> 8, 한국정신문화연구소.

이시형(1983), 존대형태소 '-시-'에 대한 연구, 서강대 석사학위논문.

이영경(1992), '17세기 국어의 종결어미에 대한 연구', <국어연구> 108.

이은규(1993), 향약구급방의 국어학적 연구, 효성여대 박사학위논문.

이익섭(1974), '국어 경어법의 체계화 문제', <국어학> 2, 국어학회.

이익섭·임홍빈(1984), <국어문법론>, 학연사.

이정민(1981), '한국어 경어체계의 제문제', <한국인과 한국문화>, 심성당.

이정복(2001), <국어 경어법 사용의 전략적 특성>, 태학사.

이정복(2002), <국어 경어법과 사회언어학>, 도서출판 월인.

이필영(1993), <국어의 인용구문 연구>, 탑출판사.

이현규(1985), 객체존대 '-습-'의 변천, <배달말> 10, 배달말학회.

이현규(1995), <국어 형태변화의 원리>, 영남대 출판부.

이현희(1982), '국어의 의문법에 대한 통시적 연구', <국어연구> 52, 서울대.

이현희(1982), '국어종결어미의 발달에 대한 관견', <국어학> 11.

임지룡(1981), '존칭보조어간 "-겨-" 설정시론', <문학과 언어> 2, 문학과 언어학회.

임지룡(1992), <국어 의미론>, 탑출판사.

임칠성(1991), 현대국어의 시제어미 연구, 전남대 박사학위논문.

임홍빈(1984), 선어말 '-느-'와 실현성의 양상, <목천유창균박사 환갑기념논문집>.

임홍빈(1985), '현대의 {-삽-}과 예사높임의 '-오'에 대하여', <김형기선생 팔지기념 국어학논총>.

임홍빈(1990), 어휘적 대우와 대우법 체계, <강신항교수 회갑기념 국어학논문집>.

장경희(1982), '의문법의 긍정과 부정', <국어학> 11, 국어학회.

장경희(1985), <현대국어의 양태범주 연구>, 탑출판사.

장석진(1985), <화용론연구>, 탑출판사.

전재호·박태권(1979), <국어표현문법>, 이우출판사.

정시호 역(1995), <텍스트학>, 민음사.

정 철(1980), '경북지방의 언어축약현상', <어문론총> 13~14, 경북대.

조성식(1990), <영어학사전>, 신아사.

차현실(1990), '반말체구성과 반말체어미의 문법적 기능에 대하여', <이화어문논집> 11.

천시권(1973), '경북방언의 형태론적 연구', <청계김사엽박사 송수기념논문집>.

최남희(1996), <고대 국어의 형태론>, 박이정.

최동주(1995), 국어 시상 체계의 통시적 변화에 관한 연구, 서울대 박사학위논문.

최명옥(1980), <경북동해안 방언연구>, 영남대민족문화연구소.

최명옥(1986), '현대국어의 의문법', <학술원논문집> 15.

최명옥(1991), '어미의 재구조화에 대하여', <김완진선생 회갑기념논총>, 민음사.

최웅환(2000), <국어 문장의 형성 원리 연구>, 역락.

최재희(2004), <한국어 문법론>, 태학사.

최전승 외(1999), <국어학의 이해>, 태학사.

최학근(1965), '경상도방언에 사용되는 종결어미', <국어국문학> 28, 국어국문학회.

최현배(1971), <우리말본>, 정음사.

한 길(1991), <국어종결어미연구>, 강원대 출판부.

한 길(2002), <현대 우리말의 높임법 연구>, 역락.

한동완(1986), '현재시제 선어말 {느}의 형태소 정립을 위하여', <서강어문> 5, 서강대.

한동완(1988), '청자경어법의 형태원리', <말> 13, 연세대 한국어학당.

한동완(1992), 국어의 시제 연구, 서강대 박사학위논문.

한영목(2004), <우리말 문법의 양상>, 역락.

허 웅(1954), 존대법사 : 국어문법사의 한 토막, <성균학보> 1, 성균관대.

허 웅(1962), '존대법의 문제를 다시 논함', <한글> 130, 한글학회.

허 웅(1969), <표준문법>, 신구문화사.

허 웅(1975), <우리옛말본>, 샘문화사.

허 웅(1983), <국어학>―우리말의 어제·오늘, 샘문화사.

허 웅(1995), <20세기 우리말의 형태론>, 샘문화사.

홍사만(1983), <국어특수조사론>, 학문사.

홍사만(1993), <한·일어 대조어학/논고>, 탑출판사.

홍사만(2002), <국어 특수조사 신연구>, 역락.

홍순성(1986), 국어 대명사의 조응현상에 관한 연구, 영남대 박사학위논문.

홍윤표(1994), <근대국어연구> (1), 태학사

홍종선(1998), <근대국어 문법의 이해>, 박이정.

황병순(1994), '청자대우문법의 원리', <우리말의 연구>, 우골탑.

황적륜(1976), '한국어 대우법의 사회언어학적 기술', <언어와 언어학> 4.

소창진평(1938), <조선어에 있어서 겸양법·존경법의 조동사>, 동경 : 동양문고.

<첩해신어>(1676).

<개수첩해신어>(1748).

<신정심상소학>(1896).

<초등소학>(1906).

<신찬초등소학>(1909).

Anderson, S. R.(1988), Morphological Change, Linguistics : The Cambridge Survey 1, Cambridge Univ press.

Benveniste, E.(1968), Mutation of Linguistics Categories, Lehman. W. and Malkiel, Y. eds. Univ of Texas Press.

Bybee, J. L.(1985), Morphology, John Benjamins publishing Company.

Chomsky, N.(1981), Lectures on Government and Binding, Dordrecht : Foris Publication.

Chomsky, N.(1986), Knowledge of Language : Its Nature, Origin and Use, New York : Praeger.

Dik, S. C.(1978), Functional Grammar, Amsterdam.

Hopper and Traugett(1993), Grammaticalization, Cambridge Universty Press.

Jespersen, O.(1924), The Philosophy of Grammar, Unwin LTD.

Langacker, R. W.(1972), Fundamental of Linguistic Analisis, Harcourt Brace Javanovish, Inc.

Langacker, R. W.(1977), Syntactic Reanalysis, in Mechanism of Syntactic Changed, Cambridge University Press.

Leech, G. N.(1983), Principles of Pragmatics, Longman Group Ltd.

Lightfoot, D. W.(1979), Principles of Diachronic Syntax, Cambridge University Press.

Lyons, J.(1977), Semantics 1 · 2, Cambridge University Press.

Manzini, R. M.(1983), Restructuring and Reanalisis, MIT ph, D dissertation.

Palmer, F. R.(1986), Mood and Modality, Cambridge University Press.

찾아보기

(ㄱ)

간소화 115
객관적인 근거 110, 146
객체 18, 20, 64, 220
객체 높임 28
객체대우법 23, 36, 221, 224, 225
격식체 88, 89, 114, 129, 136
결합 68
겸양 28, 33
겸양표현 231
경북 방언 182
계열관계 177, 182
계층구조 263
고대 한국어 5
공손 30, 33, 150, 237
공손표현 231
공적 발화 장면 227
공적인 장면 188, 190
관형어 263, 264
관형화 구성 25
교양 94
굴곡적 방법 207, 210
기능 85
기능부담량 47, 50, 51, 58, 158, 200,
          209, 228, 229, 259, 260
기본형 109, 110, 258
기준 41

(ㄴ)

낮춤 74
낮춤 관념 41

낮춤 등급 119
낮춤 영역 119
낮춤말 101
낮춤형 107, 110, 120, 241
높낮이 134
높임 관념 16, 17, 18
높임 대립 54, 72
높임동사 25, 49, 201, 208
높임명사 69, 201, 208
높임보조사 147
높임형 107, 109, 110, 120, 159
느낌말 279, 282, 284, 292

(ㄷ)

단모음화 181
담화 13, 43, 71, 247
담화의 맥락 44
대립 관계 76, 97
대립 체계 38
대립적인 체계 42, 62
대우 71
대우 관념 16, 41, 80
대우 표현 20, 225
대우법 5, 14, 15, 17, 233
독립어 285, 290
동일한 장면 137
두루낮춤 111, 118
등급 66
등급 구분 192
등급 차이 238

등급 체계 186
등외 135, 196

(ㅁ)

마침법 42, 78
명령법 143, 197
명령어미 181
명제 내용 16
목적어 26, 220, 263
무표 40, 41
무표적 195, 224, 233, 258
문법 범주 5, 46, 225
문법 요소 21, 50, 68, 153
문법 현상 15, 17
문법 형태 16, 29, 242
문법서 116
문법적 기능 48
문법적 방법 6
문법적 용어 128
문법적 지위 128
문법적 특징 112
문법층위 75
문장 성분 292, 293, 294
문장의 주체 17
문장종결소 155, 158, 175
문헌 자료 22

(ㅂ)

반말 111
반말어미 111, 112, 125
발화 14, 16, 121
발화 상황 185
발화 장면 193, 198, 217
배열 64
변동 175
변별 87
변이형 29, 30

보격조사 79
보임말 279, 285, 286
부름말 279, 280, 281
부사어 26, 220, 263
분포 78
비격식체 88, 89, 114, 129, 136
비단정적 의미기능 146
비존대 134

(ㅅ)

사적인 발화 장면 227
사적인 장면 189, 194
사전류 116
사회적 관계 257
상관적인 장면 13, 66
서술법 143, 197
서술어 263, 272
서술어미 181
선어말어미 16, 20, 21, 34, 48, 214
선형구조 263
성분 288
속됨 76
시제법 42
실현 290
실현 요소 15, 33
심리적 거리 188, 189, 257
심리적 관계 195

(ㅇ)

아주높임 198
아주낮춤 134
안낮춤 35, 40, 58, 248, 275
안낮춤(평대) 6
안높임 35, 36, 37, 45, 58, 69, 74, 94, 112, 113, 122, 164, 169, 181, 198, 200, 205, 235, 267, 272, 273

안높임 관념 18
안높임(평대) 6
안높임(평대) 자질 73
안높임동사 69, 274
압존법 206
양분적인 체계 57
어미구조체   84, 85, 115, 155, 156,
        174, 180, 187
어휘 요소 68, 201, 293
어휘 형태 56
어휘소 98, 99, 100, 103, 250
어휘적 높임 92
어휘적 방법 6, 18, 207
어휘층위 75
언어 예절 5, 14, 15, 20, 230, 232
예사낮춤 134
유표 39, 40
유표적 233, 258
유형론적 특징 184
융합 82, 83, 86, 151
의례적 용법 137
의문법 143, 197
의미 기능 112
의미자질 97, 163, 287
이원적 129
이원적인 체계 88, 89
이형태 26
일상 담화 44
일원적 129
일원적인 체계 88
일제강점기 24
임의 요소 229, 259
임의적 58

(ㅈ)

자기대우 55
자기대우법 5, 7, 23, 32, 37, 38, 53,
        56, 58, 64, 103, 106, 230, 246, 247

자기대우어 103, 104, 250
장면 89
장면의 차이 172
재분석 84, 149, 157, 177, 179, 193
제시어 285
조금 높임 198
조금 더 높임 198
존경심 141
존대 134
종결어미 16, 27, 115, 125, 140, 197
주격조사 17, 79, 211
주어 263
주체 20, 64
주체대우법 23, 36, 52, 202
중간 영역 166
중립어 103
중부 방언 182
중세 한국어 22
중화 121

(ㅊ)

차등 102
청유문 140
청유법 143, 197
청유어미 181
청자 13, 20, 64
청자높임소 155, 158
청자대우법 23, 33, 163, 201, 268
체계적인 언어 13
체계적인 특징 32
체계화 32, 143
초점 136
친근감 140, 141
친소관계 138

(ㅌ)

타인 100, 172

타인대우 55
타인대우법 5, 7, 23, 35, 38, 52, 58,
        61, 106, 230, 246, 247
타인대우어 103, 104, 250
통합형 132

(ㅍ)

파생적 방법 207
평교용어 170
평대 73, 74
평행적 235
품위 94
필수 요소 229
필수적 58
필수적인 성분 44, 86

(ㅎ)

하대 74
하위 범주 32, 134, 174
하위 체계 173
한국어 105
행동수행 179

형태 85
형태 구조 149, 150, 161
형태 양상 108
형태적인 분석 84
형태적인 특징 123
호응 22, 30, 199, 204, 239, 242, 264,
        271
호응관계 18, 268, 280
혼용 141, 142, 144
화계 66
화자 낮춤 53, 244, 245, 276
화자 자신 64, 100, 172
화자대우법 20, 23, 231, 252, 276

(1)~(Z)

1인칭대명사 29, 65, 105, 235, 241
2인칭대명사 65, 105, 159
3인칭대명사 105, 234
[속됨] 자질 77
[+상대성] 자질 284
[+속됨] 자질 77, 94
[−상대성] 자질 284
[−속됨] 자질 77, 94

김태엽 현재 대구대학교 사범대학 국어교육과 교수(문학박사)이다.

저서로는 <국어학 개요>(2006, 대구대 출판부), <한국어 문법의 양상>(2005, 대구대 출판부), <취업 작문>(2003, 대구대 출판부), <국어 종결어미의 문법>(2001, 국학자료원), <우리말의 높임법 연구>(1999, 대구대 출판부), <경북말의 문법>(1999, 도서출판 사람), <경북말의 높임법 연구>(1996, 태학사), <영남지역의 언어와 문학>(2003, 공저, 대구대 출판부), <의사표현과 실제>(1997, 공저, 대구대 출판부), <내일을 위한 방언연구>(1996, 공저, 경북대 출판부), <언어와 문학>(1992, 공저, 대구대 출판부)이 있고, 논문으로는 '국어 대우법의 체계화 문제'(2007) 외 70여 편이 있다.

한국어 대우법

초판 인쇄 2007년 12월 17일 | **초판 발행** 2007년 12월 26일

지은이 김태엽

펴낸이 이대현 | **편집** 양지숙

펴낸곳 도서출판 역락 | **등록** 제303-2002-000014호(등록일 1999년 4월 19일)

주소 서울시 서초구 반포4동 577-25 문창빌딩 2층

전화 02-3409-2058 | **팩시밀리** 02-3409-2059 | **전자우편** youkrack@hanmail.net

ISBN 978-89-5556-582-9 93710

정가 15,000원

■ 잘못된 책은 교환해 드립니다.